KB189811

觀相 면상비급

面相秘笈

면상비급面相秘笈 - 관상은 당신의 과거요, 현재이며, 미래다.

초판발행 2025년 06월 01일
초판인쇄 2025년 06월 01일
원 저 사광해 史廣海
역 자 지평 地平
펴낸이 김 민 철

등록번호 제 4 -197호
등록일자 1992.12.05

펴낸곳 도서출판 문원북
주 소 서울시 마포구 토정로 222 한국출판콘텐츠센터 422
전 화 02-2634-9846
팩 스 02-2365-9846
메 일 wellpine@hanmail.net
카 페 cafe.daum.net/samjai
블로그 blog.naver.com/gold7265

ISBN 978-89-7461-514-7
규 격 152mmx225mm
책 값 30,000원

觀相 면 面
상 相
비 秘
급 笈

문원북 BOOK

머리말

일반적으로 관상을 얼굴에 눈, 코, 입, 귀 등이 얼마나 조화를 이루고 있는 가를 보고 길흉화복을 판단하는 것으로 알고 있지만, 눈에 보이는 것이 전부가 아니다. 그 사람의 말투, 성장한 환경, 기(氣), 색(色), 거름걸이, 골격 등 전부를 통칭해서 관상(觀相)이라 칭하고, 얼굴의 나타난 유년(流年)의 특징을 통해 인생 전반의 운(運)을 미루어 짐작할 수 있으니 곧, 관상이 과거요 현재이며 미래인 것입니다.

관상의 역사를 보면 중국 노나라 때 내사(內史) 숙복(叔服)이 재상 공손영의 두 아들의 相(상)을 보고 큰 인물이 될 것을 예언하여 相法(상법)의 효시를 되었고, 우리나라에서는 이정재가 주연을 맡은 영화 "수양대군"에서 수양대군이 관상가 내경에게 "내가 왕이 될 상가" 묻는 유명한 장면이 나온다. 내경은 왕의 될 것을 직감하는데 곧, 역모을 통해 정권을 찬탈하려는 것을 짐작한 장면이 현시점에 시사한 바가 크다고 하겠습니다.
그리고 관상에서 손금의 기원을 살펴보면 여러 가지 설이 있는데, 구약성서(욥기37장 7절 He sealed up the hand of every man; that all men may know his work. 그가 모든 사람의 손에 표를 주시어 모든 사람이 그가 지은 것을 알게 하려 하심이라)에도 손바닥에 있는 표시에 대해 적혀 있는 부분이 있어 오래 전부터 손에 있는 선이나 표시가 있었다는 사실을 어렵지 않게 알 수 있습니다.

면상비급은 마의상법, 유장상법 고전을 근간으로 쓰여진 것으로 얼굴 형태와 이, 목, 구, 비가 옛사람으로 그림이 거칠고 난해하여, 입문자가 혼자서 공부할 때 느낄 어려움을 해소시켜주고자, 원전의 200컷 이상의 그림을 가독성이 높은 일러스트와 쉬운 해석으로 재 탄생시켰습니다.

그리고 본 도서는 중화민국 서성서국(瑞成書局)의 관상비급을 번역 후 재편집한 것으로 이해를 돕기 위한 한자 원문과 함께 한글 음 달아 놓았습니다. 원문을 읽다 보면 코(鼻)의 명칭 중 난대의 "난"자가 蘭(난초 난), 諫(간사할 할 간, 헐뜯을 난) 혼용되어 사용하는 부분이 발견될 것인데, 잘못된 자가 아니고, 원작가 분이 소리나는 대로 편하게 쓴 것이라고 생각하면 될 것 같습니다. 그 외도 어려운 한자는 별도로 정리해 두었으니, 면상비급을 공부하는데 큰 어려움이 없을 것입니다. 인생의 큰 바다를 항해하는데 면상비급이 훌륭한 조타사가 될 것이라고 믿어 의심치 않습니다.

乙巳年 庚辰月 地平

목/차

1장 형形, 기氣

2장 유년流年

3장　오행형五行形

4장 이목구비耳目口鼻 外

5장 시결 詩訣

面相秘笈 自序 면상비급 자서

余自幼承受異人口授眞訣 悉心所究 其應如響 不忍隱秘 因特續著本書
여자유승수이인구수진결 실심연구 기응여향 불인은비 인특속저은서

乃將道訣分 門別類 藉便閱讀 無師自通 能知 命途休咎 可以趨吉避凶
내장도결분 문별류 자편열독 무사자통 능지 명도휴구 가이추길피흉

事半功倍 濟人濟世 爲稀世之珍品也.
사반공배 제인제세 위희세지진품야.

幸勿交臂失之 玆經於乙未年先刊出『掌相秘笈』第一集 相繼於丙申年
행물교비실지 자경어을미년선간출 장상비급 제일집 상계어병신년

再刊出『面相秘笈』第一集 前二書 間世後各方皆云奇驗無比. 且敦促續
재간출 면상비급 제일집 전이서 문세후각방개운기험무비. 차돈촉속

集 爲應同好須求 再再於己亥年 在百亡中繼刊『掌紋秘訣』前後相續三
집 위응동호수구 재재어기해년 재백망중계간 장문비결 전후상속삼

部書問世 但疏漏之處 在所難免 尙希海內賢達 賜子匡正 則幸甚矣.
부서문세 단소루지처 재소난면 상희해내현달 사여광정 즉행심의.

丙申年 冬安微 合肥南鄉 二十埠馬大郢史 廣海(小通天)
병신년 동안휘 합비남향 이십부마대영사 광해(소통천)

自序 中理鎭 庚申年 增許於合北市
자서 중력진 경신년 증정어래북시

어려서부터 나는 이방인에게 구전으로 관상의 참된 진리를 배워왔고, 그것을 마음을 다해 연구하면서 울림과 같은 대답을 듣고 그 비기를 숨기는 것을 참을 수 없어 이 책을 쓰게 되었습니다.

본 도서는 상황별로 그림으로 구분하고, 자세하게 설명하여 가르쳐주는 스승이 없어도 스스로 불행을 피하는 방법을 알 수 있으니, 행운은 구하고, 불행은 피할 수가 있습니다. 또한 본 도서로 공부할 경우 절반의 노력으로 두 배의 성과를 거둘 수 있으니, 사람과 세상을 구하는 귀한 보물이 될 것입니다.

당부 하건데 행여 이 책을 팔거나 잃어버리지 않게 해주십시오, 을미년에 먼저 출간한 『장상비급』이어서 병신년에 재출간한 『면상비급』두 책은 이 세상 이후에 여러 방향에서 비교할 수 없는 경이로움을 경험하게 될 것입니다.

또한 애독자 분들의 요구에 서둘러 속편을 만들기 위해, 기해년 많은 일을 살피는 바쁜 가운데 『장문비결』전 후와 연속해서 3부를 출간하게 되어 세상에 묻으니, 내용이 어설프고 빠뜨린 곳을 면하기 어려우나, 바라건대 현명하고 통달하신 분들이 바로잡아 고쳐주신다면 다행으로 여기겠습니다.

병신년 동안휘 합비남향 이십부마대영사 광해(소통천)
자서 중력진 경신년 증정어래북시

觀相要有法 無法不立說 雖是方技小道 實具深湛正理 蓋人之心理 喜道
관상요유법 무법불립설 수시방기소도 실구심담정리 개인지심리 희도

其所好 畏直揭其所短 故衣冠禮儀 豈寧無飾 應答擧止 豈盡披誠 況入
기소호 외직게기소단 고의관례의 기녕무식 응답거지 기진피성 황입

門請相 賓主交流 座中雖未必有客 然而面子上 寧無墙縫壁耳 故入門
문청상 빈주교류 좌중수미필유객 연이면자상 녕무장봉벽이 고입문

以後 對答之間 姮於無意中 觀察其兩頰兩耳之色 連及眼光 以定神氣
이후 대답지간 항어무의중 관찰기양협양이지색 연급안광 이정신기

次則 或煙氣 次則 或煙茶 或菓餅 推位讓坐. 以觀其氣槪 坐定 必以竝
차즉 혹연기 차즉 혹연차 혹과병 추위양좌. 이관기기개 좌정 필이병

其眉眼 以定其人品.
기미안 이정기인품.

繼則聆其聲音 以測其薄厚 後看三停 以樣五官 五嶽 一一領會於心 然
계즉령기성음 이측기박후 후간삼정 이찰오관 오악 일일령회어심 연

後請其伸手 蓋未請伸手之先 旣先當自領略其相於心 及其伸掌之後 則
후청기신수 개미청신수지선 기선당자령약기상어심 급기신장지후 즉

三才紋理 八宮厚薄 昭然若揭矣.
삼재문리 팔궁후박 조연약게의.

體格之大者 宜以氣槪爲主 體格之小者 法以精身爲先 若夫普通身材 則
체격지대자 의이기개위주 체격지소자 법이정신위선 약부보통신재 즉

當以氣色爲先 次及其骨格 普通之相 最難 非比大富貴人物.

당이기색위선 차급기골격 보통지상 최난 비비대부귀인불.

大凶敗之異相 夫普通之相 非必以身材普通而定之 今所講普通身體者.

대흉패지이상 부보통지상 비필이신재보통이정지 금소위보통신체자.

不過立論說法 應如此庶有順序耳 不然 大小體格 豈盡可憑以決其富貴

불과립논설법 응여차서유순서이 불연 대소체격 기진가빙이결기부귀

耶 夫普通相以氣色爲善者.

야 부보통상이기색위선자.

環境也 次及骨格者 原其環境所由來 而察未來之結果者也.

환경야 차급골격자 원기환경소유래 이찰미래지결과자야 .

氣色 乃目前之吉凶 骨格 五官 爲終身之休咎 看法當以五官之所美 比

기색 내목전지길흉 골격 오관 위종신지휴구 간법당이오관지소미 비

較各部之所忌 一善 一忌 爲立論.

교각부지소기 일선 일기 위입론.

次按年齡 流年之順惡相應 其他平凡部位 不過引以略之 庶幾言有序 時

차안년령 유년지순악상응 기타평범부위 불과인이약지 서기언유서 시

有節 肯在中肯 要言不煩 賓主款洽 斯爲得也次將要訣列舉于後.

유절 긍재중긍 요언불번 빈주관흡 사위득야차장요결열거우후

要訣요결

관상을 볼 때는 방법이 있다. 방법을 모르면 논하지 말라. 비록 보잘것없는 방법과 기술이지만, 실제로는 사람의 심리를 꿰뚫는 심오한 원리가 있다. 만약, 상담자가 자신이 원하는 것만 질문 한다면, 자칫 잘못하여 손님에게 자신의 단점을 보일 수 있다.

때문에 의복과 예절을 갖추고 가식 없이 진심을 다해 성실하게 대답하고 행동하는 것이 좋다. 하물며 관상에 입문한 입장에서 더욱 그러하다.

손님과 마주 앉아 상담을 하려고할 때 보통 서로 낯설어 조금 경계가 허물어지고 마음이 편안해지면 비로소 자연스럽게 얼굴에 고민이 나타난다, 고로 손님이 문으로 들어온 후 묻고 답하는 동안 바로 경계심을 푸는 것이 아니므로 양쪽 뺨과 양쪽 귀의 색을 살피며 이어서 눈빛을 보아야 한다. 왜야하면 신비로운 기운을 담고 있기 때문이다.

그 다음 혹 담배, 차를 마시거나, 과자나 떡을 권할 때 앉아서 사양하며 받는 모습에서 자연스럽게 나오는 기개를 잘 살펴야 한다.

이 모든 것은 앉아서 해야 하며, 반드시 눈과 눈썹을 꼭 함께 관찰하여야 한다. 인품이 거기에 있기 때문이다.

이어서 음성을 들어본 후 다음에 소리의 두터움과 얇음을 헤아리고, 그 후에 삼정(얼굴을 3등분하여 상정, 중정, 하정)을 보고 이어 오관(눈썹(보수관), 눈(감찰관), 코(심변관), 입(출납관), 귀(채청관))을 관찰하고, 오악(남악(이마), 동악(오른쪽 관골), 서악(왼쪽 관골), 중악(코), 북악(턱))을 본다.

그렇게 하나하나 마음속으로 파악한 후 손을 보여주기를 부탁하되, 처음부터 먼저 손부터 펴라고 하지 말고, 먼저 마음으로 그 상을 간단하게 파악한 후 손을 펴 보여 달라고 부탁해야 한다.

즉, 천, 인, 삼재(이마의 3가닥 주름)에 담은 주름의 이치와 8궁(부모궁, 재백궁, 관록궁, 복덕궁, 부모궁, 형제궁, 처첩궁, 남녀궁)이 두텁고, 얇고, 밝음의 정도를 나타내주기 때문이다.

체격이 큰 사람은 마땅히 기개를 위주로 관찰하고, 체격이 작은 사람은 정신을 우선으로 보며, 보통 사람 신체의 경우 기색을 먼저 살피고, 그 다음으로 골격을 보는 것이 일반적이다. 가장 어려운 것은 보통 사람의 상을 보고 큰 부자 인지, 귀인 인지를 판단하는 것이다.

그리고 보통의 상은 대흉패의 상과는 다르다. 그렇다고 보통의 상이라 하여 신체가 반듯이 정해진 것은 아니다. 이제, 보통의 신체를 가진 사람에 대하여 모자람이나, 과장됨 없도록 파악하는 방법을 말하겠다. 상(相)을 말할 때는 순서가 있어야 한다. 그렇지 않으면 몸의 크기로 그 사람의 부와 지위를 결정하게 되는데, 보통 상을 볼 때는 기색(氣色)을 우선으로 해야 한다.

환경, 그 다음이 골격 이다. 원래 그 사람을 둘러싸고 있는 환경에서 시작되고, 지금까지 관찰한 것이 미래의 결과가 되는 것이다.

기색이란 눈앞에 있는 길흉을 이요, 골격과 오관은 생을 마칠 때까지의 길흉이 되는 것이다. 오관이 자기위치에서 아름답게 있는지 살피는 것이 상을 보는 방법으로 마땅하니, 각 부위가 꺼리는 바를 비교하여 잘 생긴 부위와 못 생긴 부위를 나누어 설명해야 한다.

다음은 나이에 유년의 운이 좋은지 나쁜지 상(相)에 나타나니, 기타 평범한 부위에 대해서는 간략하게 말하고 지나치게 끌어들이지 말라. 바라건대 순서 있게 말을 하고, 시간과 때를 가려서 옳은 것 가운데 또 옳은 것이 있으니, 중요한 말만 하면 걱정이 없으므로, 손님과 상담자 간에 좋은 거래가 이루어질 수 있다.

그리고 다음의 열거된 중요한 비결만 터득하면 될 것이다.

1. 人品法인품법

滿面陽和 言談中 眉間 兩頰 無變色 神氣從容 聲無變調 韻無中餒 眼
만면양화 언담중 미간 양협 무변색 신기종용 성무변조 운무중뇌 안

光泰然 奉止溫純 無假作 無掩飾 五官中有美處 運到必發 有忌處 其凶
광태연 거지온순 무가와 무엄식 오관중유미처 운도필발 유기처 기흉

亦少 所謂中和上品也.
역소 소위중화상품야.

滿面一見陽和 言談中 眉間兩頰屢有異色 有短處 切物多言 神氣有異者
만면일견양화 언담중 미간양협루유이색 유단처 절물다언 신기유이자

美處略略言之而已 聲有變調者. 美惡均宜婉轉 譬曉此請相者之有詐.
미처약략언지이이 성유변조자. 미악균의완전 비효차청상자지유사.

不得不權變 之相法也.
부득불권변 지상법야.

滿面陰氣 擧動從容 聲不變 此中有溫純之品 有暴發之氣 言必中肯 當
만면음기 거동종용 성불변 차중유온순지품 유폭발지기 언필중긍 당

簡則簡 使其明瞭 當重複 再說則不憚勞.
간즉간 사기명료 당중복 재설즉불탄노.

滿面陰氣 泰止失序 言談忸怩 此中有環境 不佳之人 有長小禮之品 宜
만면음기 거지실서 언담뉴니 차중유환경 불가지인 유외소례지품 의

直指誨運.
직지회운.

壯其膽力 滿面一見陽和 談話中 驕矜自足 面有德色 只宜順其性 不宜
장기담력 만면일견양화 담화중 교긍자족 면유덕색 지의순기성 불의

觸其怒.

촉기노.

未言先笑者 聲正而語明 乃天性使 然也 言有機刺者 詰人也. 隱眉而獻

미언선소자 성정이어명 내천성사 연야 언유기자자 힐인야. 은미이헌

情者 詐也. 其他 言語莊重 問無苟且 聽無移神. 皆屬正氣之人 面橫語

정자 사야. 기타 언어장중 문무구차 청무이신. 개속정기지인 면횡어

急 眼光流視 皆屬險惡之輩.

급 안광류시 개속험악지배.

孔子曰『可以言不與之言 失人 不可與之言而與之言 失言 知者不失人

공자왈 가이언불여지언 실인 불가여지언이여지언 실언 지자불실인

赤不失言』相法中 言語運用 誠有所究之價値也.

역불실언 상법중 언어운용 성유연구지가치야.

1. 人品法인품법

말을 할 때는 얼굴은 밝은 기운으로 가득하고, 눈썹 사이와 양쪽 볼은 색이 변화가 없으며, 얼굴은 좋은 기운이 흐르고, 음성은 고르고 변화가 없어야 하며, 굶주린 것 같은 소리가 없어야 한다.

눈빛은 자연스러우며 온유하고 순수하며 가식이 없고 감추는 것이 없어야 하며, 또한 오관(눈썹(보수관), 눈(감찰관), 코(심변관), 입(출납관), 귀(채청관)) 중에 아름다움이 있으면 필이 운이 따르며 발달하고, 흉은 작아지고 멀어진다. 소위 치우침이 없는 이러한 상이 최고의 상이다.

한 눈에 얼굴의 온화함이 보이며 대화 중 눈썹 사이와 양 볼의 색이 다르거나, 모자라는 곳이 있거나, 끊임없이 말이 많고, 눈빛이 서로 다른 사람은 잘 난 곳이 없다. 즉, 음성이 고르지 못하고, 잘생긴 부분과 못생긴 부분이 균등하게 있어야하나 그렇지 못한 사람으로, 비유하자면 새벽에 불러 관상을 봐주기를 청하며 속이는 사람이다. 거절하지 못하여 응하지만 상법에서는 어긋난다.

음기가 얼굴에 가득하면 생긴 대로 행동한다. 음성에 변화가 없이 온순한 사람은 폭발의 기운이 있으니, 손님에게 말을 할 때 반드시 옳은 말만 하되, 간단명료하게 하라. 거듭 당부하지만 두 번 설명하여 분노케 하지마라.

얼굴에 음기가 가득하고 행동이 산만하며, 대화중 부끄러움이 있는 사람은 좋지 못한 환경에 놓여있어 예의 없이 두려움만 있으니 운을 바로 가르쳐 주는 것이 좋다.

얼굴에 씩씩한 담력이 가득하고, 온화한 기운이 한눈에 보이며 대화 중 스스로 긍지에 차 있으며, 얼굴에 덕스런 색을 가진 사람은 성품이 온순하다고 보는 것이 마땅하며, 화를 내는 느낌이 느껴지면 그렇지 못한 사람이다.

말하기 전에 먼저 웃는 사람은 말씨가 반듯하고 음성이 정확하며 천성이 이치에 맞는 사람이요, 말씨가 날카롭게 나무라듯 한 사람은 따지기를 좋아하며, 희미한 눈썹을 가진 사람은 거짓 정 이다.

그 외 언어가 공손하고 엄숙하여 구차함이 없이 묻고, 말을 들을 때 눈빛이 움직이지 않는 사람은 바른 기운을 가진 사람에 속하고, 얼굴이 가로로 넓고 언어가 급하고 바라보는 눈빛이 이리저리 구르면 위험하고 악한 무리에 속 한다.

공자님 말씀에
『말이라도 옳지 않은 말은 실언이다.
 지혜로운 사람은 말 실수를 하지 않으니 사람을 잃지 않는다.』

관상을 볼 때 말을 잘 가려서 써야 하며, 성실히 연구하여 가치 있도록 하여야 한다.

2. 貧富法빈부법

富在面者 必有腹爲之容 臀爲之靠 在權者 必有鼻爲之倉 脣爲之納 在
부재면자 필유복위지용 둔위지고 재권자 필유비위지창 순위지납 재

鼻者 必有蘭廷爲之櫃 在眼者 必有印堂爲之主 在身者 爲有腰爲之托
비자 필유난정위지궤 재안자 필유인당위지주 재신자 위유요위지탁

在耳者 必有孔爲之納 有珠爲之固 在掌者 必有肉爲之豊 明堂深厚 爲
재이자 필유공위지납 유주위지고 재장자 필유육위지풍 명당심후 위

之守 以上七格.
지수 이상칠격.

相應在聲 有聲則大富中有聲 不相應者 亦能豊衣足食 而保小康.
상응재성 유성즉대부중유성 불상응자 역능풍의족식 이보소강.

貧財面者 無臀 無腹 終身貧 在顴者 仰鼻 縮脣 落口貧 在鼻者 無蘭廷
빈재면자 무둔 무복 종신빈 재관자 앙비 축순 낙구빈 재비자 무난정

債臺貧 在眼者 無印 隨出貧 在身者. 無腰 瘦地貧 在耳者 無孔. 無珠.
채대빈 재안자 무인 수출빈 재신자. 무요 수지빈 재이자 무공. 무주.

不智貧 在掌者 無艮 無堂 辛苦貧.
불지빈 재장자 무간 무당 신고빈.

以上七格 有聲嘹喨者 僅保衣食充足 有聲不相應者 則奔波無寧日矣.
이상칠격 유성료량자 근보의식충족 유성불상응자 즉분파무녕일의.

2. 貧富法빈부법

얼굴에 부유함이 있는 사람의 외모는 1)배가 있고 엉덩이가 갈지자로 어긋나와 있으며, 권력이 있는 사람은 반드시 곳간에 해당하는 2)코가 있고, 받아들이는 3)입술이 있으며, 코에는 정위(콧방울의 오른쪽), 난대(콧방울의 왼쪽)라는 궤짝이 있다.

4)눈은 반드시 인당이 있어야 하며, 몸은 받침대 같은 5)허리가 있어야 하고, 6)귀는 들을 수 있는 구멍과 단단한 수주(귓볼)가 있어야 하며, 7)손바닥은 반드시 살점이 풍성하고, 깊고 두터워야 재물과 명예를 지킬 수 있다. 이상의 7가지 격이 있다.

음성으로 관상을 말하자면, 큰 부자 가운데 좋은 음성에 있고, 음성이 상(相)만 못하는 사람도 역시 의식이 풍족하며, 적지만의 편안한 삶을 유지할 수 있다.

돈이 없는 얼굴은 엉덩이에 살이 없고, 배도 없으면 평생 가난하며, 관골이 있으나 코는 덜려 있고, 입술은 쪼그라들고 입이 떨어져있으면 가난하고, 코에 정위 난대가 없으면 빚 있는 가난한 사람이다.

눈에 인당이 없는 것은 가난한 사람에게 나타나는 것으로 몸에 허리가 없는 것과 같이 메마르고 척박한 땅에 가난한 자이다.

귀에 귓구멍이 없고 수주가 없으면 지혜롭지 못하고 가난한 자이다. 손바닥에 간당(넓고 살점)이 없으면 매우 고생이 심하고 가난하다.

이상의 7가지 격이 있다. 맑은 음성을 가진 사람은 의복과 음식이 부족하지 않게 풍족하게 살 수 있으나, 상(相)과 어울리지 않은 음성을 가진 사람은 바쁘고 힘들며 편안한 날이 없다.

3. 特富특부 特貧특빈

相法 眉彩 眼光 而聲嘹喨者 父子富 鼻梁豊顴而聲嘹喨者 甲地富 掌厚
상법 미채 안광 이성료량자 부자부 비량풍관이성료량자 갑지부 장후
而軟 聲喨者 身家富. 一露 二露 無神者 有衣 無褲貧 頭尖 尾削 無聲
이연 성량자 신가부. 일로 이로 무신자 유의 무고빈 두첨 미삭 무성
者 討乞貧 無股瘦面 無聲者 孤孀貧.
자 토걸빈 무고수면 무성자 고상빈.

부자의 관상을 보는 방법에는 눈썹의 색이 좋고, 눈은 빛나며, 목소리는 맑
고 울림이 좋은 사람은 부자 상이고, 코는 잘생기고 관골이 풍부하며 목소
리의 울림이 좋은 사람은 그 지역에서 으뜸가는 부자 상이며, 손바닥이 두
툼하고 부드럽고 목소리의 울림이 좋은 사람은 몸이 편안한 가정을 이루
는 부자 상이다.

하나, 둘 허점이 보이면 눈빛은 없고, 옷을 입고 있으나 하체가 부실해 보
이며, 머리는 뾰족하고 눈썹 끝이 깎여있으며, 음성이 좋지 못한 사람은 찾
아다니며 빌어먹을 가난뱅이 상(相)이다.

그리고 허벅지가 마르고 얼굴이 수척하며 음성이 좋지 못한 사람은 혼자
된 가난한 과부 상이다.

주요 한자

褲 바지 고 ▶ 하체

股 넓적다리 고

孀 과부 상

相法 五官無缺 而聲嘹喨者 國之重器 商之盟主 農之領首 官之寵兒 五
상법 오관무결 이성요량자 국지중기 상지맹주 농지영수 관지총아 오
嶽不敗 而聲淸喨者 棟梁之材 敎之始祖 業之聖人.
악불패 이성청량자 동량지재 교지시조 업지성인.

三停均等 而聲喨者 時之寵兒 爲官進爵 爲商巨富 爲農巨倉.
삼정균등 이성량자 시지총아 위관진작 위상거부 위농거창.

眼大而聲喨者 工之鎭寶 技之拔萃 眼長而近視者 文章强記 理科魁碩.
안대이성량자 공지진보 기지발췌 안장이근시자 문장강기 이과괴석.

眉彩而聲和者 醫之學士 律之明辯 官之檢事 有聲無顴 有顴無鼻 皆是
미채이성화자 의지학사 율지명변 관지검사 유성무관 유관무비 개시
職守之人 格小好威 格大畏勞 盡是有限之輩.
직수지인 격소호위 격대외노 진시유한지배.

身輕者 依人作嫁 持重者 豈久隨人.
신경자 의인작가 지중자 기구수인.

材短身偏者 不受奇窮 必有奇禍 易滿易盈 雖成必敗 衰退難後.
재단신편자 불수기궁 필유기화 이만이영 수성실패 쇠퇴난후.

주요한자

寵 괼 총 ▶ 사랑, 아낌　　　格 격식 격 ▶ 지위

爵 잔 작 ▶ 벼슬　　　嫁 시집갈 가

4. 地位지위

관상을 보는 방법에는 오관(눈썹(보수관), 눈(감찰관), 코(심변관), 입(출납관), 귀(채청관))이 결함이 없고, 목소리가 맑고 울림이 좋은 사람은 국가에 중요한 인재가 되고, 사업을 하면 주인이 되며, 농사를 지으면 지주가 되고, 국가가 아끼는 인재가 된다.

또한 오악(동악태산_좌측관골, 서악화산_우측관골, 남악형산_이마, 북악항산_턱, 중악숭산_코)이 꺼지지 않고 목소리는 맑고 울림이 좋은 사람은 집의 대들보 같은 중요한 재목으로 조상들의 가르침을 받아 하는 일이 성인과 같다.

그리고 삼정(얼굴을 3등분 하여 상정, 중정, 하정으로 나눔)이 고르게 같고 목소리는 맑고 울림이 좋으면 때때로 사랑을 받으며, 관직에 나아가면 벼슬을 할 수 있으며, 장사를 하면 아주 큰 부자가 되고, 농사를 지으면 큰 곳간을 갖는다. 눈이 크고 음성이 풍부한 사람은 보석을 다루거나 가려서 뽑는 재주가 뛰어나고, 눈이 길면 가까운 것을 보는 자로 문장 암기력이 뛰어나고, 이과에 뛰어난 석학이다. 눈썹이 빛나고 목소리가 온화한 사람은 의학에 적합하고, 법에 밝으며, 검사 관직을 갖는다. 관골이 없으나 목소리가 좋거나, 관골이 있으나 코가 못생기면 자기 직분을 지키는 사람이다. 지위가 낮으면서 위엄 부리는 것을 좋아하고, 지위가 높으면 노력하는 사람을 두려워하며, 임무를 완수하는데 한계가 있으면 같은 종류의 무리다.

몸이 가벼운 사람은 시댁을 바꾸어 가며 의지할 사람이고, 몸가짐이 신중히 하는 사람은 일부 종사할 사람이다.

한쪽으로 치우친 사람은 좋지 못한 인재로, 곤궁하지 않으면 뜻밖의 재난이 있으니, 쉽게 차면 쉬 넘치므로, 이루면 패하게 되고, 쇠퇴하여 어렵게 된다.

肉從腰來 轉運 目前 肉從腰去 不日退財 面不和色 聲不和調 旋敗之人
육종요래 전운 목전 육종요거 불일퇴재 면불화색 성불화조 선패지인

面上光彩 聲音暸喨 新運之士 盛運中 語語不倫 知其隱憂 退敗中 意志
면상광채 성음요량 신운지사 성운중 언어불종 지기은우 퇴패중 의지

守成 知其將復 守信終身 雖敗必復 逢人怩怩 雖成終敗 問壽在神 神昏
수성 지기장부 수신종신 수패필부 봉인유니 수성종패 문수재신 신혼

者 不但運滯 而且妨壽 求全在聲 不喨者 運亦難成.
자 부단운체 이차방수 구전재성 불양자 운역난성.

問智在耳 耳孔少者 愚而少運 問財在鼻 鼻犯 姑焦者 財從何來 眼眶昏
문지재이 이공소자 우이소운 문재재비 비범 고초자 재종하래 안광혼

暗 口宜守身 印堂赤色 官訟休慝 邊城焦灼 遠地無利 額凹額尖 難言試
암 구의수신 인당적색 관송휴특 변성초작 원지무리 액요액첨 난언시

驗 眼淚眼昏 何苦問孕 愁容滿面 知其無運 滿面光彩 識其乘時 禮可飾
험 안루안혼 하고문잉 수용만면 지기무운 만면광채 식기승시 예가식

衣可假 神氣難假.
의가가 신기난가.

貧可裝 富可飾 骨格難假 故手足知其貧富 言可
빈가장 부가식 골격난가 고수족지기빈부 언가

察其心理 眼其心 聲其神 眼光炯炯 而紋鎖印堂者 豈常美運 聲音滿滿
찰기심리 안기심 성기신 안광형형 이문쇄인당자 기상미운 성음만만

而語韻大小者 處事無恒 然聲亮而徐語者 運必長久 聲急而語快者 運無
이어운대소자 처사무항 연성양이서어자 운필장구 성급이어쾌자 운무

長久 無意中吐氣 必有難苦人之憂 靜坐中如睡 必犯退敗之業 盛衰不等
장구 무의중토기 필유난고인지우 정좌중여수 필범퇴패지업 성쇠불등

運氣依時 留心衡相 久自有得 幸誌之莫 忘儔
운기의시 유심형상 구자유득 행지지막 망언

5. 運氣盛衰法운기성쇠법

운기성쇠를 볼 때는 허리에 살점 붙어있으면 운이 굴러 눈앞에 있고, 반대로 허리 살이 빠지면 재물도 매일 사라진다. 그리고 얼굴색이 빛나지 않고 목소리가 조화롭지 않으면 패하여 되돌아오는 사람이고, 얼굴에 광채가 나고 목소리가 맑게 울리면 새로운 운이 오는 사람으로 임무를 완성해 나가는 과정에 있다.

또한, 사용하는 말이 윤리에 벗어나고, 근심을 느껴지면 운이 빠져나가고 있으니 성공한 것을 의지로 지켜야 하고, 다시 운이 오는 것을 인지하면, 끝까지 믿음을 갖고 유지하면 모름지기 패하더라도 회복할 것이다.

사람과 만날 때 부끄러워하는 것이 버릇이 생기면, 성공하더라도 끝내 패할 것이다. 수명을 물으면 신(눈빛)에 있다. 눈빛이 어두운 사람은 운이 막혀있으며 또한, 수명에도 방해가 된다. 수명의 안전을 구함은 목소리에 있다. 목소리가 맑지 않는 사람은 역시 성공하기 어려운 운이다.

지혜에 대해 물으면, 지혜는 귀에 있으며 귓구멍이 작은 사람은 어리석고 운이 없고, 재물에 대해 물으면, 재물 복은 코에 있으며 코가 그을려 말라 비틀어져 공격적이게 생긴 사람에게 어찌 재물이 따라 오겠는가. 또한, 속임수가 있는 눈은 어둡고 암울하면 몸을 지켜야 한다고 말해 주고, 인당이

적색이면 관의 소송으로 일을 그만두게 된다. 즉, 변방 성곽이 불타오르니 멀리서 오는 이익은 없다.

이마가 오목하게 꺼지거나, 뾰족하면 시험의 당락을 말하기 어렵고, 눈물이 흐르는 어두운 눈을 가진 사람이 자식을 가질 수 있겠는가 물어오면 어찌 힘들다 하지 않을 수 있겠는가?

얼굴에 근심이 가득하면 운이 없다는 것을 알려주고, 얼굴 가득 밝게 빛나면 때가 왔다는 것을 알 수 있다.

예로서 단장함은 옳은 것이요, 옷으로 장식한 것은 거짓이니, 정신과 기는 속이기가 어렵다. 즉, 가난한 사람이 부자로 보이고 싶어 꾸며도 골격은 속이기가 어려우니, 고로 가난한 사람과 부자는 손발에 나타나니 그 심리를 잘 살펴서 말함이 옳다.

눈은 마음이요, 목소리는 정신이다. 눈빛이 거듭 깜박이고 인당에 쇠사슬 같은 주름이 있는 사람을 어찌 항상 운이 좋다고 하겠는가.

목소리는 꽉 차야 하며 말을 할 때 소리가 커야하고, 소리가 작은 사람은 일 처리가 늘 같지 않다. 목소리는 자연스럽게 울리며 말을 천천히 하는 사람은 운이 반드시 오래가며, 급하고 제멋대로 말하는 사람은 운이 오래가지 못한다.

무엇을 말하려고 하는 마음이 없는 사람도 기운에서 뿜어 나오면 근심이 있으며 반드시 어려움을 털어 놓을 것이다. 고요하게 앉아 잠자는 것처럼 하고 있는 사람은 사업이 퇴폐할 것이며, 성공과 쇠함의 운기는 고르지 않아 때에 따라 마음에 머물러 있는 상으로 볼 수 있다. 오랫동안 스스로 터득하여 얻은 것이니, 행운으로 여겨 잊지 말아야 할 것이다.

주요 한자

旋 돌 선　　　　　　　誆 속일 광　　　　　衡 저울대 형
忸 부끄러워할 유　　　　慝 사특할 특
怩 부끄러워할 니　　　　灼 사를 작

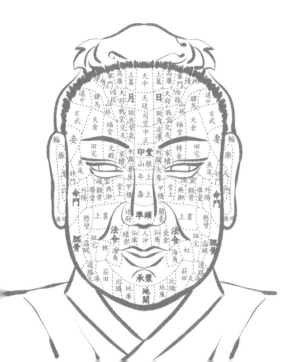

1장 形·氣
형 기

五星

天以五星垂象　地以五嶽定形　人以五官論貴　五星若有一星不明者　亦主
二十年滯運·
尤以火土兩星　更屬重要·夫面上五行　亦有生剋之論　火能生土　而萬物
俱屬土中所生　土能生金　金能生水　水能生木　木能生火　此乃相生之理也
火能剋金　金能剋木　木能剋土　土能剋水　水能剋火　此內相剋之理也·

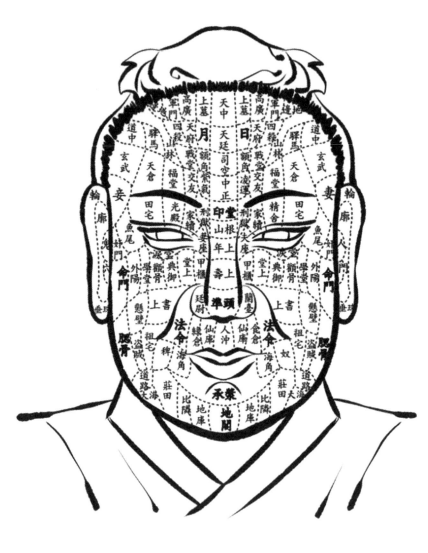

面部白位圖면부백위도

面部白位圖면부백위도

五星오성 _ 額鼻口耳액비구이_要明요명

얼굴에서 이마, 코, 입, 양쪽 귀를 오성이라 하며, 항상 밝고 깨끗해야한다.

五嶽오악 _ 額鼻頰顴액비해관_要朝요조

얼굴에서 5개의 솟은 부분을 오악이라 하며, 이마, 코. 턱, 양쪽 관골에 해당하고, 오악은 솟아있어야 한다.

五官오관 _ 眉眼耳口鼻미안이구비_要氣요기

얼굴에서 눈썹, 눈, 귀, 입, 코를 오관이라 하며, 오관은 항시 기운이 있어야 한다.

六府육부 _ 上中下邊獲骨상중하변획골_要滿요만

얼굴을 상중하로 나누고, 다시 양쪽으로 나누어 가장자리를 6부라 하며, 항시 살이 꽉 차 이어야 한다.

▶ **天倉上部** - 천창은 이마 상부의 좌우 2곳 골격을 가리킨다.
  천창상부

▶ **顴骨中部** - 관골은 중부의 좌우 2곳 골격을 가리킨다.
  관골중부

▶ **腮骨下部** - 시골은 하부의 아가미(볼) 뼈 2곳을 가리킨다.
  시골하부

六曜 육요

左眉羅睺星 右眉計都星 左目太陽星 右木太陰星 印左月孛星
좌미라후성 우미계도성 좌목태양성 우목태음성 인좌월패성
印右紫氣星
인후자기성

왼쪽 눈썹은 라후성, 오른쪽 눈썹은 계도성이라하고,
왼쪽 눈은 태양성, 오른 눈은 태을성이라고 칭한다.
인당의 왼쪽은 월패성, 오른쪽은 자기성이라고 칭한다.

四瀆 사독

耳爲江瀆 - 귀를 강독이라 칭한다.
이위강독
眼爲河瀆 - 눈을 하독이라 칭한다.
안위하독
鼻爲濟瀆 - 코를 제독이라 칭한다.
비위제독
口爲推瀆 - 입을 회독이라 칭한다.
구위회독

三停삼정

髪除至山根上一停 _ 발제지산근상일정

머리카락이 시작되는 부분에서 산근까지를 상정이라고 한다.

山根至準頭中一停 _ 산근지준두중일정

산근에서 준두까지를 중정이라고 한다.

準頭至地閣下一停 _ 준두지지각하일정

준두에서 지각까지를 하정이라고 한다.

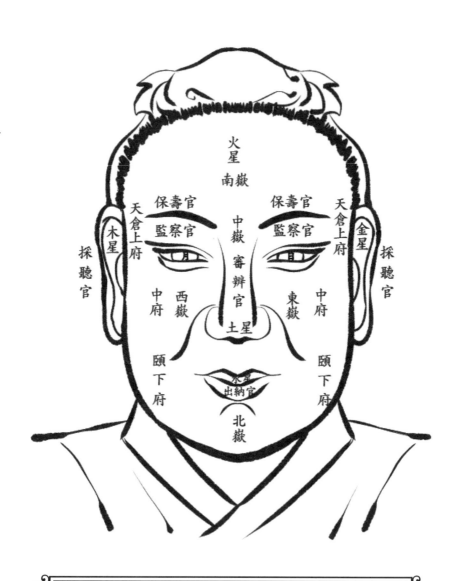

火星
南嶽

保壽官　保壽官
天倉上府　　　天倉上府
監察官　中嶽　監察官
　　　審
木星　辨
採聽官　官　　採聽官
　　土星　金星
　　　　　　東嶽
中府　西嶽　　中府
頤下府　　　　頤下府
　　　水星
　　　出納官
　　　北嶽

五星五嶽五官六府圖 오성오악오관육부도

五星오성

天以五星垂象 地以五嶽定形 人以五官論貴 五星若有一星不明者 亦主
천이오성수상 지이오악정형 인이오관논귀 오성약유일성불명자 역주

二十年滯運.
이십년체운.

尤以火土兩星 更屬重要. 夫面上五行 亦有生剋之論 火能生土 而萬物
우이화토양성 경속중요. 부면상오행 역유생극지론 화능생토 이만물

俱屬土中所生 土能生金 金能生水 水能生木 木能生火 此乃相生之理也
구속토중소생 토능생금 금능생수 수능생목 목능생화 차내상생지리야

火能剋金 金能剋木 木能剋土 土能剋水 水能剋火 此內相剋之理也.
화능극금 금능극목 목능극토 토능그수 수능극화 차내상극지리야.

오성이란 하늘에 있는 5개의 별이 드리워진 상(相)으로, 땅에 다섯 개의 큰
산으로 이루어진 모양으로 비유하였다. 사람의 얼굴을 오관(눈썹(보수관), 눈
(감찰관), 코(심변관), 입(출납관), 귀(채청관))으로 귀함을 논할 때 오성 중 한 개라
도 밝지 않은 것이 있다면, 20년간 운이 막혀있다고 볼 수 있다. 특히 화
(火)와 토(土) 2개의 별은 밝아하며 매우 중요한 내용에 속한다. 또한, 사람
의 얼굴에도 오행이 있으며, 생극(生剋)의 논리가 있다. 화(火)는 토(土)를 생
(生)하며, 만물은 중앙에 속하는 토(土)를 중심으로 생겨나 갖추어진다.
토(土)는 금(金)을 생하고, 금(金)은 수(水)를 생하고, 수(水)는 목(木)을 생하고
목(木)은 화(火)를 생한다. 이것이 상생의 이치이다.
화(火)는 금을 극(剋)하고, 금(金)은 목(木)을 극하고, 목(木)은 토(土)를 극하고,
토(土)는 수(水)를 극하고, 수(水)는 능히 화(火)를 극하는 것이 상극(相剋)의 이
치인 것이다.

火星陷화성함(額部액부_이마)

則各星失陷火光不照. 氣色暗殘 然寒 無火 不能生物 有凍土之憂矣
즉각성실함화광부조. 기색암잔 연한 무화 불능생물 유동토지우의
少年多災沖剋 中運不發 終無大用矣.
소년다재충극 중운불발 종무대용의.
耳若明厚木生火 雙目黑白分明 火星陷亦可小發也.
이약명후목생화 쌍목흑백분명 화성함역가소발야.

– 이마에 상처나 패인 부분이 있는 경우 –
화성은 함몰되지 않고 밝게 빛나야 하는데, 결함이 생겨 빛이 사라지면 기색이 어두워져 자신에게 해가 될 수 있다.
즉 자연도 차갑거나 따뜻한 기운이 없으면 만물을 생(生)하지 못하는 얼어붙은 동토와 같듯이, 어려서부터(초년) 많은 재난과 심한 충극을 받고, 중년에도 운이 없으며, 끝내(말년) 크게 쓰임이 없는 사람이 되고 만다.
만약, 귀는 밝고 두터우면 목생화(木生火)하고, 두 눈의 흑백이 분명하면 화성(이마)이 흠이 있어도 역시 조금은 성공한다.

土星陷토성함(鼻部비부_코)

土星陷(鼻部)

財物失去養生之土 而各星則無中主 氣接不堅 此人必五臟多病.

재물실거양생지토 이각성즉무중주 기접불견 차인필오장다병.

或中年因病敗業(山根不斷 年壽無瀍 可免大半)

혹중년인병패업(산근부단 년수무전 가면대반)

鼻樑過高 口小 地閣不朝.

비량과고 구소 지각부조.

爲土剋水 十三 十四 離鄕奔波受苦.

위토극수 십삼 십사 이향분파수고.

– 코에 상처나 패인 부분이 있는 경우 –

재물을 잃어버리거나, 키워 늘게 하는 것은 토(土)의 작용이다

코가 패여 함몰한 부분이 있다면, 토성에 주인이 없는 것과 같아서, 이런 사람은 토(土)의 기운이 단단하게 영글지를 못하여, 필히 오장에 병이 많고 혹, 중년에 병으로 인하여 가업이 대패하게 된다.(산근은 끊어지지 않고, 년상, 수 상에 흠이 없으면 대운의 절반은 얻은 것과 같다.)

그리고 코는 지나치게 크고 높지만, 입은 작아 지각이 돕지 못하면 토(土)가 수(水)를 극하는 것이므로 13세나 14세가 되면 고향을 떠나 세찬물결(분파) 과 같은 고난을 겪게 된다.

金星陷금성함(左耳_왼쪽 귀)

金爲萬物 之寶藏 如各星失去金流 萬物舊滯 此人必無學問而夭折也.
금위만물 지보장 여각성실거금류 만물구체 차인필무학문이요절야.
目欠神 再耳反 額高 爲火剋金 父母家財皆是空.
목흠신 재이반 액고 위학극금 부모가재개시공.

- 왼쪽 귀에 상처나 패인 부분이 있는 경우 -
금성은 만물 가운데서 보석을 품고 있는 곳이다.
위의 각 별들처럼 금성이 기운을 잃어버리게 되면, 만물이 오랫동안 막혀버
려, 이러한 사람은 분명 학문은 말할 것도 없거니와 일찍 요절할 수도 있다.
이마는 높은데, 눈에 신(神)이 부족하거나, 귀가 뒤집어지거나 하면 화극금
(火克金)이 되어 부모의 재물을 모두 탕진한다.

水星陷수성함(口部_입)

則萬物無水磁潤 而草木不秀 然群星不明 此人必福綠不週 衣食不足
즉만물무수자운 이초목불수 연군성불명 차인필북록불주 의식부족
口大額尖爲水剋火 運交十五歲 身受困苦矣.
구대액첨위수극화 운교십오세 신수곤고의.

- 입에 상처나 패인 부분이 있는 경우 -
물이 만물을 윤택하게 적시지 못하면 초목은 잘 자라지 못한다.
그런 연유로 (얼굴의 오성)별무리가 밝지 못한 사람은 분명히 복록이 조절되
지 않아 의식이 부족하다.
입이 크고 이마가 뾰족하면 수극화(水剋火)가 되어 운이 바뀌는 15세에 처
지가 곤란하고 고생한다.

木星陷목성함(右耳及毛髮_머리털이 오른쪽 귀끝까지 닿는 곳)

則各星無木培秀 此人必先天養氣不足 父母欠美而胎受此 主幼小辛苦多
즉각성무목배수 차인필선천양기부족 부모흠미이태수야 주유소신고다
病, 山根斷, 年壽暗瘢, 終身帶疾.
병, 산근단, 년수암반, 종신대질.

- 머리털이 오른쪽 귀 끝닿는 부분까지 상처나 흠이 있는 경우 -

오른쪽 귀(목성)가 잘생겨도 각 별들(얼굴의 오성)이 도와주지 못하면, 이런 사람은 분명히 선천적으로 양기가 부족하다. 또한, 부모가 이 임신하였을 때 환경이 좋지 않았거나, 어렸을 때 고생을 많이 하고 병이 잦았다.

그리고 코의 산근이 끊어지고 년상, 수상이 어둡고 반점이 있으면 죽는 날까지 질병이 몸을 떠나지 않는다.

六曜육요

月孛是山根 紫氣是印堂 二星位居中央 氣聚於中心 得火星及太陽太陰
월패시산근　자기시인당　이성위거중앙　기취어중심　득화성급태양태음

諸星護照 紫光直射群星 如羅喉 計都二凶星 不侵犯本位 無陷 無殺
제성호조　자광직사군성　여라후　계도이흉성　불침범본위　무함　무살

少年中年 運均主亨也 此二星有關終身大運 最爲緊要也.
소년중년　운균주형야　차이성유관종신대운　최위긴요야.

羅候計都二星 名凶星 本位不可帶殺 更不可侵犯他星也.
라휴계도이성　명흉성　본위불가대살　경불가침범타성야.

太陽太陰本位不可露 須要含眞 各星直助而不欺 凶星不犯 必主富貴此.
태양태음본위불가로　수요함진　각성직조이불기　흉성불범　필주부귀야.

六曜육요

인당의 왼쪽 월패는 산근에 이르고, 오른쪽 자기는 인당에 이른다.
산근과 인당 2개의 별은 중앙에 위치하고, 중심으로 기운이 모인다.
화성(이마)은 태양(왼쪽 눈)과 태음의(오른쪽 눈)의 기운이 얻어야 한다.

자기성은 모든 별들을 감사며 빛나고, 각 별들에게 빛을 비추는데, 라후(왼쪽 눈썹)와 계도(오른쪽 눈썹) 2개의 흉성이 본위(인당과 산근)를 침범해서는 안된다.
또한 함몰되거나, 베인 자국(흉)이 없어야 초년, 중년 운이 균등하고, 이 2개의 별은 평생의 대운에 관여하므로 매우 중요하다.
라후성과 계도성은 흉성이며, 대신해서 죽을 수도 없으며, 재차 다른 별까지 침범해서도 안 된다.

태양(왼쪽 눈) 태음(오른쪽 눈)은 본위는 드러내지 말고, 그 진가를 담고 있어야 하며 또한, 각 별들은 서로 돕고 속이지 않아야 하고, 흉성이 침범하지 않는다면 반드시 부귀를 누릴 수 있다.

五嶽 오악

夫, 五嶽者 如地理 以東南西北 中五嶽之論也.

부 오악자 여지리 이동남서북 중오악지논야.

東岳泰山 西岳華山 南岳衡山 北岳恒山 中岳嵩山.

동악태산 서악화산 남악형산 북악항산 중악숭산.

五岳最要相朝供 朝者來龍脉有勢 氣脈相接 五岳之中 以中岳居正位

오악최요상조공 조자래용맥유세 기맥상접 오악지중 이중악거정위

爲主岳 氣統四岳 發脉於中心也.

위주악 기통사악 발맥어중심야.

五岳最怕無主 或孤峰無援, 或有援而不接.

오악최파무주 혹고봉무원, 혹유원이불접.

卽某岳陷是也 此爲龍脉無力 奇脈不接 夫相分南北而論 各有本位

즉모악함시야 차위용맥무력 기맥부접 부상분남북이론 각유본위

南乃火旺之地此本位不陷者 他岳輕弱 赤爲得本位旺勢資助.

남내화왕지지차본위불함자 타악교약 역위득본위왕세자조.

本位氣脉不傷 精神必旺也. 父母必是富貴 自身事業亦能早發也.

본위기맥불상 정신필왕야. 모필필시부귀 자신사업역능조발야.

무릇, 오악을 우리가 살고 있는 땅에 비교하면, 동, 서, 남, 북 중앙을 가리키는데, 동쪽(왼쪽 관골)을 태산이라하고, 서쪽(오른쪽 관골)을 화산이라 하고, 남쪽(이마)을 형산이라 하고, 북쪽(턱)을 항산이라 하며, 중앙(코)을 숭산이라 한다.

오악에서 제일 중요한 것은 서로 받들고 돕는 것이다. 오악의 주인으로 오는 자는 용맥이 강해야 하며, 기맥이 서로 연결되어져 있어야 하고, 오악을 중심으로 중앙에 곧게 서 주산(岳)이 되어야 한다.

4개의 산은 서로 기가 통하며 중악(코)을 중심으로 맥이 일어나야 하며, 오악이 제일 두려워하는 것은 주인이 없는 것이다. 혹, 홀로된 봉우리에 도움이 을 주지 못하거나, 혹 도움은 원해도 닿지 않는 것이다.

즉 오악 중 하나의 산이 함몰 되어있다면, 용맥에 힘이 없어 기맥이 이어지지 못한 것으로, 남북이 나누어져 각자의 자리에만 있는 것이다. 만약, 남쪽의 화(火)가 왕성하고 결함이 없지만, 다른 오악과 비교했을 때 약하다면, 강한 세력으로부터 도움을 받아야 한다.

오악 본위가 기맥이 상함이 없다면, 반듯이 정신이 올바르고 건강할 것이며, 부모가 필히 부귀하고, 사업에 능력이 있어 일찍 발달할 것이다.

南方無正土 若得火旺者 (鼻偏不大忌) 火能生土 除南岳之外 他岳不大

남방무정토　약득화왕자　비편불대기　화능생토　제남악지외　타악부대

忌偏也. (指南方言)『雖不大忌 此人心田則不正也.』

기편야.　지남방언　수불대기　차인심전즉부정야.

忌曲 曲則氣弱 少運不發 大敗中年 又生無子.

기곡 곡즉기약 소운불발 대패중년 우생무자.

남방(이마)이 반듯한 토(코)가 없는데 만약, 왕한 화(火)의 기운을 얻었다면, 코 쪽으로 치우치게 되므로 매우 꺼려한다.

화(火)는 능히 토(土)를 생하므로, 남악을 제외한 다른 오악들도 한쪽으로 치우치게 되므로 매우 나쁘다.

남방(이마)이『많이 꺼려해서 안 된다는 것은, 이러한 사람은 마음의 밭이 반듯하지 못하다는 말과 같다』굽은 것을 꺼리는 것은, 즉 기운이 약하다는 것

과 같은 것으로서 젊었을 때 운이 발달하지 못하여 중년에는 대패하고 또한, 자식도 없는 것이다.

北方居正土 本位旺於水 水能生木 最要淸秀 本位不失.
북방거정토 본위왕어수 수능생목 최요청수 본위부실.
『卽地閣厚而脣齒濟』最忌土星偏斜.』
즉지각휴이순치제 최기토성편사.
若北人得水火通明者 大富大貴 之相也.
약북인득수화통명자 대부대귀 지상야.

북방(턱)은 반듯하여야 본위인 수(水)의 기운이 왕성하여져 능히 목(木)을 생할 수 있다. 최고로 중요한 것은 맑고 깨끗하게 빼어남으로써 본래의 역할을 잃어버리지 않는 것이다.
『즉 지각이 두텁고 입술과 치아가 가지런하여야 된다.』
만약, 북쪽의 사람이 수(水)의 힘을 얻고 화(火)의 기운이 통한다면 대부대귀한 상이다.

水火通明者 乃北人 地閣厚 額廣 五官正 南人額高 地朝 五官不陷
수화통명자 내북인 지각후 액광 오관정 남인액고 지조 오관불함
日月光彩射人是也.
일월광채사인시야.

수화통명자는 북쪽의 지각이 두텁고 이마가 넓으면서 오관이 반듯하고, 남쪽의 이마가 높고 지각이 도와주며 오관에 결함이 없으며, 눈이 빛나는 사람이다.

東西二岳爲主岳之顴岳 要與中岳相配 忌腫 忌露 忌尖 忌破 忌紋 忌獨

동서이악위주악지관악 요여중악상배 기종 기로 기첨 기파 기문 기독

『獨內不運 惑孤顴是也』五岳最要氣脉有勢 而各岳相關 四水明流 方

독내불운 혹고관시야 오악최요기맥유세 이각악상관 사수명류 방

爲大用之相.

위대용지상.

河不得高山而水不能暢流 山無明水之聲而山不秀 故顴五岳修配 察四水

하불득고산이수불능창류 산무명수지성이산불수 고관오악수배 찰사수

之流與不流 通與不通 明潔不明潔 草木香與不秀 此乃至理也.

지류여불류 통여불통 명결불명결 초목수여불수 차내지리야.

五岳之中 若有一岳不成者 亦主二十年困乏.

오악지중 약유일악불성자 역주이십년곤핍.

雖五官好 亦不發大運 縱發大運 縱發達 亦減半 故五岳不可有一陷也.

수오관호 역불발대운 종발대운 종발달 역감반 고오악불가유일함야.

관골은 얼굴에 동(東), 서(西) 2개의 큰 산(악)을 말하며, 중요한 것은 중앙의 큰 산(코)와 잘 어울려야 한다.

관골은 종기나 부스럼이 없어야 하고, 뾰족하게 드러나면 안 되며, 깨어져도 안 되고, 주름이 패어도 안 되며 홀로 우뚝 서 있어도 안 된다. 『관골이 홀로 서 있으면 운이 없고, 외로운 상이다.』

오악에서 최고로 중요한 것은 기맥에 힘이 있어야 한다. 그리고 각 산이 서로 서로 연결되어있고, 4갈래로 물이 맑게 흘러야 어느 곳에서나 크게 쓰이는 상(相)이 된다.

산이 너무 높으면 물이 능히 흐르지 못하여 강을 이루지 못한다.

물소리가 나지 않는 산은 빼어난 산이 아니다. 그런고로 오악이 잘 어울려 4갈래 물결이 잘 흐르는지 못 흐르는지 살펴봐야 하는데, 통하는지 안 통하는지는 다음과 같다. 즉, 맑고 깨끗한지 깨끗하지 않은지, 초목이 잘 자라

는지 못 자라는지를 말하는 것이다.

오악 가운데 만약, 한 개의 악이라도 위와 같이 이루고 있지 않았다면, 20년 동안 곤란하고 궁핍하게 될 것이다.

비록 오관이 잘생겼다고 하더라도 역시 큰 운은 발하지 않으며, 발달한다하더라도 결과적으로 절반으로 줄어든다. 고로 오악 가운데 한 곳이라도 험이 있으면 좋지 못하다.

南岳陷 髮尖中印 髮脚不齊 髮低壓而 閉日月角『髮際過高 主剋父母心
남악함 발첨충인 발각부제 발저압이 폐일월각　발제과고 주극부모심
多殺 不爲陷也.』若紋多而亂 天倉骨陷 額骨成坑 額骨不起 額骨凸露
다살 불위함야.　약문다이란 천창골함 액골성갱 액골불기 액골철로
額左右傾偏 額多淸筋 額上凶痣 印堂帶殺 以上均主剋父母 破祖離家
액좌우경편 액다청근 액상흉지 인당대살 이상균주극부모 파조이가
幼小多災 不貴之相也.
유소다재 불귀지상야.

남악(이마)이 함몰되거나, 인당에 뾰족한 털이 자라거나, 털이 자란부분이 가지런하지 못하거나, 털이 자란부분이 낮게 누르면 일 월각이 닫혀버린다.『털이 자란부분이 너무 높으며 주로 부모를 극하고, 마음이 매우 조급하여 자신을 헤치게 된다. 함몰 되도 안 된다.』

만약, 이마에 주름이 어지럽게 많거나, 천창의 골이 함몰되거나, 이마 골격에 구덩이가 패이거나, 이마 골격이 일어나지 않았거나, 이마가 튀어나거나, 이마 좌우가 한쪽으로 기울어졌거나, 이마에 푸른 힘줄이 많이 있거나, 이마에 흉한 사마귀가 있거나, 인당에 살기를 띠거나 이상과 같으면 주로 부모를 극하고, 조상의 가업을 깨뜨리고, 어릴 때부터 재앙이 많아 귀한 상이 못 된다.

中岳陷 山根斷 弱.紋.痣.破.傷.偏.曲.孔露.年壽凹凸.形小.短弱.蘭廷不起
중악함 산근단 약.문.지.파.상.편.곡.공로.년수요철.형소.단약.난정불기
孤峰無援主貧破敗 終身帶疾 少年破祖 中年大敗 少成之相也.
고봉무원주빈파패 종신대질 소년파조 중년대패 소성지상야.

중악(코)이 꺼지거나 산근이 끊어졌거나, 약하거나, 주름, 사마귀 점이 있거나, 깨어졌거나, 흉터가 있거나, 한쪽으로 기울어졌거나 굽었거나, 콧구멍이 노출되었거나, 년상, 수상이 나오고 들어가고 기복이 있거나, 모양이 아주 작거나, 약하고 짧거나, 난대 정위가 없으면 외로운 봉우리로서 도움이 없어 주로 가난하고 깨어지고 패하여 평생도록 질병이 따라다니며, 일찍 조상의 가업을 파하고 중년에 크게 패하며 이룰게 없는 상이다.

東岳陷 若破 若尖 若無 若腫 若紋 若露 若陷 無串橫骨(耳門骨是也.)
동악함 약파 약첨 약무 약종 약문 약로 약함 무관횡골 이문골시야.
若紋痣點破 若鬢閉命門等缺陷者 均主家運不佳 亦主剋父母.
약문지점파 약빈폐명문등결함자 균주가운불가 역주극부모.
書云 左顴突出 父先死 不死不刑 便自傷.
서운 좌관돌출 부선사 불사불형 편자상.

동악(오른쪽 관골)이 함몰되거나 만약에 깨어졌거나 뾰족하거나 관골이 없거나 부스럼이 있거나 주름이 있거나 드러나거나 푹 꺼졌거나 횡골과 연결되지 않거나,(귀의 명문과 연결되는 뼈) 주름, 사마귀, 점, 흉터가 있거나 만약 빈발(명문까지 내려온 머리카락)이 명문을 덮어버리는 등 결함이 있는 사람은, 주로 가운이 아름답지 못하여 역시 부모를 극한다. 책에 말하길, 좌측 관골이 돌출되면 아버지가 먼저 돌아가시거나, 죽거나 형액을 당하지 않으면, 자신이 상한다, 하였다.

西岳陷 與東岳同論 東西二岳 最要與中岳相配 否則運至中年 或少年
서악함 여동악동론 동서이악 최요여중악상배 비즉운지중년 혹소년
大敗也.
대패야.

서악(왼쪽 관골)이 함몰된 것은 동악의 내용과 같으며, 동서 2개의 산이 제일
중요한 것은 중악(코)과 서로 조화를 이루어야 하는 것이다. 그렇지 않고 운
이 좋아 중년이 이르렀다면, 일찍 크게 패한다.

北岳陷 若頰尖 若斜 若無 若側 若薄 若蹺 或口尖 脣不齊 無鬚 缺髭
북악함 약해첨 약사 약무 약측 약박 약교 혹구첨 순부제 무수 결자
凶痣.紋.傷破.鬚黃.濃.困.枯.人沖斜.曲.短.淺 主老無運 五十一後大破敗.
흉지.문.상파.수황.농.곤.고.인충사.곡.단.천 주노무운 오십일후대파패.

북악(턱)이 함몰되거나, 뾰족하거나, 기울었거나, 없거나, 얇아서 박하게 생
겼거나, 턱(주걱 턱)이 덜려거나, 혹 입이 뾰족하거나, 입술이 가지런하지 못
하거나, 수염이 나지 않았거나, 코 밑 수염에 결함이 있거나, 흉한 사마귀,
주름, 상처나 흉터가 있거나, 승장수염이 누렇거나, 짙거나, 부족하거나, 마
르거나 인충(인중)이 삐뚤어지거나, 굽거나 짧거나, 얕으면 보통 노년에 운이
없으며, 51세 이후에는 크게 깨어지고 패하게 된다.

四瀆 사독

四瀆者 乃耳目口鼻是也.

사독자 내이목구비시야.

耳爲江瀆 目爲河瀆 口爲淮瀆 鼻爲濟瀆 四瀆 名四水 四水最要暢流

이위강독 목위하독 구위회독 비위제독 사독 명사수 사수최요창류

流則通 通則明 明則鮮.

류즉통 통즉명 명즉선.

書云 人中是溝洫 爲四水之總脈 四水之善惡 須察溝洫. 若溝洫明顯而

서운 인중시구혁 위사수지총맥 사수지선오 수찰구혁. 약구혁명현이

正 上細下寬 且長者 謂之四水通流 自然舒暢也. 人沖深長 子孫滿堂

정 상세하관 차장자 위지사수통류 자연서창야. 인충심장 자손만당

少病 守財之相也. 四水不流 或不秀者 主多疾 少財 短壽 少子 非美

소병 수재지상야. 사수불류 혹불수자 주다질 소재 단수 소자 비미

相也.

상야.

사독이라는 것은 이, 목, 구, 비를 말한다.

이(귀)는 강독을 말하고,

목(눈)은 하독을 말하고,

구(입)는 회독을 말하며,

비(코)는 제독을 말한다.

이 4가지 물길을 사독이라 부른다.

4개의 물길이 제일 중요한 것은 흘러야 하고, 흐른다는 것은 통한다는 것이며, 통한다는 것은 즉, 밝은 것이고, 밝은 것은 즉 깨끗한 것이다.

책에 말하길, 인중(충)은 붓 도랑이라 하였다.

4개의 물길이 모여 맥(脈)이 되고, 4개의 물길이 선한지 악한지 구혁(붓 도랑)을 잘 살펴야 한다. 만약, 구혁(붓 도랑)이 밝게 나타난 것은 반듯하다는 것이며, 인충(충)은 위쪽이 가늘고 아래쪽 넓어야 하며, 길어야 한다. 4개의 물길이 흘러서 통한다는 것은 스스로 펼쳐지는 것이다.

인충(인중)이 깊고 길면 자손이 번성하고 병이 없으며 재물을 지키는 상으로, 4개의 물길이 흐르지 못하거나, 잘 생기지 못하였다면, 주로 질병이 많고, 재물이 적고, 수명이 짧으며, 자손이 적으니 아름답지 못 한상이다.

인중(人沖), 인중(人中) ▶ 함께 사용 4장 5부 참조

三停 삼정

三才 三停 三才者 額爲天 欲濶而圓 名曰 有天 貴.

삼재 삼정 삼재자 액위천 욕활이원 명왈 유천 귀.

鼻爲人 浴旺而齊直 名曰 有人 壽 頦爲地 浴方而闊 名曰 有地 富.

비위인 욕왕이제직 명왈 유인 수 해위지 욕방이활 명왈 유지 부.

三停者 髮際至印堂爲上停. 山根至準頭爲 中停 人沖至地閣爲下停 老年

삼정자 발제지인당위상정. 산근지준두위 중정 인충지지각위하정 노년

自髮際至眉爲上停 眉至準頭爲 中停 準頭至地間爲 下停.

자발제지미위상정 미지준두위 중정 준두지지각위 하정.

訣云 上停長老吉昌 中停長近君王 下停長莊吉祥 三停平等富貴榮顯

결운 상정장노길창 중정장근군왕 하정장장길상 삼정평등부귀영현

三停不均孤貧夭賤.

삼정불균고빈요천

詩云_시운

面上三停仔細看 額高須得耳門寬 學堂三部奚堪足 空有文章恐不官.

면상삼정자세간 액고수득이문관 학당삼부해감족 공유문장공불관.

鼻樑隆起如懸胆 促者中年壽難言 地閣滿來田地盛 天庭平潤子孫昌.

비량융기여현담 촉자중년수난언 지각만래전지성 천정평활자손창.

주요 한자　　胆 膽 쓸개 담 속자

三停삼정

삼재, 삼정, 삼재는 '이마'를 뜻하며, 말하길 이마는 하늘(天)이며, 넓고 둥글어야하고, 귀(貴)를 관장한다.

코는 인(人)이라 하며, 가지런하고 곧고 왕(旺) 해야 하고, 말하길 자기 자신이며 수(壽)명을 관장 한다.

턱은 지(地)라 하며 넓고 모가 나야 하며, 말하길 턱은 땅(地)이라 하고 부(富)를 관장한다.

삼정이라는 것은 발제(이마 위 머리털이 나기 시작하는 곳)에서 인당까지 '상정'이라 하고, 산근에서 준두(코 망울)까지 '중정'이라 하며, 인충(인중)에서 지각(턱)의 끝까지를 '하정'이라 한다.

노년에는 발제에서 눈썹까지를 상정이라 하고, 눈썹에서 준두까지를 중정이라 하고, 준두에서 지각까지를 하정이라 이른다. 정리해서 말하면, 상정이 잘생기면 늙어서도 번창하여 길하고, 중정은 자기 자신으로 잘생기면 군왕과 같으며, 하정이 잘생기면 상서로운 기운으로 일이 잘 풀린다.

그래서 삼정이 평등하여야 부귀영화를 누릴 수 있으며, 고르지 못하면 천하고 고독하며 가난하다 요절한다.

시(詩)에서 가로대, 면상 삼정은 자세히 살펴봐야 한다.

이마가 높으면 귀(耳) 문(귓구멍)도 넓어야한다, 문이 넓지 않다면 학당 삼부를 어찌 충분히 만족시킬 수 있겠는가? 공허한 문장은 벼슬을 못할까 두렵다.

코는 힘 있게 쭉 뻗어 쓸개를 메달은 모양이어야 하고, 재촉하듯 급하게 생기면, 중년의 수명을 말하기 어렵다.

지각(턱)은 꽉 차야 전답에 곡식이 가득하며, 천정이 고르고 넓어야 자손이 번성한다.

六府육부

六府者 兩輔骨 兩顴骨 兩頤骨 欲其充實 相輔 不欲支離 孤露.
육부자 양보골 양관골 양이골 욕기충실 상보 불욕지이 고로.

靈臺秘訣云 上二府 自輔角 至天倉 中二府 自命門 至虎耳 下二府 自
영대비결운 상이부 자보각 지천창 중이부 자명문 지호이 하이부 자

肩骨 至地閣.
견골 지지각.

六府充直 無缺陷 (無)瘢痕者 主財旺 天倉起多財祿 地閣濶方 萬頃田
육부충직 무결함 (무)반흔자 주재왕 천창기다재록 지각활방 만경전

缺陷者 不合格.
결함자 불합격.

육부란 양쪽 보골, 관골, 턱골을 말하며, 육부가 충실해야 서로 보완하고, 분리되어 홀로 외롭게 보이지 않는다.

신령스러운 곳에서 말하길 위쪽 2개의 부위(보골)는 보각에서 천창까지 이르러야 하고, 중간 2개 부위(관골)는 명문에서 귀의 호이까지 이르러야 하며, 아래 2개(턱골)은 시골에서 지각까지 이르러야 한다. 육부는 충실하고 반듯하여야 한다.

육부에 결함이 없고 흉터가 없다는 것은 왕성한 재물을 주관하는 것으로, 천창은 많은 재물과 복록을 일으키고, 지각이 넓고 잘 생기면 만(萬)이랑의 밭 지기가 된다. 결함이 있는 사람은 해당하지 않는다.

四學堂사학당

眼爲官學堂 _ 又爲官星 眼爲明秀學堂 須黑白分明 秀長有神 主文章
안위관학당   우위관성 안위명수학당 수흑백분명 수장유신 주문장
聲譽 而淸貴也.
성예 이청귀야.

印上綠學堂 _ 又爲天爵之位 額爲綠學堂 額闊頂平 中正滿 有官 有綠
인상녹학당   우위천작지위 액위녹학당 액활정평 중정만 유관 유록
少年成功.
소년성공.

耳爲外學堂 _ 又爲金馬玉堂之位 耳爲聰明學堂 又爲聞名學堂 須得紅
이위외학당   우위금마옥당지위 이위총명학당 우위문명학당 수득홍
潤 色白過面厚圓 如櫻桃 主爵祿 豊厚富貴非常.
윤 색백과면후원 여앵도 주작록 풍후부귀비상.

門牙內學堂 _ 又爲口德學堂 當門齒 爲內學堂 又爲祿食學堂 要周正而
문아내학당   우위구덕학당 당문치 위내학당 우위록식학당 요주정이
密瑩淨 如銀 主忠信 孝敬 多食綠.
밀영정 여은 주충신 효경 다식록.

**주요
한자**

爵 잔 작 _ 벼슬, 신분

額 이마 액

瑩 밝을 영

'눈'은 '관학당'이라 한다.

또한 관직의 별이며, '명수학당'이라하고, 모름지기 흑백이 분명하여야 하며 길고 빼어나야 한다.

관학당이 위와 같으면 문장이 빼어나 세상에 이름을 떨치고 칭송받으며, 맑고 귀한 사람이다.

'인당' 위를 '녹학당'이라 한다.

또한 하늘에서 내려주는 벼슬과 신분을 누릴 수 있다.

녹학당은 이마를 말하며, 이마는 넓고 정수리가 평평하여야 한다.

중정이 꽉 차야 벼슬을 할 수 있고 복록을 누릴 수 있으며, 젊어서 성공을 할 수 있다.

'귀'를 '외학당'이라 한다.

또한 귀는 금마옥당의 자리로 '총명학당'이라 하며, 또 '명학당'이라 한다. 모름지기 붉고 윤택하여야 하며, 얼굴에 비해서 희고 깨끗해야 하며 두텁고 둥글어야 한다. 또한 앵도나무의 빛깔과 같다면 벼슬과 복록이 있고 풍요로운 부귀가 항상 떠나지 않는다.

'앞니'는 '내학당'이라 한다.

또한 '입'을 '덕학당'이라 하며, 앞니를 '내학당'이라 한다. 봉록을 받아 생활을 하며, 학문을 한다. 치아에 중요한 것은 반듯하고 촘촘하여야하며, 깨끗하고 맑고 밝아하며, 은빛과 같아야 한다. 주로 충(忠)과 신(信)을 주관하고, 부모에게 효도하고 존경하며 많은 식록을 거두어 드린다.

八學堂 팔학당

眉爲班笋 問壽在眉 _ 눈썹을 '반순학당'이라 하고,
미위반순 문수재미   수명을 묻는다면 눈썹에 있다.

耳爲聰明 問名在耳 _ 귀는 '총명학당'이라 하고,
이위총명 문명재이   집안의 명성을 묻는다면 귀에 있다.

眼光明秀 問貴在目 _ 눈을 '명수학당'이라 하고,
안광명수 문귀재목   귀함을 묻는다면 눈에 있다.

額上高明 問富在額 _ 이마의 윗부분을 '고명학당'이라 하고,
액상고명 문부재액   부을 묻는다면 이마에 있다.

額爲高廣 問福二角 _ 이마를 고광학당이라 하고,
액위고광 문복이각   복록을 묻는다면 일(日)각, 월(月)각에 있다.

印堂光大 問官在印 _ 인당을 '광(光)대학당'이라 하고,
인당광대 문관재인   관록을 묻는다면 인당에 있다.

口脣忠信 問祿在口 _ 입과 입술을 '충신학당'이라 하고,
구순충신 문록재구   녹을 묻는다면 입에 있다.

舌相廣大 間德在舌 _ 혀를 '광(廣)대학당'이라 하고,
설상광대 문덕재설   덕을 묻는다면 혀에 있다.

一. 高明部學堂 圓頭或有異骨昻

　　고명부학당　원두혹유이골앙

　　고명부학당은 머리가 둥글고 골이 솟아야 한다.

二. 高廣部學堂 額湧明潤骨起而方

　　고광부학당　액용명윤골기이방

　　고광부학당은 이마가 밝고 윤택하며 골이 일어나 솟아야 한다.

三. 廣大部學堂 印堂平明無傷痕

　　광대부학당　인당평명무상흔

　　광대부학당은 인당이 흠이 없으며 밝고 평평해야 한다.

四. 明秀部學堂 眼光黑多神隱藏

　　명수부학당　안광흑다신은장

　　명수부학당은 눈의 검색이 많고 감추어져 은은하게 빛나야 한다.

五. 聰明部學堂 耳有輪廓紅而白

　　총명부학당　이유윤곽홍이백

　　총명부학당은 귀의 윤곽이 붉고 깨끗해야 한다.

六. 忠信部學堂 牙齊周密白如霜

　　충신부학당　아제주밀백여상

　　충신부학당은 치아는 가지런하고 조밀하며 서리처럼 희어야한다.

七. 光德部學堂 舌長至準紅紋長

　　광덕부학당　설장지준홍문장

　　광덕부학당은 혀은 붉고 긴 주름이 있으며, 준두까지 닿아야한다.

八. 班笋部學堂 橫起天中細秀長

반순부학당 횡기천중세수장

반순부학당은 천중에서 가로로 일어나 길고 가늘게 빼어나야 한다.

玉管誤 上輔學堂左右分 平如鏡子亦無紋 更兼中正 無傾陷 定作公侯位

옥관결 상보학당좌우분 평여경자역무문 경겸중정 무경함 정작공후위

高人. 中輔學堂七十分 平光潤澤是賢臣 更兼下部有成就 六部大臣近至

고인. 중보학당칠십분 평광윤택시현신 경겸하부유성취 육부대신근지

人. 下輔學堂地閣朝 承契俱滿是官僚 如若中輔來相應 必坐朝堂佐舜堯

인. 하보학당지각조 승장구만시관료 여약중보래상응 필좌조당좌순요

중요한 내용을 요약해서 말하면,

상보학당을 좌우로 나누면, 주름이 없고, 깨끗한 거울처럼 고르고 평평하여야한다. 중정을 겸해서 다시 보면, 기울거나 함몰된 곳이 없으면 높은 지위에 올라 공후의 벼슬까지 이른다.

중보학당은 얼굴의 70%까지 차지하는데 평평하고 빛이 윤택하면 현명한 신하가 될 수 있고, 성취는 하부에 있으므로 겸해서 다시 보아야 한다. 이러한 사람은 육부대신까지 이른다.

하보학당은 지각의 도움으로 이루어져야 하며, 승장의 꽉 찬 기운의 조건이 갖추어지면 관료로 나가고 만약, 중보로부터 도와주는 맞는 기운이 있다면, 관직에 나아가 요순과 같은 군왕을 보필할 것이다.

諸陽氣勢誤 제양기세결

『天絪縕 萬物化醇』大氣之妙用此.

천인온 만물화순 대기지묘용야.

人爲萬物之靈 萬物爲人之用 相人之道 焉能無憑. 富貴貧賤 善惡壽夭

인위만물지영 만물위인지용 상인지도 언능무빙. 부귀빈천 선악수요

不離於型也. 型之本有於行 行之本在於神 神之本歸之於氣也.

불리어형야. 형지본유어행 행지본재어신 신지본귀지어기야.

氣者讀自然之大氣 先天之氣 後天之氣 養成之氣 有正氣 邪氣之分此.

기자위자연지대기 선천지기 후천지기 양성지기 유정기 사기지분야.

기세에 대해 말한다.

『천지의 기운이 서로 합하여 만물을 변화 시키는데』기운의 작용이 오묘하기만 하다.

사람은 만물의 영이요, 만물은 사람을 위하여 존재하지만, 부귀와 가난과, 선과 악과, 오래 사는 것과 일직 죽는 것을 어찌 다 안다고 말할 수 있겠는가?

기(氣)는 형(型)과 떼려야 뗄 수 없는 것이니, 형(型)태의 근본은 행(行)에 있고, 행(行)의 근본은 신(神)에 있으며, 신(神)의 근본은 기(氣)에 있다. 기(氣)는 자연의 큰 기운을 말하며, 선천적으로 타고난 기(氣), 후천적으로 얻는 기(氣), 길러져 이루어진 기(氣)가 있으며, 다시 정의로운 기(氣)와 악한 기(氣)로 나눠진다.

正氣生人 神爽形秀 端正威嚴 爲富爲貴爲壽爲慈 性必正直好善.
정기생인 신상형수 단정위엄 위부위귀위수위자 성필정직호선.

邪氣生人 神滯形濁虛浮輕薄 爲賤爲惡爲夭爲貧 稍有富貴不能長久
사기생인 신체형탁 허부경박 위천위악위요위빈 초유부귀불능장구

性必淫而兼暴. 夫容稟於神 是故神淸氣爽者 其骨必圓必秀 肉自句稱
성필음이겸폭. 부용품어신 시고신청기상자 기골필원필수 육자균칭

色亦明潤 內富貴之格也.
색역명윤 내부귀지격야.

바른 기(氣)를 받아 태어난 사람은 그 정신은 상쾌하고, 용모는 아름답고,
정직하고 위엄이 있으며, 부귀하고 장수하며, 자비롭고, 성품은 정직하며
선하다.

그러나 좋지 못한 기(氣)을 받아 태어난 사람은, 정신이 나약하고, 탁하고,
공허하고 천박하며, 어려서부터 가난하고, 사악하고, 작은 재물이라도 오래
가지 못하며, 성품은 음란하면서 포악하다.

무릇 단정한 용모는 신(神)은 갖춰야하는 것이므로 정신이 맑고 기골이 둥
글며 원만하고 빼어나며, 균형을 이루고 피부도 색도 밝으며 윤택하여야
부귀의 격이다.

夫氣者 稟於陰陽而成者也. 故審其面骨之氣勢 能知某一代風水及 住宅
부기자 품어음양이성자야. 고심기면골지기세 능지모일대풍수급 주택

之善惡 均以諸陽而斷之也. 夫頭爲六陽傀首 九陽氣勢 注射於百部靈臺
지선악 균이제양이단지야. 부두위육양괴수 구양기세 주사어백부영대

透運於周神 而內固於體也. 故諸陽氣足 而骨豐隆者 自然神淸氣爽 則體
투운어주신 이내고어체야. 고제양기족 이골풍륭자 자연신청기상 즉체

健身安 爲壽爲福也.
건신안 위수위복야.

六陽者 _ 景陽 兩太陽 兩華陽 後陽 是此.

육양자　경양 양태양 양화양 후야 시야.

九陽者 _ 天陽 景陽 太陽 華陽 九陽 龍陽 後陽 靈陽 往陽 是也.

구양자　천양 경양 태양 화양 구양 용양 후양 영양 주양 시야.

무릇 기(氣)라는 것은 타고난 음양으로 이루어진 것이며, 그런고로 얼굴과 골격에 나타난 기세를 잘 살펴보면, 한 대(一代)에 영향을 주는 풍수로 집안이 좋고 나쁨을 알 수 있어, 모든 기운을 판단할 수 있다.

무릇 머리라는 것은 육(六)양과, 구(九)양의 기세를 모아 주는 곳으로 백 가지의 신령스런 기운을 한 곳으로 모여 정신을 통해 운(運)이 전달되어 몸에 안착된다. 고로 양기가 왕성하고 뼈가 튼튼해지며, 정신이 자연히 맑아지고 기(氣)가 상쾌해지며, 몸이 건강하고 평안해지니 장수하는 복을 누릴 것이다.

• 육양 _ 경양, 양태양, 양화양, 후양
• 구양 _ 천양, 경양, 태양, 화양, 구양, 용양, 후양, 영양, 주양

醇 진한 술 순　　　　　　　稟 줄 품 _ 타고난
憑 기댈 빙　　　　　　　　　爽 시원할 상

九陽審風水訣 구양심풍수결

天陽氣上 _ 主五代以上風水之善惡.
천양기상　　주오대이상풍수지선악.
천양기상란 _ 5대(代) 이상 풍수의 선악을 알 수 있다.

景陽氣首 _ 主三代以上風水之善惡.
경양기수　　주삼대이상풍수지선악.
경양기수란 _ 3대(代) 이상 풍수의 선악을 알 수 있다.

太陽氣助 _ 主二代以上及祖宅 水塘 樹木 等風水之善惡.
태양기조　　주이대이상급조택　수당　수목　등풍수지선악.
태양기조란 _ 2대(代) 이상 조상들의 주택, 저수지, 나무 등 풍수의 선악을
　　　　　　　 알 수 있다.

華陽氣則 _ 華陽文曰 左爲丘陸 右爲塚墓 主墳穴一代以上之
화양기즉　　화양우왈 좌위구룡 우위총묘 주분혈일대이상지
　　　　　　　 風水及住宅善惡 耳上一寸 謂邱陸塚墓 再上 一寸
　　　　　　　 풍수급주택선악 이상일촌위구릉총고 재상 일촌
　　　　　　　 卽『頭角』謂山林是也.
　　　　　　　 즉　두각　위산림시야.
　　　　　　　 若凸露超過山林骨者 謂之氣急不美也 陷者謂氣弱
　　　　　　　 약철로초과산림골자 위지기급불미야 함자위기약

화양기란 _ 좌(左)는 구릉이라 하고, 우(右)를 총묘라 한다. 일대(一代) 이상
조상의 묘에 영향을 주는 풍수와 주택의 좋고 나쁨을 알 수 있
다. 귀 위로 손가락 한 마디(一寸) 정도를 구릉 총묘라 하고, 구릉
총묘 위의 한 마디(一寸) 윗부분을 산림이라 한다. 즉, 두각을 산
림이라 한다. 만약, 산림 부분이 지나치게 솟아 凸자처럼 노출
된 사람은 기(氣)가 급하므로 아름답지 못하며, 산림이 꺼져있으
면 기(氣)가 약한 사람이다.

九陽氣聚 _ **主當代以上至理代風水 住宅 床位 廚位 門向 厠位**
구양기취　　주당대이상지이대풍수 주택 상위 주위 문향 측위
　　　　等之善惡. 此陽爲最重要之氣也. 骨, 肉, 紋, 毛, 痣,
　　　　등지선악. 차양위최중요지기야. 골, 육, 문, 모, 지,
　　　　色, 型 均宜細察也.
　　　　색, 형 균의세찰야.

구양기취란 _ 당대에 이르는 풍수와 주택, 침실, 부엌의 위치, 대문의 방향,
화장실의 위치 등 기운의 좋고 나쁨을 알 수 있다. 이러한 양
기는 정말 중요한 기운으로 뼈, 살, 주름, 털, 사마귀, 점, 색,
형 등을 세밀하게 관찰하여야 한다.

龍陽氣流 _ **主當代上下風水之善惡.**
용양기류　　주당대상하풍수지선악.
용양기류란 당대를 기준하여 위아래 2대(代)까지 풍수의 기운이 좋고 나쁨
을 알 수 있다.

後陽氣守 _ **主上下三代風水之善惡.**
휴양기수　　주상하삼대풍수지선악.

휴양기수란 자신을 기준으로 위아래의 3대(代)까지(부모 자식)풍수의 기운이
좋고 나쁨을 알 수 있다.

靈陽氣藏 _ 主一代上下及住宅左右風水氣勢之善惡.

영양기장　　주일대상하급주택좌우풍수기세지선악.

영양기장란 _ 자신을 기준으로 일대(代), 나와 자식의 주택좌우 풍수의 기
　　　　　　운이 좋고 나쁨을 알 수 있다.

主陽氣托 _ 主當代風水及住宅 地氣之善惡

주양기탁　　주당대풍수급주택 지기지선악

주양기탁이란 _ 당대의 풍수와 주택에 기운을 미치고, 땅의 기운이 좋고
　　　　　　　나쁨을 알 수 있다.

例如 _ 九陽氣陷(印堂是也) 此人祖父或曾祖父之風水及住宅等 定有凶

예여 _ 구양기함(인당시야) 차인조부혹증조부지풍수급주택등 정유흉

殺和其他破壞 此本人必多凶險及刑剋在 事業上亦主多成多敗.

살화기타파괴 차본인필다흉험급형극재 사업상역주다성다패.

예를 들면, 구양기에 결함이 있으면(인당을 말한다) 이러한 사람은 조부 혹, 증
조부의 풍수와 주택 등에 평화로운 기운을 파괴하는 흉살의 작용이 있어
흉함이 형극에 닿고, 위험함이 겹쳐 사업의 실패가 많다.

龍陽氣陷 主此人祖父或曾祖父風水 龍脈定爲不旺 主此本人家中 有凶

용양기함 주차인조부혹증조부풍수 용맥정위불왕 주차본인가중 유흉

死之人 本身亦常帶疾病.

사지인 본신역상대집병.

용양기에 결함이 있으면 이러한 사람의 조부, 증조부의 풍수를 보면 용맥이 좋지 못하고 가문에 흉사로 죽은 사람이 있으며 본인 역시 질병이 끊이지 않고 시달리게 된다.

天陽氣

太陽氣　　景陽氣　　太陽氣

華陽氣　　　　　　　　　　　　華陽氣

九陽氣

龍陽氣

九陽審風水訣구양심풍수결 1. 전면

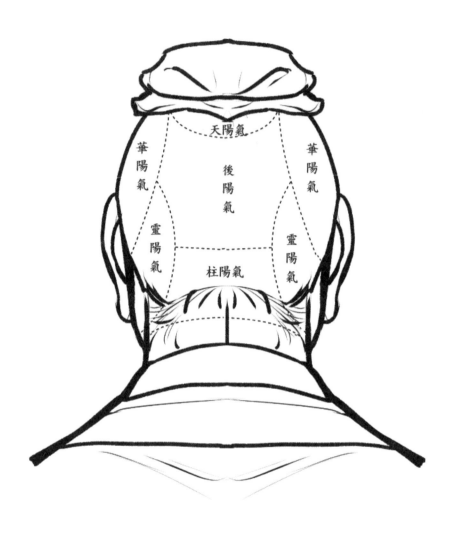

天陽氣

華陽氣

後陽氣

華陽氣

靈陽氣

靈陽氣

柱陽氣

九陽審風水訣구양심풍수결 2. 후면

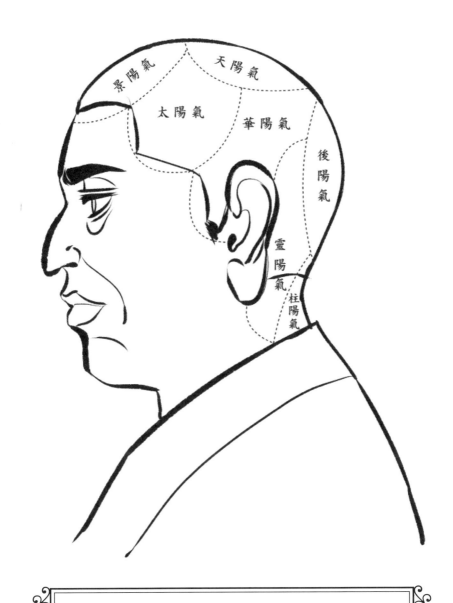

九陽審風水訣 구양심풍수결 3. 측면

口陽氣訣 구양기결

天陽豊滿 _ 主福綠壽俱全 性直仁慈.

천양풍만　주북록수구전 성직인자.

露者 _ (卽吳也)主毒而奸猾老必孤貧. 陷者 _ 主弱而多思 不孤則夭.

노자 _ (즉첨야)주독이간활노필고빈.　함자 _ 주약이다사 불고즉요.

천양이 풍만하면

복록과 수명을 온전하게 갖추었으며 성정이 정직하고 인자하다. 천양이 노출된 사람은 _ (뾰족하게 드러난 사람) 일반적으로 교활하고 간교하고 독하여 늙어서 반드시 외롭고 가난하다.

함몰된 사람은 _ 걱정이 많고 약하여 외롭지 않으면 요절 한다.

景陽豊滿 _ 主當壽多貴 性覺聰明.

경양풍만　주당수다귀 성각총명

露者 _ 孤苦波折 性惡　陷者 _ 主傷 性愚

노자　고고파절 성악　함자 _ 주상 성우

경양이 풍만하면

부귀 함께하고 수명이 길며 성품이 너그럽고 총명하다.

경양이 노출되어 드러난 사람은 외롭고 고난과 꺾임이 많고 성정이 포악하다.

함몰된 사람은 _ 자신을 상하게 하고, 성품이 어리석다.

太陽豊滿 _ 主極爲聰明 亦多主貴人相遇
태양풍만 _ 주극위총명 역다주귀인상우

露者 _ 主孤易投入門 若骨成一路線者 修行易遇神仙而得道. 常人必主
노자 _ 주고역투입문 약골성일로선자 수행역우신선이득도. 상인필주
破相. 陷者主愚 性惡 父母刑剋 少運老運皆蹇 主六親無靠.
파상. 함자주우 성악 부모형극 소운노운개건 주육친무고.

태양이 풍만하면
총명함이 최고에 이르고 많은 귀인을 만난다.
태양이 노출되어 드러난 사람은 외로우니 도문으로 들어가기 쉽고 만약에
태양기가 한 개의 선으로 드러난 사람이 수행하면 신선을 만나 득도하게 된
다. 보통 사람이 이러한 기운을 갖고 있으면 반드시 깨어지는 상이다.
함몰된 사람은 주로 어리석고 성정이 악하다. 부모를 형극하고 젊어서 늙을
때까지 운이 없고, 의지할 육친도 없다.

華陽豊滿 _ 主仁子好施 聰明爽直 富而守財 貴而淸正 必得賢妻內助.
화양풍만 _ 주인자호시 총명상직 부이수재 귀이청정 필득현처내조.
露者 _ 主淫亂好勝 亦主聰明爽直 必多刑剋 性極剛強.
노자 _ 주음난호승 역주총명상직 필다형극 성극강강
陷者 _ 主貧弱 夭折 賤而性惡.
함자 _ 주빈약 요절 천이성악.

화양이 풍만하면
인자하고 베풀기를 좋아하고, 밝고 맑으며 정직하고, 총명하여 재물을 지킬
수 있는 부자다. 깨끗하고 바르며 귀한 사람이라 반드시 현처를 얻어 내조
를 받는다.

화양이 노출되어 드러난 사람은 이기는 것을 좋아하고 음란하다. 또한, 총명하고 정직하나 성정이 강강함이 극에 달하고, 밝고 맑으나 반드시 형극이 많다.

함몰된 사람은 주로 가난하고 약하여 요절하고, 성정이 포악하며 빈천하다.

九陽豊滿 _ 主福綠壽俱全 一生大禍不臨 逢凶化吉 爲人正直好善 主掌

구양풍만 _ 주복록수구전 일생대화불임 봉흉화길 위인정직호선 주장

權柄 得遇有刀貴人幇助.

권병 득우유력귀인방조.

露者 _ 多災難及凶險剋妻子 離鄕奔走 心性陰毒.

노자 _ 다재난급흉험극처자 이향분주 심성음독

陷者 _ 主凶險波折疾病多災難及刑剋. 心性凶暴多思 奔波勞綠 妻子且

함자 _ 주흉험파절질병다재난급형극. 심성흉폭다사 분파노록 처자차

不能早配 祖蓋無意 事業多成多敗.

불능조배 조산무고 사업다성다패.

구양이 풍만하면

복록과 수명을 온전하게 갖추게 되고 일생에 큰 화를 당하지 않는다. 흉(凶)을 만나도 길(吉)한 운으로 변하고 정직하고 착하여 권력을 잡게 되고 나를 도와줄 힘(칼)을 가진 사람을 만나게 된다.

구양이 드러난 사람은 재난이 많고 흉험이 미치게 되며, 처자를 극하고 고향을 떠나 분주하며, 마음이 음독하다.

구양이 함몰된 사람은 흉하고 험난한 파란으로 꺾이고, 질병이 많아 형극이 떠나질 않는다. 심성은 흉폭하며 생각이 많고, 힘들기 그지없다. 처자 또한 일찍 만나지 못하고 기댈 조상과 유산이 없으며 사업의 성패가 많다.

龍陽豊滿 _ 主得賢美之妻 如氣貫頂者 身體健剛少病 膽大果斷 心性爽直
용양풍만 _ 주득현미지처 여기관정자 신체건강소병 담대과단 심성상직

露者 _ (似腫也) 主破相或刑剋 孤相也.
노자   사종야 주파상혹형극 고상야.

陷者 _ 膽少刑剋 六親難靠 體弱多病
함자 _ 담소형극 육친난고 체약다병

主剋妻或招不美不賢之妻 常遇小人妒忌 離祖離鄉奔走勞綠之相也.
주극처혹초불미불현지처 상우소인투기 이조이향분주노록지상야.

용양이 풍만하면

보통 아름다운 부인을 얻으며, 기운이 정수리로 관통하는 사람은 신체가 건
강하고 병이 없으며, 담이 크고 과단성이 있으며 심성이 밝고 맑으며 정직
하다.

용양이 드러난 사람은 (부스럼과 같은)깨어진 상으로서 형극이 있는 고독한 상
이다.

용양이 함몰된 사람은 담이 작고 형극이 있으며 기댈 육친이 없고 체력이
약하여 병이 많다. 일반적으로 처를 극하며, 아름답지도 어질지 못한 처를
얻게 되고, 소인을 만나 질투와 시기를 당하고, 조상과 고향을 떠나 분파노
록이 심한 상(相)이다.

後陽豊滿 _ 主中老運佳 得享遐齡 子孫榮貴
후양풍만 _ 주중노운가 득향하령 자손영귀

露者 _ 主心性反常 爲人奸猾亦主不忠 刑剋孤壽 若有肉包者 必主財壽
노자 _ 주심성반상 위인간활역주불충 형극고수 약유육포자 필주재수

尤隆也.
우융야.

陷者 _ 主夭折多病 中老年運敗 子孫少而不貴『東北人不在此限』

함자 _ 주요절다병 중노년운패 자손소이불귀 동북인부재차한

후양이 풍만하면

보통 중년과 노년을 아름답게 장수하고 즐기며, 자손도 영귀하다.

후양이 드러난 사람은 심성이 자주 바뀌고 인성이 간교하며, 교활하고 의롭지 못하며, 형극으로 외로운 생을 살게 된다. 만약 몸에 살이 있다면 반드시 재물과 수명 또한 늘어난다.

후양이 함몰된 사람은 병이 많고 요절이 염려스러우며 중년과 노년의 운이 없고 자손은 많지 않거나 귀하지 못하다.(동북에 사는 사람은 적용되지 않는다.)

靈陽豐滿 _ 主壽年極高 富貴必有 妻榮子孝.

영양풍만 _ 주수년극고 부귀필유 처영자효.

露者 _ 主孤苦貧賤 性爆心强.

노자 _ 주고고빈천 성폭심강

陷者 _ 主奸狡夭折少中年大敗 刑妻剋子 六親無靠 離鄕奔走.

함자 _ 주간교요절소중년대태 형처극자 육친무고 이향분주.

영양이 풍만하면

수명은 길고 매우 오래 살며 반드시 부귀하고, 부인을 얻어 영화롭고 자손으로부터 효도를 받는다.

영양이 드러난 사람은 빈천하고 성정이 강하며 포악하다.

영양이 함몰된 사람은 간교하고 어려서 요절하지 않으면 중년에 대패한다. 부인을 형(刑)하고 자손을 극(剋)하며, 의지할 육친이 없고 고향을 떠나 분주하게 살아간다.

往陽豐滿 _ 主峰凶化吉 中老年大富 壽旣高妻亦榮 此人必得橫財

주양풍만 _ 주봉흉화길 중노년대부 수기고처역영 차인필득횡재

肉包者 亦主財. 露骨者 _ 主孤獨性情反覆無常.

육포자 역주재. 노골자 _ 주고득성정반복무상.

陷者 _ 主多疾病 萬事無成 奔波勞碌 必無大壽 乃孤苦之相也.

함자 _ 주다질병 만사무성 분파노록 필무대수 내고고지상야.

察諸陽氣勢 應驗凶吉者 宜詳察各部配合而觀 始爲驗也.

찰제양기세 응험흉길자 의상찰각부배합이관 시위험야.

例如後陽不好 顴鼻縱然好者而運不發 待至鼻準運方發 靈陽不好 顴好

예여휴양불호 관비종연호자이운불발 대지비준운방발 영양불호 관호

諫臺 廷尉亦好 此運難發是也.

란대 정위역호 차운난발시야.

주양이 풍만하면

흉(凶)이 변하여 길(吉)로 바뀌며 중년과 노년에 크게 발달하고, 수명이 길며, 처와 함께 영화롭다. 이러한 사람은 반드시 횡재하고, 살점이 많은 사람도 역시 재물이 풍요롭다.

주양이 드러난 사람은 성격이 변덕스럽고 주로 외롭고 고독하다.

주양이 함몰된 사람은 보통 병이 많고 만사가 되는 일이 없으며, 분주하기만 하고 반드시 수명이 길지 못하며, 외롭고 고달픈 상이다. 양(陽)기세를 잘 살피면 흉길을 판단할 수 있으며, 마땅히 각 부분의 배합을 잘 관찰하여 살펴야 비로소 효험이 있다.

예를 들어, 후양골이 좋지 못하면 관골과 코가 좋다 하더라도 운이 일어나지 않으며, 운(運)이 일어나려면 코의 준두에 이를 때까지 기다려야 한다. 영양골이 좋지 못하면 관골이 좋고 코의 난대, 정위가 좋아도 운(運)이 일어나기 어렵다.

面部陰陽訣 면부음양결

人之陰陽者 非指某一部分而言也. 反者爲陽 覆者爲陰. 天有 陰陽之氣

인지음양자 비지모일부분이언야. 반자위양 복자위음. 천유 음양지기

人有男女之別 男人全體是陰 生殖器爲陽 女人周身純陽 下部一點眞陰

인유남녀지별 남인전체시음 생식기위양 여인주신순양 하부일점진음

사람은 음양으로 이루어져 있으며, 어느 한가지나 일부분을 지칭하는 말이
아니다. 뒤집어진 부분은 양이 되고, 엎어진 부분은 음이 된다. 하늘은 음양
의 기(氣)로 되어 있으니, 사람 또한 남녀가 다르다.
남자의 몸은 음(陰)으로 되어 있으나 생식기가 양(陽)이고, 여자의 몸은 양
(陽)으로 되어 있으나 하부의 일점이 음(陰)으로 되어있다.

又曰 _ 骨爲陽 肉爲陰 面左爲陽 面右爲陰 面前爲陽 面後爲陰 面上爲

우왈 _ 골위양 육이음 변좌위양 면우위음 면전위양 면후위음 면상위

陽 面下爲陰 體前爲陽 體後爲陰 眼上爲陽 眼下爲陰 左眼爲陽 右眼爲

양 면하위음 체전위양 체후위음 안상위양 안하위음 좌안위양 우안위

陰 面骨凸顯處爲陽 面部凹暗處爲陰.

음 면골철현처위양 면부요암처위음.

또 가로대_ 뼈는 양이요, 살은 음이다. 얼굴의 좌(左)는 양이요 우(右)는 음
이며, 얼굴 앞부분은 양이요 얼굴 뒷부분은 음이다.
얼굴 윗부분은 양이요, 얼굴 아랫부분은 음이다. 몸의 앞부분은 양이요, 몸
의 뒷부분은 음이다. 눈 윗부분은 양이요, 눈 아랫부분은 음이다. 좌(左)측

눈은 양이요, 우(右)측 눈은 음이다. 얼굴에서 凸자처럼 나온 부분은 양(陽)이요, 凹자처럼 들어간 부분은 음(陰)이다.

陰者 _ 氣臓形而下. 陽子_ 氣露形而上 陰性宜正 陽性宜和 陰本趨柔
음자   기장형이하 양자   기로형이상 음성의정 양성의화 음본추유
陽本趨強 陰陽不可 不和不順 和者氣舒骨正 順者肉均色潤 乃福 壽之
양본주강 음양불가 불화불순 화자기서골정 순자육균색윤 내복 수지
相也. 陰陽如不和順 骨必露必斜 或陰盛陽衰(肉浮腫 骨少是也) 或陽盛
상야. 음양여불화순 골필노필사 혹음성양쇠(육부종 골소시야) 혹양성
陰弱(骨露肉少是也) 眼型不正亦同論. 均非美相 凶險 不可幸免也.
음약(골로육소시야) 안형부정역동론. 균비미상 흉험 불가행면야.

음(陰)이란 기가 아래에 저장되어 있는 모양이고, 양(陽)이란 것은 기운이 위로 드러나는 모양으로, 음의 성품은 반듯하여야 마땅하고, 양의 성품은 온화함이 마땅하다. 음은 본래 부드러움을 쫓고 양은 본래 강함을 취하므로 음양은 화순(和順) 않으면 안 된다.
화(和)라는 것은 반듯한 골격에서 펼쳐지는 기운이고, 순(順)이란 것은 살점이 고르고 윤택한 색이 있어야 수복을 누리는 상(相)이다.
음양(陰陽)이 조화롭지 못하며, 뼈가 드러나나 기울어지고, 혹 음이 성하고 양이 쇠하던가, (뼈가 너무 약하여 살점이 떠 있는 모양)혹 양이 성하고 음이 약하던가, (뼈가 드러나고 살점이 메마른 모양)눈의 모양이 바르지 못하거나, 모양이 조화를 이루지 못하면 흉험하여 위험을 면하기 어렵다.

（甲）子午線左爲陽面　（乙）子午線右爲陰面

（갑）자오선좌위양면　（을）자오선우위음면

자오(子午)선을 중심으로 좌(左)측 얼굴은 양(陽)으로 보고,
자오(子午)선을 중심으로 우(右)측 얼굴은 음(陰)으로 본다.

（甲）卯酉線上爲陽面　（乙）卯酉綠下爲陰面.

（갑）묘유선상위양면　（을）묘유선하위음면

묘유(卯酉)선을 중심으로 위쪽은 얼굴을 양(陽)으로 보고,
묘유(卯酉)선을 중심으로 아래쪽은 얼굴을 음(陰)으로 본다.

（甲）左眼爲陽　　（乙）右眼爲陰.

（갑）좌안위양　　（을）우안위음

좌(左)측 눈은 양(陽)이고, 우(右)측 눈은 음(陰)이다.

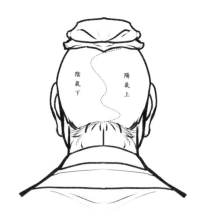

【면부음양결 후면 양기 음기】

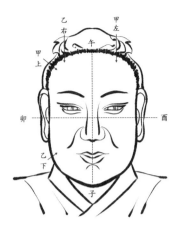

【면부음양결 좌우 음양면】

(一) **甲陽 名露三陽 太陽 正陽 朝陽 是也.**

    갑양 명로삼양 태양 정양 조양 시야.

갑양은 삼양을 일컫는 것으로, 태양, 정양, 조양을 말한다.

(二) **甲陰 名爲顧陰** - 갑음이란 음기를 도와준다.

    갑음 명위고음

(三) **眼上爲陽 眼下爲陰** _ 눈의 윗부분을 양(陽)이라 하고,

    안상위양 안하위음   눈의 아랫부분을 음(陰)이라 한다.

(四) **左眼下爲三陽 太陽中陽少陽 右眼下爲三陰 太陰中陰少陰**

    좌안하위삼양 태양중양소양 우안하위삼음 태음중음소음

왼쪽 눈의 아랫부분은 삼양으로서 태양, 중양, 소양이다.

오른쪽 눈의 아랫부분은 삼음으로서 태음, 중음, 소음이다.

【면부음양결 삼양삼음】

一 **面前爲陽.**   二 **面後爲陰.**

　　면 전 위 양　　　　면 후 위 음

얼굴의 앞면은 양(陽)이 되고, 얼굴의 뒷면은 음(陰)이 된다

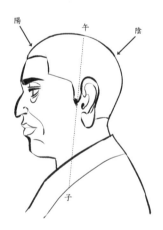

【면부음양결 자오음양】

相配상배

垂珠配鼻梁 貴壽福榮相 耳厚眼配秀 聰明意長揚 口正鼻直豊

수주배비량 귀수복영상 이후안배수 총명의장양 구정비직풍

多見富貴翁.

다견부귀옹.

舌長脣配正 辦才理氣通 眼黑配脣紅 學問多成功 眉秀眼配秀

설장순배정 판재이기통 안흑배순홍 학문다성공 미수안배수

神氣未可量.

신기미가량.

늘러진 귓불과 대들보와 같은 코가 짝을 이루면 귀함과 수명의 복과 영화가 있는 상(相)이요, 두터운 귀와 빼어난 눈이 짝을 이루면 영리하고 총명하며, 입이 반듯하고 코가 곧게 뻗어 풍만한 하면 노년이 부귀한 사람에게 많이 볼 수 있는 상(相)이다.

혀는 길고 반듯한 입술과 짝을 이루면 기운이 통하여 이치에 맞게 판단하는 재주가 뛰어나고, 눈동자가 검고 붉은 입술과 짝을 이루면 학문을 크게 이루고, 눈썹이 빼어나며 잘생긴 눈과 짝을 이루면 신령스런 기운을 가히 헤아릴 수 없다.

주요 한자 辦 힘쓸 판

相反상반

耳大脣若薄 男女定小福 脣大耳若小 問子多零落 鼻大眼若小
이대순약박 남녀정소북 순대이약소 문자다영락 비대안약소
有錢壽必夭.
유전수필요.
耳小若眼大 雖富容易了 耳大眼若小 前啼欠後瓜 鼻小舌若大
이소약안대 수부용이요 이대안약소 전제흠후과 비소설약대
一事煩不了.
일사번불요.

만약, 귀가 큰데 입술이 얇으면 남녀각각 정해진 복이 작고 만약, 입술이 큰데 귀가 작으면 자식은 많으나 뿔뿔이 흩어지고 만약, 코는 큰데 눈이 작으면 돈은 있으나 수명이 짧다.

만약, 귀는 작고 눈이 크면 비록 부를 누린다고 하더라도 쉽게 끝나고, 만약, 귀는 큰데 눈이 작으면 오이가 익기 전에 흠이 생겨 울부짖는 농부와 같고, 만약, 코는 작은데 혀가 크면 괴로운 일들이 끝나지 않는다.

주요
한자

啼 울 제

陰陽음양

陽爲男 陰爲女 此男女之陰陽也. 男女之陰陽 固然有定 然則所 謂陰陽
양위남 음위녀 차남녀지음양야. 남녀지음양 고연유정 연즉소 위음양

者 不論男女相中 亦有形相之陰陽 及性格 氣色 聲音 擧動 思想 有形
자 불논남녀상중 역유형상지음양 급성격 기색 성음 거동 사상 유형

無形 無一不有陰陽.
무형 무일불유음양.

故男人 雖固屬陽 必須有陰 以和之 女人雖固屬陰 必須有陽 以資之.
고남인 수고속양 필수유음 이화지 여인수고속음 필수유양 이자지.

庶幾男有剛氣 柔情 相濟之美 女有貞烈 和順 相須之德 不然男已屬陽
서기남유강기 유정 상제지미 여유정열 화순 상수지덕 불연남이속양

若無陰以和之 則亢陽無制.
약무음이화지 전항양무제.

女已屬陰 若無陽以資之 則孤陰無化 而因之所謂 起居進退 日常生活
여이속음 약무양이자지 즉고음무화 이인지소위 기거진퇴 일상생활

無所依據矣.
무소의거의.

資 재물 자 _ 밑천, 재물

是故陽中 喜陰者 不宜陰氣太盛 陰太盛者 謂之陽差 陰中含陽者 不宜
시고양중 희음자 불의음기태성 음태성자 위지양차 음중함양자 불의
陽氣太過 陽太過者 謂之陰錯 玆將陰陽肉格 分釋於此 苟能熟習 吟味
양기태과 양태과자 위지음착 자장음양육격 분석어차 구능숙습 음미
玩索 而有得焉.
완색 이유득언.

남자는 양(陽)이요, 여자는 음(陰)이니 남녀를 음양이라 한다.

남녀를 음양이라 하고 그렇게 정하였으나, 소위 음양이라는 것은 남녀만 말하는 것이 아니라, 모양이 있는 모든 것은 음양의 형상(形相)을 갖고 있으니, 성격이 그러하고, 기색, 음성, 거동, 사상을 비롯하여 모양이 있든지 없든지 한 가지라도 음양에 속하지 않는 것이 없다.

이런 이유로 남자은 비록 양(陽)에 속하지만 반드시 음이 있어 온화한 부분도 있고, 여자는 음(陰)에 속하지만 반드시 양이 있어 재물이 되는 것이다.

남자는 강한 기운에 부드러운 정이 있어야 많은 상 가운데에서 아름답다고 할 수 있으며, 여자는 지조가 굳고 행실이 바르고, 순하며 온화한 상으로 모름지기 덕스러워야 한다.

그렇지 않으면 남자와 같은 양(陽)에 속한다. 만약, 온화한 음(陰)의 기운이 없다면 끓어 오르는 양(陽)의 기운을 억제하지 못할 것이다.

여자는 음(陰)에 속하지만, 재물을 이루게 하는 양(陽)의 기운이 없다면, 음(陰)은 고독하여 변화를 하지 못하고, 소위 일어나고 머물며 나아가고 후퇴하는 일상생활에서 의지할 곳이 없다.

그러한 연유로 양(陽) 가운데 음(陰)이 있는 것을 기뻐하고, 음기(陰氣)가 왕성한 것은 마땅하지 못하여 음기가 크게 왕성한 사람을 양차(陽差)라 한다.

음(陰) 가운데 양이 있어야 하나 양기(陽氣)가 크게 지나치면 마땅하지 못하

여 양(陽)의 기운이 크게 지나치는 사람을 소위 음착(陰錯)이라 한다.

지금까지 음양(陰痒)의 6격을 분석해 보았다.

진실로 능숙하도록 익혀서 음미하고 연구하여야 깨우쳐야할 것이다.

그러나 무엇보다 덕이 있어야 한다.

陽和양화

頭圓頂平 頭略有角 面略方形. 額有圓骨 五岳隱起 山根托印. 眉高有勢
두원정평 두약유각 면약방형. 액유원골 오악은기 산근탁인. 미고유세
眉略有角 眉毛稍稍向上 眼長含光. 聲喨韻淸 面色和霽 言語緩急有情.
미약유각 미모초초향상 안장함광. 성량운청 면색화제 언어완급유정.
思想豁達 臨事果斷 處事光明 行藏從容 不威而嚴.
사상활달 임사과단 처사광명 행장종용 불위이엄.

머리는 둥글고 약간 각이 있어야 하며, 정수리는 평평하고 얼굴은 약간 사
각형이여야 한다.

이마는 둥글고 골격이어야 하며, 오악은 은은하게 일어나 있어야 하고, 인
당은 산근을 밀듯이 있어야 한다.

눈썹은 위에서 힘 있게 있어야 하고, 약간의 각이 있어야 지혜로우며, 눈썹
끝은 하나하나가 약간 위를 향해 있고, 눈은 길고 빛을 머금고 있어야 한다.

음성은 맑게 울리며 여음은 맑아야 하고, 얼굴색은 비가 갠 날씨처럼 쾌청
하고, 말은 완급을 조절하며 정(情)이 있어야 한다.

생각은 개방적이고, 일을 할 때 결단력 있게 상황에 대처할 줄 알아야 하며,
하는 일은 밝고 투명하여야 하고, 나아가고 물러날 때 침착하여야 하며, 두
려움을 갖게 하는 것이 아니라 엄하게 보여야 한다.

陰德음덕

頭圓頂平 面略方而圓 五岳略帶丸味. 山根有勢 印堂平滿 眉略彎 眼略
두원정평 면약방이원 오악약대환미. 산근유세 인당평만 미약만 안약

長. 聲略細而似揚 言語徐而不浸. 思想緩而不冷泛 處事溫柔 面色和謁
장. 성약세이사양 언어서이불침. 사상완이불냉범 처사온유 면색화알

一見令人可敬
일견영인가경

머리는 둥글고 정수리는 평평하여하며, 얼굴은 둥글면서 약간 사각형이고,
오악은 약간의 둥근 띠를 띄는 맛이어야 한다.

산근은 힘이 있어야 하고, 인당이 평평하게 꽉 차 있어야 하며, 눈썹은 조
금 구부러져있고, 눈은 조금 길어야 한다.

음성도 조금 가늘지만 커야하고, 말을 할 때는 천천히 하지만 말끝이 잠기
면 안 된다.

생각은 느리지만 냉정하고 들뜨지 않아야 하며, 일을 처리할 때는 부드럽
고 따뜻하게 하며, 얼굴색이 온화하고 화기애하면, 첫눈에 존경받을 수 있
을 것이다.

亢陽항양

頭圓頂尖 面丸凸起 五岳丸帶尖味 眉促而灣 或短而勢向上. 眼露流光
두원정첨 면환철기 오악환대첨미 미촉이만 혹두이세향상. 안로류광
耳尖而縱 聲大而粗 或聲破而烈 性急而躁 處事粗略 不廬全 不顧後
이첨이종 성대이조 혹성파이열 성급이조 처사조략 불려전 불고후
令人一見 知其暴而識其簡 或頭小面大 仰首輕浮 等之大槪也.
영인일견 지기폭이식기간 혹두소면대 앙수경부 등지대개야.

머리는 둥글고 정수리가 뾰족하며, 얼굴은 둥글면서도 凸모양으로 일어났
으며, 오악은 둥글면서 뾰족한 맛이 있고, 눈썹의 급하게 굽어있으며, 혹은
짧게 위를 향해 뻗어있다.
눈빛은 흐르고, 귀는 뾰족하거나 늘어져있고, 음성은 크고 거칠며 혹, 깨어
지고, 성미가 급하며, 일을 할 때 정성을 들이지 않으며 대충 넘어가고, 뒤
를 돌보지 않는 것은 첫눈에 포악하다는 것을 알 수 있다. 작은 머리, 큰 얼
굴, 치켜든 머리, 천박한 외모 등이 그러하다.

주요
한자

尖 뾰족할 첨 　　　　　　　　　縱 늘어질 종
廬 오두막집 려 ▶ 임시거처, 대충 躁 성급할 조
顧 돌아볼 고, 돌보다, 지난 일을 생각하다.

孤陰 고음

頭面略帶方形 或頭大面小 正面如平 側視中凹 眼深眉低 或平而粗
두면약대방형 혹두대면소 정면여평 측시중요 안미미저 혹평이조
毫濃而促 長大壓眼 鬚鬢深濃 聲暗內喉 語調緩中有刺 或急而隱斷
호농이촉 장대압안 수빈심농 성암내후 어조완중유자 혹급이은단
面色陰鬱 處事過慮 一見知其爲陰險. 執拗殘忍 無化者是也.
면색음울 처사과려 일견지기위음험. 집요잔인 무화자시야.

머리와 얼굴은 조금 모가 난 사각형으로 혹, 머리는 크고 얼굴은 작거나 얼굴
앞면이 평평하며, 측면으로 보았을 때 중간 부분이 움푹 파였거나, 눈은 깊고
눈썹이 낮게 있거나 혹, 넓으면서도 거칠거나, 짙고 흐름이 급하며, 길고 큰 눈
썹이 눈을 누르거나, 승장수염(鬚)과 명문까지 내려온 머리카락(鬢)이 무성하게
짙고, 소리가 목구멍 안에서 어둡거나, 말을 천천히 하는 가운데 날카로움이
있으며 혹, 급하게 숨기며 끊고, 얼굴색은 음울하거나, 일을 할 때 지나치게 생
각을 많이 하는 것은 첫눈에 어둡고 위험함을 알 수 있다.
지나치게 고집이 세고 끈질기고 잔인하며, 세상의 변화를 모르는 사람과 같다.

주요 한자

毫 가는 털 호   鬚 수염 수 ▶ 승장수염 ▶ 4장 6부 참조
鬢 살쩍 빈 ▶ 명문까지 내려온 머리카락
鬱 막힐 울

陽差陰錯 양차음착

頭圓屬陽 面方屬陰 前面屬陽 後腦屬陰 頭大 面大 頭大 面小 前大
두원속양 면방속음 전면속양 후뇌속음 두대 면대 두 대 면소 전대

後小 前小 後大 此頭面此也. 頭方屬陰 面圓屬陽 前後比差 太過謂之
후소 전소 후대 차두면차야. 두방속음 면원속양 전후비차 태과위지

陰錯此. 面凸屬陽 凹者屬陰 四嶽起而中嶽凹 亦謂陽差 四嶽凹陷 尖削
음착야. 변철속양 요자속음 사악기이중악요 역위양차 사악요함 첨삭

而中嶽獨凸 而高 亦謂陰錯.
이중악독철 이고 역위음착.

如有骨無肉 露眼無眉 人大聲小 亦謂陽差 有肉無骨 眉重壓眼 髮際低
여유골무육 노안무미 인대성소 역위양차 유육무골 미중압안 발제저

而天倉夾 鬢鬚重而聲韻焦 亦謂陰錯 面雖大而色暗 身雖男而步斜 嬌娜
이천창협 수빈중이성운초 역위음착 면수대이색암 신수남이보사 교나

如婦 凡男體女行 亦謂陽差 女體男態者 亦謂陰錯.
여부 범남체여행 역위양차 여체남태자 역위음착.

然則陽差陰錯 最爲複雜 而相無全吉 世小完人 陽差陰錯者最多 故相之
연즉양차음착 최위복잡 이상무전길 세소완인 양차음착자최다 고상지

懷 품을 회

嬌 아리따울 교

娜 아리따울 나

爲難 在在分別形狀. 況有陽相而懷陰行 陰相而作陽擧者哉.
위난 난재분별형상. 황유양상이회음행 음상이작양거자재.

本篇已得援經 折衷網顧 立陽差陰錯 二法四例于後.
본편이득첩경 접충강령 입양차음착 이법사예우후.

둥근 머리는 양(陽)에 속하고, 모가 난(사각) 얼굴은 음(陰)에 속한다. 얼굴의 앞면은 양(陽)에 속하고 뇌가 있는 뒷면은 음(陰)에 속한다. 머리는 크고 얼굴도 크며, 머리는 크고 얼굴이 작으며, 앞이 크고 뒤가 작으며, 앞이 작고 뒤가 큰 이러한 것은 단지 머리와 얼굴의 차이를 말한다. 모가 난 머리는 음(陰)에 속하며, 둥근 얼굴은양(陽)에 속하고 전 후를 비교해 차이가 클 때 음착(陰錯)이라 한다.

얼굴이 凸모양으로 나온 얼굴은 양(陽)에 속하고 凹자 모양으로 생긴 얼굴은 음(陰)에 속한다. 4악이 일어나고 가운데 중악이 凹자 모양이면 역시 양차(陽差)라 한다. 4악이 凹자 모양으로 꺼져 있거나 뾰족하게 깎이거나 한가운데 중악이 홀로 凸자 모양으로 나오면 이를 음착(陰錯)이라 한다.

뼈만 있고 살점이 없으며, 눈이 튀어나오고 눈썹이 없는데 몸은 크지만 목소리가 작으면 역시 양차(陽差)라 한다. 살점은 있는데 뼈가 없거나, 눈썹이 무겁게 눈을 누르거나, 머리털이 나는 부분이 낮게 시작되거나, 천창이 좁거나 승장수염(鬚)과 명문까지 내려온 머리카락(鬢)이 진하게 나서 내려오고, 음성이 끝이 메말라 깨어지는 소리일 때도 역시 음착(陰錯)이라 한다. 얼굴은 크지만 안색이 어둡거나, 몸은 남자이지만 걸을 때 한쪽으로 기울어지거나, 여자와 같이 아름답거나, 남자의 몸이 여자와 같은 행동을 할 때 역시 양차(陽差)라 하고, 몸은 여자인데 남자와 같은 태도를 취할 때 음착(陰錯)이라 한다. 따라서 양차, 음착이 가장 복잡하지만, 이러한 상은 전부 좋지 않다. 세상에는 완전한 사람이 없으니 양차(陽差) 음착(陰錯)에 속하는 사람이 많아 상(相)을 보기 어렵고, 형상을 나누어 분별하기도 어렵다. 하물며 양상이면서 음의 행동을 하고, 음상이면서 양상의 행동을 하는 사람이지 않는가.

본편은 알고자 하는 것을 빠르게 이해할 수 있도록 양차(陽差) 음착(陰錯) 정리하였고, 구별하는 2가지 방법과 4개의 예를 들어 놓았다.

(一) 男固陽 混女行者 正陽差
　　　남고양 혼녀행자 정양차

(二) 女固陰 混男態者 正陰錯 右二法 是男女之正陽差陰錯
　　　여고음 혼남태자 정양착　우이법 시남녀지정양차음착

(一) 남자는 양인데, 여자의 행동이 섞여 혼탁한 사람을 양차으로 본다.
(二) 여자는 음인데, 남자의 태도가 섞여 혼탁한 사람을 음착으로 본다.
　　　이러한 2가지 방법으로 남녀의 양차 음착을 구별한다.

(一) 不論男女 槪以頭形 屬天 以象陽 而主骨主聲 故聲開嗓長持
　　　불논남녀 개이두형 속천 이상양 이주골주성 고성개상장지
　　　有韻者 爲陽 是以不論身之大小. 槪以聲喨爲吉 而聲暗韻短
　　　유운자 위양 시이불론신지대소. 개이성량위길 이성암운단
　　　閉焦者爲陰是以身之大小不論 槪以聲小不喨爲凶 此爲骨氣
　　　폐초자위음시이신지대소불론 개이성소불량위흉 차위골기
　　　之陽差也.
　　　지양차야.

(一) 남녀를 구분하지 않고 일반적으로 머리모양은 하늘에 속하고 양(陽)의 상은 뼈와 음성을 중심으로 판단하며, 음성은 목구멍이 열려 여운이 길게 지속되어야 양(陽)이며, 몸이 크고 작고를 따지지 않는 것이 옳다. 대체로 음성은 맑아야 좋은 것으로 음성이 어둡고 소리 끝이 짧고 닫혀 애타는 듯하며, 몸이 크고 작고와 상관없이 소리가 작고 맑지 않으면 흉하며 이러한 골(骨) 기(氣)를 양차라 한다.

(二) 不論男女 開以面爲衆陽之宗 而主骨肉儀表 故五嶽隱起 鬚眉鬢髮

불론남녀 개이면위중양지종 이주골육의표 고오악은기 수미빈발

中和爲吉 凹陷重壓爲凶. 是以陰太盛者 頭大面小 後大前小 髮際

중화위길 요함중압위흉. 시이음태성자 두대면소 후대전소 발제

低 眉重眉垂 鬢重鬚重 面凹色暗 天倉夾 有肉 無骨 槪爲陰錯.

저 미중미수 빈중수중 면요색암 천창협 유육 무골 개위음착.

陽氣太過者 頭小面大 有骨無肉 眉少稜露 無眉 露眼 豁齒結喉

양기태과자 두소면대 유골무육 미소릉로 무미 로안 활치결후

前大後小 聳肩 尖面 槪爲陽差.

전대후소 용견 첨면 개위양차.

(二) 남녀를 구분하지 않고 대체로 이러한 얼굴은 양(陽)의 무리에서 뛰어
난 얼굴로서 뼈와 살이 적절하게 외모를 갖추고 5악은 서서히 일어나
고 승장수염(鬚)과 명문까지 내려온 머리카락은(鬢) 중화를 이루면 길
하지만, 凹자 모양으로 꺼지고 무겁게 누르고 있으면 흉하다.
음(陰)이 지나치게 왕성한 사람은 머리가 크고 얼굴이 작으며 앞이 작
고 뒤가 크고 머리털은 낮게 나고 눈썹은 진하며 아래로 드리워지고,
승장수염(鬚)과 명문까지 내려온 머리카락은 무성하고 얼굴은 凹자 모
양에 안색이 어둡고 천창이 좁고 살점은 있는데 뼈가 약한 사람은 대
체로 음착(陰錯)이 된다.
양기가 태과한 사람은 머리가 작고 얼굴이 크고 뼈는 있는데 살점은
없고 눈썹은 작고 모서리가 튀어 나왔거나 없거나, 눈이 돌출되었거
나, 이빨은 벌어지고 목구멍이 보이거나, 앞니는 크고 뒤는 작거나, 어
깨는 솟고 얼굴이 뾰족하면 대체로 양차(陽差) 이다.

(三) **身材大而氣魄小 處事侷促 忸怩拘牽 陰險殘忍 執彬無化 此陽不**
신재대이기백소 처사국촉 뉵니구견 음험잔인 집요무화 차양불
能制陰 謂之陽差.
능제음 위지양차

(三) 몸은 크지만 기백이 약하여 일을 처리할 때 재촉하고 다그치며 부끄
러움을 타고 그늘지고 잔인하며 집요하여 조화를 이루지 못하니 양
이 음을 능히 제압하지 못하니 따라서 양차라 한다.

(四) **人小而氣魄擴皇無度 處事簡慢知進不知守 此陰不能制陽 謂之陰**
인소이기백확황무도 처사간만지진부지수 차읍불능제양 위지음
錯. 右四例中 聲音之陽差 氣本丹田應乎骨 神靈而關壽夭.
착. 우사예중 성은지양차 기본단전응호골 신령이관수요.
第二例 及前云二法 關乎六親者 女陽差仍作陽相 陰錯仍作 陰相
제이예 급전운이법 관호육친자 여양차잉작양상 음착잉작 음상
若夫陽 和屬陽 陰德屬陰 固爲男女本性 唯是亢陽反陰 孤陰反陽
약부양 화속양 음덕속음 고위남녀본성 유시항양반음 고음반양
皆爲極變之例 如男之陽差 變陰 女之陰錯 變陽是也.
개위극변지예 여남지양차 변음 여지음착 변양시야.

(四) 사람은 작은데 기백은 황제처럼 넓지만 법도가 없으며, 하는 일마다
소홀히 하고 업신여기며, 앞으로 나갈 줄은 알지만 지키는 것을 알지
못하여, 능히 양(陽)을 억제하지 못하는 이러한 음(陰)을 음착(陰錯)이
라 한다.
위의 4가지 예문 중에서 양차(陽差)로 나누는 것은 기(氣)를 기본으로 뼈
골이 부르는 것을 단전이 응답하는 것으로 수명의 길고 짧음에 관련
되어 있으니 참으로 신기하고 영묘하다.

2가지 방법을 말하기 전에 2가지 예문이 미치는 것은 육친에 관해 말하는 것으로서 양차(陽差)는 양상에서 만들어지는데 인하고, 음착(陰錯)은 음상이 만들어지는데 인하므로, 온화한 양 기운은 양(陽)에 속하며, 음덕은 음(陰)에 속하는 것으로, 남녀의 본성으로 음(陰)이 반대로 양(陽)의 기운이 극도로 왕한 것을 항양(亢陽)이라 하고, 양(陽)의 반대로 음(陰)의 기운이 극도로 성하여 지극히 외롭게 느끼게 하는 것은 모두 극단적인 변화의 예이다.

남자의 양(陽)이 잘못되어 음(陽)이 되듯이, 여자의 음(陰)도 잘못되어 양(陽)이 되는 것이다.

주요한자

錯 섞일 착
差 어긋날 차
壓 누를 압
豁 뚫린 골 활

怩 부끄러워할 니
忸 익을 뉴, 부끄러워 할 뉵
擴 넓힐 확
仍 인할 잉

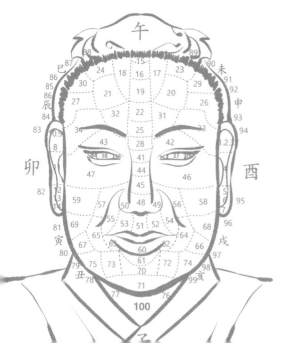

2장

流年面部白位

유 년 면 부 백 위

五星

天以五星垂象　地以五嶽定形　人以五官論貴　五星若有一星不明者　亦主二十年滯運．

尤以火土兩星　更屬重要　夫面上五行　亦有生剋之論　火能生土　而萬物俱屬土中所生　土能生金　金能生水　水能生木　木能生火　此乃相生之理也

火能剋金　金能剋木　木能剋土　土能剋水　水能剋火　此內相剋之理也．

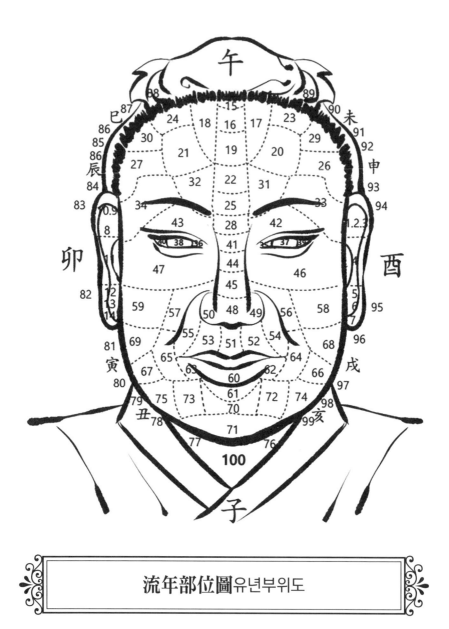

流年部位圖유년부위도

百歲運限圖 백세운한도

18	17	16	15	12~14	11	8~10	5~7	4	1~3
月角	日角	天中	火星	地輪	人輪	天輪	天廓	天城	天輪
월각	일각	천중	화성	지륜	인륜	천륜	천관	천성	천륜
31	29 30	28	27	26	25	23 24	22	20 21	19
凌雲	山林	印堂	塚墓	丘陵	中正	邊城	司空	輔角	天庭
능운	산림	인당	총묘	구릉	중정	변성	사공	보각	천정
41	40	39	38	37	36	35	34	33	32
山根	少陰	少陽	中陰	中陽	太陰	太陽	彩霞	繁霞	紫氣
산금	소음	소양	중음	중양	태음	태양	채합	번하	자기
53 52	51	50	49	48	47 46	45	44	43	42
仙庫	人中	廷尉	諫台	準頭	顴骨	壽上	年上	光殿	情舍
선고	인중	정위	난대	준두	관골	수상	연상	광전	정사
67 66	65	64	63 62	61	60	59 58	57 56	55	54
金縷	鵝鴨	波池	地庫	承漿	水星	虎耳	法令	綠倉	食倉
금루	아압	파지	지고	승장	수성	호이	법령	녹창	식장
85 84	83 82	81 80	79 78	77 76	75 74	73 72	71	70	69 68
辰	卯	寅	丑	子	腮骨	奴僕	地閣	頌堂	歸來
진	묘	인	축	자	시골	노복	지각	송당	귀래
100			99 98	97 96	95 94	93 92	91 90	89 88	87 86
若問百歲壽週而腹始推			亥	戌	酉	申	未	午	巳
약문백세수주이복시추			해	술	유	신	미	오	사

新流年運限訣 신유년운한결

夫面部流年運限者 亦有無窮之訣也.

부면부윤년운한자 역유무궁지결야.

其中分兩種辨別 一曰 '九陽定流法' 一曰 '九陽混流法'.

기중분양종변별 일왈 '구양정류법 일왈' 구양혼류법.

定流法 就是一般所傳的 眉型好 交眉運必佳.

정류법 취시일반소전적 미형호 교미운필가.

混流法 眉雖好 而眼鼻耳不好者 眉運不發 注受於鼻 鼻運佳他.

혼류법 미수호 이안비이불호자 미운불발 주수어비 비운가야.

(此乃眞傳秘訣也 讀者宜留意參考.)

(차내진전비결야 독자의류의참고.)

眉好不發運 鼻壞反運佳 其中是有定理也 一般相書所註者 如眉好 運交

미호불발운 비괴반운가 기중시유정리야 일반상서소주자 여미호 운교

三十一至 三十四 必得佳運 其中奧理非此簡單也.

삼십일지 삼십사 필득가운 기중오리비차간단야.

麻衣老祖云 _ 『禾倉綠馬要相當 不識之人莫亂指』 就是此意也.

마의노조운 _ 화창록마요상당 불식지인막난지 취시차의야.

例如 _ 年上壽上部位甚好 而眉型六害者 運交四十四歲 四十五歲 定有

예여 _ 년상수상부위심호 이미형육해자 운교사십사세 사십오세 정유

大災也. 如壽上骨陷 眉生五彩有勢 眼覆眞光 注射於鼻 運交壽上無有

대재야. 여수상골함 미생오채유세 안북진광 주사어비 운교수상무유

大害也. 其中氣勢相關 官官相顧 不可不察 故以新流年運限分段註解也.

대해야. 기중기세상관 관관상고 불가불찰 고이신유년운한분단주해야.

本書注重 混流法 定流法容易察 不加詳解也.

본서주중 혼류법 정류법용이찰 불가상해야.

얼굴을 보고 운의 흐름을 알아차린다는 것은 무한한 비밀이 숨어 있는데, 2가지로 나누어 보면 한 가지는 **"구양정류법"** 또 한 가지는 **"구양혼류법"**이다.

'정류법'이라는 것은 일반적으로 전해져 내려오는 것으로 눈썹이 잘생겨 있어야 하며, 눈썹이 교차하는 운에 반드시 아름다워야 한다.

'혼류법'이라는 것은 비록 눈썹이 좋아도 눈, 코, 귀가 좋지 못하면, 눈썹에서 운이 일어나지 못한다. 이런 경우 코에서 운기를 주고받아야 하므로 코가 아름다워야 한다.(이것이 내려오는 비결이다. 뜻을 새겨 두고 참고하길 바란다.)

눈썹이 좋아도 운이 일어나지 않는 것은, 코가 무너져 운이 아름답지 못해 반대로 되는 것과 같다. 일반 관상 책에 의하면 눈썹이 좋으면 31세~34세까지의 운이 반드시 좋다고 하나, 그 속에 있는 이치가 그렇게 간단하지가 않다.

마의선사께서 말씀하시기를 『화창과 역마는 서로 잘 맞아야 하는 것이 중요하니, 잘 알지 못하는 사람은 어지럽게 가리키지 말라』이러한 뜻을 염두에 두고 공부하는 것이 옳을 것이다.

예를 들면 , 코의 년상과 수상이 좋은데 눈썹이 육해(六害)형에 속하고, 수상의 골격이 함몰되어 있으면, 44세, 45에 큰 재난이 있다. 단, 눈썹은 다채롭고 강렬하며, 눈은 진정한 빛으로 가득하여 코에 운기를 쏘아주면 운이 교차하는 시점에, 수상에 있는 큰 해가 사라진다. 그 가운데 기세를 서로 공유하고, 서로 잘 되게 돌아보며, 자세히 살피지 않으면 안 된다. 고로 다가오는 새로운 해(年)의 운을 볼 때는 여러 단계로 나누어서 풀어 밝히고 해석하여야 한다. 본서에서 중요하게 생각하는 혼류법과 정류법을 자세히 쉽게 활용할 수 있도록 하였으니 더 이상 상세하게 풀이할 수가 없다.

金星금성(左耳좌이) 1,2,3,4,5,6,7세

- **金星觀天倉금성관천창**: 금성은 천창을 보아야 하고,
- **山根定大運산근정대운**: 산근이 대운을 결정한다.

金星 一歲至七歲, 天輪 一,二,三歲, 天城 四歲, 天廓 五,六,七歲

금성 1세지7세 천륜 1,2,3세 천성 4세 천곽 5,6,7세

其氣透射天倉 以地庫爲托 山根爲捕. 天倉骨起 地庫不虧 山根有勢

기기투사천창 이지고위탁 산근위보. 천창골기 지고불휴 산근유세

金木不剋者(金木不剋者乃是兩耳一樣) 金星運佳.

금목불극자(금목불극자내시양이일양) 금성운가.

本位縱有不美者 亦主無大禍也.若天倉陷 地庫虧 山根斷 縱然本位不陷

본위종유불미자 역주무대화야.약천창함 지고휴 산근단 종연본위불함

定無佳運也. 或刑沖剋破災厄 此年必見矣.

정무가운야. 혹형충극파재액 차년필견의.

'**금성**'은 좌(左)측 귀을 기준으로 1세에서 7세에 이르고

'**천륜**'은 1,2,3세이며, '**천성**'은 4세이다.

'**천곽**'은 5,6,7세이고, 그 기운은 천창을 쏘아 통하게 하며,

지고는 밀어주고 산근은 도와준다.

천창의 골격이 일어나고, 지고는 이어지면 안 되며, 산근은 힘이 있어야 한다. 금이 목이 극하지 않아야(금이 목을 극하지 않는다는 것은 양쪽 귀 모양이 똑같아야 한다는 뜻이다) 금성의 운이 아름답다.

만약, 본래의 위치에 있지 않아 아름답지 못하여도 큰 재난은 없다. 그러나 만약, 천창이 함몰하고 지고가 이지러지고, 산근이 끊어지면. 본래의 위치에 힘이 없어도 운(運)은 좋지 않다.

그리고 형, 충, 극, 파재의 액은 해당하는 해(年)에 반드시 나타난다.

주요
한자

虧 이지러질 휴

火星화성(中之上천중상) 15세

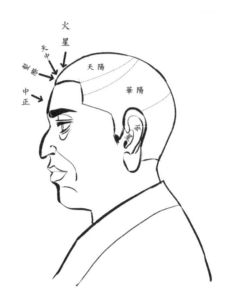

- **火星觀天陽화성관천양**: 화성은 천양을 보아야 하고,
- **中正定運중정정운**: 중정이 운을 결정한다.

却天中之上 十五歲交此運. 氣貫天陽 注射華陽 托在景陽 補爲金木二

각천중지상 십오세교차운. 기관천양 주사화양 탁재경양 보위금목이

星天骨華骨有氣勢. 景骨不虧 髮際齊而幽美 雨耳高縱照額 十五十六歲

성천골화골유기세. 경골불휴 발제제이유미 양이고종조액 십오십육세

運必佳也 幼年易養少病.

운필가야 유년이양소병.

若天陽景陽華陽骨陷或露髮脚冲印而不齊金木低弱者 刑通多病災 厄破

약천양경양화양골함혹로발각충인이부제금목저약자 형극다병재 액파

祖離宗 速宜過房 可免其半.

조이종 연의과방 가면기반.

'**화성**'은 천중의 윗부분으로 15세의 운에서 만난다.

'**천양**'을 뚫고 나오는 기운이 '**화양**'을 쏘아주고, '**경양**'을 밀어주며

금성, 목성의 2개의 별을 도와주고 천골과 화골에 기세가 있으며,

경골은 이지러지지 않아야하고, 발제는 가지런하고 아름다우며, 양쪽 귀는 높이 솟아 이마를 비추면, 15, 16세에 반드시 좋은 운이며, 해당한 년(年)에는 질병 없이 쉽게 자라날 수 있다.

만약, 천양골, 경양골 , 화양골이 꺼지거나 혹, 발제 부분이 뾰족하게 인당을 충(沖)하거나, 발제 부분이 가지런하지 못하거나, 양쪽 귀가 낮게 있는 사람은 약하여 질병이 많고 형극과 재액으로 조상을 떠나게 되니, 속히 양자로 보내면 흉액을 반으로 면할 수 있다.

過房 과방 _ 입양 ▶ 過房子 – 양자로 간 아들

木星목성(右耳우이) 8,9,10,11,12,13,14세

- **木星察地庫목성찰지고**: 목성은 지고를 살펴야 하고,
- **山根定大運산근정대운**: 산근이 대운을 결정한다.

八歲至十四歲, 天輪 八,九,十勢 人輪 十一歲 地輪 十二,十三,十四歲
팔세지십사세, 천륜 8,9,10세 인륜 11세 지륜 12,13,14세
與金星同論 但 最忌金剋木(左耳反輪, 右耳不反輪 是此) 主幼小時
여금성동론 단 최기금극목(좌이반륜, 우이불반륜 시야) 주유소시
凶危 及剋父母.
흉위 급극부모.

'목성'은 8세에서 14세까지 이르고 '천륜'은 8,9,10세이고 '인륜'은 11세,
'지륜'은 12,13,14세에 해당한다.
목성의 운기작용도 금성과 같은 내용으로 단, 최고로 꺼리는 것은 금극목
(金剋木)이다.(좌(左)측 귀가 뒤집어지고, 우(右)측귀가 뒤집어져서는 않은 것을 말
한다.)
주로 유아기와 소년기에 부모를 극(剋)하여 흉하고 위험하다.

天中천중 (髮際발제) 16세

- **天中察木星천중찰목성**: 천중은 목성을 살피고,
- **中正定運중정정운**: 중정이 운을 결정한다.

卽髮際 十六歲同論. 단 日月角宜豊滿也.

즉발제 십육세동논. 단 일월각의풍만야.

발제는 16세에 만나고 화성과 같은 내용이다.

단, 일각과 월각은 마땅히 풍만해야 한다.

- **日角觀太陽일각관태양**: 일각은 태양을 보아야 하고
- **月角察兩耳월각찰양이**: 월각은 양쪽 귀를 살피며
- **華陽定大運화양정대운**: 화양이 대운을 결정한다.

日角 運交 十七歲. 氣接太陽卽 『兩眼』注射華陽 金木爲托 兩目有神

일각 운교 십칠세. 기접태양즉 양안 주사화양 금목위탁 양목유신

光彩 天倉不陷 華陽骨隆 兩耳高縱過眉 龍虎不爭者(髮際不閉日月角

광채 천창불함 화양골융 양이고종과미 용호부쟁자 (발재부폐일월각

是也) 十七 十八得好運 此年必透貴人也.

시야) 십칠 십팔득호운 차년필봉귀인야.

若是雙目不秀而無光者 金木相剋 華陽氣衰 龍虎相爭者 此年必見刑剋

약시쌍목불수이무광자 금목상극 화양기쇠 용호상쟁자 차년필견형극

或自身不利.

혹자신불리.

일각은 17세의 운에서 만나고, 태양의 기운이 접하는 즉(두 눈)화양에서 기운을 쏘아주고, 금성과, 목성이 밀어준다.

두 눈은 빛나고, 천창은 꺼지지 않아야 하며, 화양골은 일어나야 하고, 양쪽 귀는 높이 솟아 눈썹보다 높이 있어야하며, 용각과 호각이 다투지 않으면(발제 부분이 일각과 월각을 막지 않아야 한다.)17, 18세에 운이 좋아 해당하는 해(年)에 반드시 귀인을 만나게 된다.

만약, 두 눈이 잘 생기지 못하고 빛이 없으며, 금, 목(두 귀)이 서로 극(剋)하고, 화양의 기운이 쇠약하며, 용각과 호각이 서로 다투는 해(年)에는 반드시 형극(刑剋)을 만나 자신에게 이롭지 못하다.

月角월각 18세

月角 十八歲全論. 但 月角看木星爲主.
월각 십팔세동론. 단 월각간목성위주

월각은 18세의 운을 논하며 일각과 같은 내용이다.
단, 월각을 볼 때는 목성을 중심으로 살펴야 한다.

天庭천정 天庭卽髮際下천정즉발찰하 19세

- **天庭觀眉勢천정관미세:** 천정은 눈썹의 기세를 보아야 하고
- **日月爲照顧일월위조고:** 일각, 월각의 사방을 비추어야하며
- **準頭定大運준두정대운:** 준두가 대운을 결정한다.

天庭 運接十九歲 須察眉目氣勢向上者. (向上者尾向上是也.)

천정 운접십구세 수찰미목기세향상자. 향상자미향상시야.

日月兩角明而圓滿 準頭有收 (收者 不過高不過低 是也) 直縱氣勢透頂

일월양각명이원만 준두유수 (수자 불과고불과저 시야) 직종기세투정

髮脚不沖者 此年運必佳也.

발각불충자 차년운필가야.

若眉目無勢 日月角陷而不齊 鼻準傾而不正型陷氣弱者 縱然天庭骨好亦

약미목무세 일월각함이부제 비준경이부정형함기약자 종연천정골호역

難發大運矣 運發於顴也.

난발대운의 운발어관야.

천정은 19세의 운에서 만나며, 눈썹과 눈의 기세가 위로 향하는 사람인지 살펴라.(위로 향한다는 것은 꼬리 부분이 위를 향한다는 뜻이다)

일각, 월각 양각은 밝고 둥글게 꽉 차야 하며, 준두는 가지런하여야 한다.(가지런하다는 것은 코가 지나치게 높지도 낮지도 않아야 한다는 뜻이다.)

천정으로 곧게 뻗은 기세는 정수리로 이어져 통하고, 머리가 나는 끝 부분이 인당을 충(沖)하지 않으면, 해당하는 해(年)에 운세는 반드시 좋다.

만약, 눈썹과 눈에 힘이 없고, 일각, 월각이 꺼져 가지런하지 못하거나, 코가 기울고 모양이 반듯하지 못하고, 함몰되어 기운이 약하면, 천정골이 좋다 하더라도 역시 운(運)이 일어나기 어려우며, 관골에 와서야 운(運)이 일어난다.

Q 주요 한자

收 거둘 수 ▶ 정돈하여 가지런하게 하다.

接 사귈 접 ▶ 교차하다

顴 광대뼈 관(권)

輔角보각 輔角(卽幅堂) 보각(즉보당)좌 12세, 우 11세

- **左輔觀年壽좌보관년수**: 좌측 보각은 년상, 수상을 보고
- **右輔察火星우보찰화성**: 우측 보각은 화성을 살피며
- **天倉定大運천창정대운**: 천창이 대운을 결정한다.

左輔角 運逢二十歲 年壽爲輔 水星爲托 天倉爲助 年壽高平直上 水星
좌보각 운봉이십세 년수위보 수성위탁 천창위조 년수고평직상 수성
得配 天倉圓滿榮靜者 此年運佳 或遇貴人 逢凶化吉 若年壽陷鼻傾 水
득배 천창원만영정자 차년운가 혹우귀인 봉흉화길 약년수함비경 수
星不佳 天倉陷或過露者 二十 二十一歲 多爲惡運也.
성불가 천창함혹과로자 이십 이십일세 다위악운야.

右輔角 水星爲重 餘部欠之矣.
우보각 수성위중 여부흠지의.

좌(左)**보각**은 20세 운(運)에서 만나고, 년상과 수상을 도와주고, 수성을 밀어주며, 천창을 도와주고, 년상과 수상의 윗부분이 평평하며 높고 바르게 뻗었을 때 수성을 얻고, 천창은 둥글고 꽉 차 고요하게 밝으면 번창한다. 해당하는 해(年) 운이 좋으며 혹, 귀인을 만나고, 흉(凶)한 일도 좋은 일(吉)로 변한다. 만약, 년상과 수상이 함몰되어 코가 기울고, 수성이 좋지 못하며, 천창이 함몰되거나, 지나치게 드러난 사람은 20세, 21세에 악운이 많다.

우(右)**보각** 수성이 중요하며 모자라는 나머지 부분은 좌(左)보각과 같다.

輔 덧방나무 보 ▶ 돕다

托 밀 탁 ▶ 밀어주다

司空사공 中正上 중정상 22세

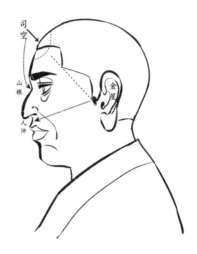

- **司空觀金星사공관금성**: 사공은 왼쪽 귀를 보아야 하고
- **山根來龍托산근래용탁**: 산근으로 오는 용맥을 밀어 주며
- **人沖定大運인중정대운**: 인충이 대운을 결정한다.

司空 年逢二十二歲 金星過眉照額 木星不剋. 山根氣上透天 人中淸流

사공 년봉이십이세 금성과미조액 목성부극. 산근기상투천 인중청류

(淸流者乃上硤下大端正 上脣不捲土星不覆是也) 交此運 者佳 若金木

(청류자내상협하대단정 상순불권토성불복시야) 교차운 자가 약금목

二星相剋 低陷生斑 山根斷折 人中斜而傾曲 四水不暢反被土覆 再本位

이성상극 저함생반 산근단절 인중사이경곡 사수불창반피토복 재본위

顯有凶紋痣痕者 二十二歲必見大凶厄也.

현유흉문지흔자 이십이세필견대흉액야.

眉覆彩型眼藏眞光 雖見凶而不死也 所謂天關定運是也. 此年最重要焉.

미복채형안장진광 수견흉이불사야 소위천관정운시야. 차년최중요언.

사공은 22세의 운에서 만나, 이마를 지나 금성과 눈썹을 비추고, 목성을 극하지 않는다. 산근의 기상은 하늘까지 통하고, 인충은 맑게 흐르면(맑게 흐른다는 것은 위가 좁고 아래가 넓어 단정하고, 윗입술이 말려들지 않고 토성(코)이 뒤집혀지지 않은 것을 뜻한다.)

운(運)이 교차하는 해(年)에 운이 아름다우며 만약, 금(金), 목(木) 2개의 별이 서로 극하거나, 해당 부위(사공)가 낮거나, 함몰되거나, 얼룩이 생겼거나, 산근이 끊어졌거나, 인충이 비뚤어 졌거나, 굽고 기울어져 사수(四水)가 통하지 못하거나, 반대로 토(코)가 뒤집혀져 덮어버리거나, 더불어 흉한 주름, 사마귀, 흉터가 있는 사람은 22세에 반드시 큰 흉액을 만나게 된다.

눈썹과 함께 눈은 감추듯 빛나면, 모름지기 흉(凶)을 만나도 죽지 않는다.

소위 하늘이 운(運)을 다스리는 것이다. 여기에 해당되는 해(年)에 최고로 중요하다.

주요 한자

人沖 인충 人中 인중 ▶ 같이 사용 ※ 4장 5부 3 참조

斑 얼룩 반　　　　　陜 좁을 협(원문 硤)

捲 말 권　　　　　覆 뒤집힐 복　　　　　傾 기울 경

痣 사마귀 지　　　　痕 흉터 흔

邊城변성 (左)좌 23세 (右)우24세

- **邊城觀目神변성관목신**: 변성을 볼 때는 눈빛(神)을 보아야 하고
- **華陽爲氣輔화양위기보**: 화양이 눈의 기(氣)를 북도다 주어야 하며
- **額頭定大運액두정대운**: 이마, 머리가 대운을 결정한다.

左邊城 _ 交運二十三歲 重在眼神 光其左目更爲重要 華陽爲輔 其氣勢

좌변성　교운이십삼세 중재안신 우기좌목경위중요 화양위보 기기세

最要豊滿. 額頭平靜光彩豊廣 此年運定佳也.

최요풍만. 액두평정광채풍광 차년운정가야.

若是兩目昏而無神 型惡深露 華陽氣弱而陷 額乍成抗 本位型弱 髮脚不

약시양목혼이무신 형악심로 화양기약이함 액사성갱 분위형약 발각불

淸者 運交此年必多凶危也.

청자 운교차년필다흉위야.

右邊城 _ 注重在額 餘者同論也.

우변성　주중재액 여자동론야.

120 / 면상비급

좌(左)변성은 23세의 운에서 만나며 눈빛(神)이 중요하고, 특히 왼쪽 눈이 더 중요하며, 화양이 도와주어야 하고, 기세가 풍만한 것이 제일 중요하다. 이마와 머리가 넓고 평평하며 풍만하여 빛이 나면, 해당하는 해(年) 운기는 아름답게 결정된다.

만약, 양쪽 눈이 혼미하여 빛(神)이 없고, 모양이 깊고 표 나게 못생겼거나, 화양이 함몰되어 기운이 약하거나, 이마가 살짝 패였거나, 좌변성 본위가 약하고, 머리가 나는 부분이 깨끗하지 못하면, 운이 교차하는 해(年)에 반드시 많은 흉액이 있다.

우(右)변성은 이마의 위치가 중요하다. 나머지는 좌변성과 같은 내용이다.

주요
한자

抗 막을 항

乍 잠깐 사 ▶ 조금, 살짝

昏 어두울 혼

中正중정 印堂之上인당지상 25세

- **中正觀雙眉중정관쌍미**: 중정을 볼 때는 양 눈썹을 보아야 하고
- **山根爲氣技산근위기탁**: 산근은 기운을 밀어주며
- **木星定大運목성정대운**: 목성이 대운을 결정한다.

中正 上運二十五歲 兩眉光彩勢上 退印覆射天倉尤重於右眉 山根闊豊

중정 상운이십오세 양미광채세상 퇴인복사천창우중어우미 산근활풍

圓滿 來龍氣托 金木高縱照眉 金木(乃兩耳型狀一樣)輪廓不露 珠朝海

원만 내통기탁 금목고종조미 금목(내양이형상일양)윤곽불로 주조해

口 色白潤明者. 此運必見財喜重重.

구 색백윤명자. 차운필견재희중중.

若是右眉帶殺兩眉型狀不一 山根斷折 金星剋木 (乃左耳反輪是也)

약시우미대살양미형상불일 산근단절 금성극목 (내좌이반륜시야)

型惡無珠者. 此年運招凶 再本位陷者必是大凶也.

형악무주자. 차년운초흉 재본위함자필시대흉야.

二十二歲 二十五歲 謂之天關定運 此二年多爲不喜則凶 不凶則見喜

이십이세 이십오세 위지천관정운 차이년다위불희즉흉 불흉즉견희

非平常之年也.

비평상지년야.

중정은 25세의 운에서 만나며, 양 눈썹은 빛나고 위로 힘 있게 뻗어야하며, 인당에서 물러나 천창을 비호하고, 무엇보다 중요한 것은 오른쪽 눈썹이다. 산근은 넓고 둥글게 풍만하여야 하고, 용의 기운을 밀어주어 금(金), 목(木)(2개의 귀)이 높게 솟아 눈썹을 비추며, 금(金), 목(木)(양쪽 귀의 모양이 같아야 함)의 윤곽이 드러나지 않고 수주(귓불)가 입을 향하여 도우며, 색은 희고 윤택하고 밝아야 한다.

이러한 운기는 반드시 재물이 생겨 기쁨이 많다.

만약, 오른쪽 눈썹이 살기를 띠고 있거나 양쪽 눈썹이 똑같지 않고, 산근이 끊어지거나 금성이 목성을 극(剋)하거나(왼쪽 귀가 뒤집어진 윤곽을 뜻함) 수주(귓불)가 없이 못생긴 사람은, 해당하는 해(年) 되면 흉운을 불러들이게 되고, 본위(중정)가 꺼진 사람은 반드시 큰 흉운이 있다.

22세, 25세는 하늘이 운(運)을 관장하므로 해당하는 2년은 좋지 않으며 즉, 흉(凶)이 많이 일어나고, 흉하지 않으면 기쁨을 보는 것이 평범한 해(年)와 같지 않다.

招 부를 초

丘陸구릉 26세 塚墓총묘 27세

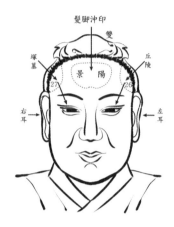

- **丘陵觀太陰구릉관태음**: 구릉은 볼 때는 태음을 보아야 하고
- **塚墓察木星총묘찰목성**: 총묘는 목성을 살피며
- **景陽定大運경양정대운**: 경양이 대운을 결정한다.

丘陸 定運二十六歲 最重要是太陰星『右眼』神藏型秀 黑白分明 雙目
구릉 정운이십육세 최중요시태음성 『우안』신장형수 흑백분명 쌍목

一樣更佳 耳硬垂珠 型秀色美. 更宜居高照額 景陽骨圓潤 豊滿型秀 二
일양경가 이경수주 형수색미. 갱의거고조액 경양골원활 풍만형수 이

十六七歲得佳運也.
십육칠세득가운야.

若是雙目不秀神滯型惡 兩耳薄而無珠 輪飛廓反 低而無氣勢 景陽骨陷
약시쌍목불수신체형악 양이박이무주 운비곽반 저이무기세 경양골함

髮脚沖印者. 運交二十六七歲 見厄 如本位骨露者 更凶 此年防破相也.
발각충인자. 운교이십육철세 견액 여본위골로자 갱흉 차년방파상야.

塚墓 _ 觀右耳氣勢爲重 餘者 同論.

총묘   관우이기세위중 여자 동론.

구릉은 26세의 운으로, 태음성(오른쪽 눈)이 제일 중요하며 눈(神)빛은 숨겨져 빛나야 하고 모양이 잘생겨야 하며, 흑백이 분명하고, 두 눈의 모양이 똑같고 아름다우며, 귀는 수주(귓불)가 단단하며, 모양이 빼어나고 색이 아름다워야 한다.

다시 말해 구릉은 높은 곳에서 있어 이마를 비추고, 경양골은 원만하고 넓으며 풍만하고 모양이 빼어나면 26,27세에 운이 아름답다.

만약, 두 눈이 못생기고 눈(神)빛이 없으며, 양쪽 귀가 얇고 수주(귓불)도 없고, 귀의 윤비와 곽이 뒤집어지고, 낮아 기세도 없으며, 경양골마저 함몰되고 머리의 발제 끝 부분이 인당을 충(沖)하면 26, 27세 때 액운을 만나게 된다.

본래의 골격이 그 부분(구릉, 총묘)이 드러난 것처럼 생긴 사람은 다시 말해 흉하게 생기면 해당되는 해(年) 깨어지는 상이니 준비를 해야 할 것이다.

총묘 오른쪽 귀의 기세를 중요하게 관찰하여야 한다. 그 이외의 내용은 구릉과 같다.

주요 한자

塚 무덤 총
藏 감출 장

硬 굳을 경
更 다시 갱, 고칠 경

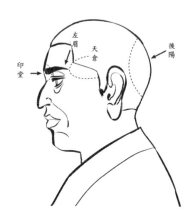

- **印堂觀左眉인당관좌미**: 인당은 왼쪽 눈썹을 보아야 하고
- **天倉爲助氣천창위조기**: 천창은 기운을 도와주어야 하며
- **後陽定大運후양정대운**: 후양이 대운을 결정한다.

印堂 運達二十八歲 最要之部 左眉尾 兩眉一樣華彩 勢上而 豪毛不散

인당 운달이십팔세 최요지부 좌미미 양미일양화채 세상이 호모불산

不逆 退印居額 更宜三輕 (眉輕賓輕 鬚輕是也) 天倉豊滿 不陷不露 後

불역 퇴인거액 갱의삼경 (미경빈경 수경시야) 천창풍만 불함불로 후

陽氣技 (乃豊滿有勢是也) 如再眼有眞光者 此年 必得官位.

양기탁 (내풍만유세시야) 여재안유진광자 차년 필득관위.

縱本位較陷者 不出大凶也 若左眉毛逆 型帶六害 天倉氣弱或骨露 平弱

종본위교함자 불출대흉야 약좌미모역 형대육해 천창기약혹골로 평약

無勢者 本位雖好 此年大運難發矣 此位乃九氣聚散之要處 最關一生之

무세자 본위수호 차년대운난발의 차위내구기취산지요처 최관일생지

禍福 而非只二十八歲也.

화복 이비지이십팔세야.

인당은 28세에 운이 최고로 발달하는 중요한 부위로서, 좌(左)측 눈썹의 꼬리이며, 양쪽 눈썹은 하나의 꽃과 같은 모양으로 힘 있게 위를 향하며 어긋나지 않고 흩어지지 않으며 인당에서 벗어나 이마에 있어야 한다. 다시 말하면 마땅히 삼경에 속하여야 하는데 (삼경이란_미경, 빈경 , 수경을 뜻한다) 천창은 풍만하고, 꺼지지 말아야하며, 드러나지도 말고 후양기가 밀어주고(풍만하여야 힘이 있어야 한다.)거기에 눈까지 빛나는 사람은 해당하는 해(年)에 반드시 벼슬에 오른다.

인당을 비교하였을 때 함몰된 사람은 크게 흉하니 밖으로 나가지 말아야할 것이며 만약, 좌(左)측 눈썹이 거꾸로 자라면 육해(六害)에 해당하며 천창 기운이 약하거나 혹, 골격이 드러났거나, 평평하면서도 약하여 기세가 없는 사람이라면, 인당이 비록 좋더라도 해당하는 해(年)에 큰 운이 일어나기 어렵다.

인당은 아홉 개의 기운이 모이고 흩어지는 곳으로, 28세 때 운(運) 뿐만 아니라 일생의 화복과 관련하여 제일 중요한 곳이다.

주요 한자		
賓 손 빈		聚 모일 취
鬚 수염 수		只 다만 지
較 견줄 교		

山本산림 (左좌)29세 (右우)30세

- **山林(左) 二十九歲 重在鼻**: 왼쪽 산림은 29세 때 코가 중요하고
  산림(좌) 이십구세 중재비

- **山林(右) 三十歲 重在印堂**: 오른쪽 산림은 30세 때 인당이 중요하며
  산림(우) 삼십세 중재인당

- **口定大運구정대운**: 입이 대운을 결정한다.

山林『左』二十九歲 注射於鼻 鼻正有勢 爲最要也. 眼再有神 印堂不陷
산림 좌 이십구세 주사어비 비정유세 위최요야. 안재유신 인당불함
本位型秀者交此年運 主財喜 更宜出外 鼻弱勢惡者 定難發運此.
본위형수자교차년운 주재희 갱의출외 비약세악자 정난발운야.

山林『右』運透三十歲 首觀印堂有否帶殺 次察水星 卽口 尤是 上下脣
산림 우 운봉삼십세 수관인당유부대살 차찰수성 즉구 우시 상하순
須要整齊. 書云 _ 三十印堂莫帶殺 卽是此意一部分也.
수요정제. 서운 삼십인당막대살 즉시차의일부분야.

若印堂藏殺或陷者 口再無氣勢者 運交此年招凶.

약인당장살혹함자 구재무기세자 운교차년초흉.

산림 왼쪽은 29세의 운에 해당되고, 코를 향해 기운을 넣어주니 코는 반듯
하게 생기고 힘이 있어야 하는 것이 제일 중요하다.

눈은 빛이 있고 인당은 꺼지지 않고 본래의 생김새가 잘생기면 해당되는
해(年)의 운에 재물의 기쁨을 누리게 된다.

다시 말하면 마땅히 밖에서 활동을 하여야 한다.

그러나 코가 못생겨 기세가 약하면 운이 발달하기 어렵다.

산림 오른쪽은 30세의 운에 만나게 되고, 인당이 살기를 띠지 않은지 잘 살
피고, 다음은 수성 입을 살피는데 입술은 상하가 가지런히 정돈되어야 하
는 것이 무엇보다 중요하다.

책에 이르되 30세에는 인당에 살기를 띠면 절대로 안 된다 하였다. 즉, 다
음의 내용은 일부분으로서 만약, 인당에 살기가 감춰져 있거나 혹, 꺼져 있
는 사람이 입마저 기세가 없으면 해당하는 해(年)에 흉운을 부른다.

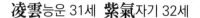

- **凌雲觀金星능운관금성**: 능운은 금성을 보아 야고
- **紫氣察太陽자기찰태양**: 자기는 태양을 살피며
- **年壽定大運년수정대운**: 년상과 수상이 대운을 결정한다.

凌雲 『左眉頭及左眉頭上』 運交 三十一二歲 此運兩耳爲最重要 尤其是
능운　좌미두급좌미두상　운교 삼십일이세 차운양이위최중요 우기시

金星 『左耳』 雙耳一樣輪廓分明 高過於眉 色潤明 年壽骨起 平直有勢
금성　좌이　쌍이일양윤곽분명 고과어미 색윤명 년수골기 평직유세

色潤潔 雙目黑白分明有神者.
색윤결 쌍목흑백분명유신자.

此運佳 如本位再好 此運更美 必遇貴人交友得利 事業重新發展 財喜重
차운가 여본위재호 차운경미 필우귀인교우득리 사업중신발전 재희중

重. 若金木二星型惡 年壽帶陷 眼無神而型劣者 雖然本位好亦無大運也.
중. 약금목이성형악 년수대함 안무신이형렬자 수연분위호역무대운야.

紫氣 餘者同論.
자기 여자동론.

능운은 『좌(左) 눈썹 머리에서 좌(左) 눈썹 머리 윗부분까지』 31, 32세의 운이 교차하는 곳이며, 여기에 해당하는 운(運)은 양쪽 귀가 무척 중요하고 그 중에서도 금성(좌(左) 귀)은 더욱 중요하다.

양쪽 귀는 똑같은 모양으로 윤곽이 분명하고, 눈썹을 지나 높이 있고 색은 윤택하고 밝아야 하며, 코의 년상과 수상의 골격이 일어나고 평평하며 바르게 기세가 있어야 하고, 색깔은 깨끗하고 윤기가 나며, 두 눈은 흑백이 분명하고 눈빛(神)이 있어야 한다.

이러하면 가히 운이 좋다고 할 수 있으며, 능운이 본위에 있으면 거듭 아름 다우면 반드시 귀인을 만나 친한 교우가 되어 이익을 얻을 수 있고, 사업도 발전하여 재물이 쌓여가니 기쁨이 거듭될 것이다.

만약, 외쪽 귀, 오른 쪽 귀(금(金), 목(木) 2개의 별)모양이 못생기고, 코의 년 상과 수상이 함몰되고, 눈의 모양도 정도에 미치지 못하고 눈빛이 없는 사 람은 비록 능운이 좋다 하더라도 큰 운은 없다.

자기는 능운의 내용과 동일하다.

潔 깨끗할 결

廓 둘레 곽(郭 성곽)

劣 못할 렬

繁霞번하 33세 彩霞채하 34세

- **繁霞觀正額번하관정액**: 번하는 이마가 반듯한지 보아야 하고
- **彩霞察計都채하찰계도**: 채하는 계도를 살펴야 하며
- **山根爲托산근위탁**: 산근을 밀어주어야 한다.
- **法令正運법령정운**: 법령이 대운을 다스린다.

繁霞 『左眉尾部』逢運三十三歲 其氣注受於頦 山根爲托 法命爲輔.
번하   좌미미부   봉운삼십삼세 기기주수어액 산근위탁 법령위보.

額勢平滿 無破傷紋痕 髮脚整齊而居上 山根來龍有勢 法命隱隱下遊
액세평만 무파상문흔 발각정제이거상 산근내용유세 법령은은하유

氣得四正 目再有神者 大運至矣 反則定有不美也.
기득사정 목재유신자 대운지의 반즉정유불미야.

彩霞 『右眉尾部』運定三十四歲 最重要本位之好壞 餘部仝論也.
채하   우미미부   운정삼십사세 최중요본위지호괴 여부동론야.

眉運乃三十一至三十四勢 如果眼秀有神 鼻直有勢 額再豊滿者 眉雖欠
미 운 내 삼 십 일 지 삼 십 사 세　여 과 안 수 유 신　비 직 유 세　액 재 풍 만 자　미 수 흠

佳 亦能發運矣 白三輕三濃示須配觀.
가　역 능 발 운 의　백 삼 경 삼 농 시 수 배 관.

번하는(좌(左) 눈썹 꼬리 부분)33세의 운을 만나며 그 기운은 이마로 보내주고 받으며 산근을 밀어주고 법령을 도와준다.

이마는 평평하면서 꽉 차 힘이 있고 흉터, 주름, 상처가 없으며, 털이 나는 부분이 가지런하고 높이 있어야 하며, 산근에 용의 기세가 있어야, 법령이 은은하게 아래로 흘러 4가지의 기운을 얻는다.

더불어 눈빛(神)이 있으면 큰 운에 이르고, 반대면 아름답지 못하다.

채하는(우(右) 눈썹 꼬리 부분) 34세의 운을 결정하고, 채하가 잘생기고 못생긴 것이 최고로 중요하며 나머지 부분은 번하의 내용과 동일하다.

채하의 운은 31세에서 34세까지 해당하는데 눈의 모양과 눈빛이 빼어나고, 코가 바르고 힘이 있고, 이마가 더하여 풍만한 사람은 눈썹이 비록 아름다움이 모자랄지라도 역시 운(運)은 발달한다.

깨끗한 삼경(미경, 빈경, 수경)과 삼농(수농, 빈농, 미농)이 알려주는 것 중에서 어느 것과 배합이 되어 있는지 잘 관찰하여야 한다.

주요
한자

痕 흉터 흔

壞 무너질 괴

欠 하품 흠 ▶ 모자라다, 부족하다.

太陽태양 35세   太陰태음 36세

- **太陽**(左眼白瞳人)**태양좌안백동인**: 태양은 좌측 눈의 안쪽 흰 동자
- **太陰**(右眼白瞳人)**태음우안백동인**: 태음은 우측 눈의 안쪽 흰 동자
- **太陽觀木星태양관목성**: 태양은 목성을 보아야하고
- **太陰陽宣明태음양의명**: 태양과 태음은 마땅히 밝아야 한다.
- **眉覆五彩미복오채**: 눈썹은 5가지 색으로 감싸야 한다.
- **華陽定運화양정운**: 화양이 운을 결정한다.

太陽『左眼白瞳人』運交三十五歲 最要右耳型正潤明 居上照額 眉長過

태양   좌안백동인   운교삼십오세 최요우이형정윤명 거상조액 미장과

目 伏射天倉 型帶五彩 華陽有氣而不陷 本位不惡者 此年大運必至 財

목 복사천창 형대오채 화양유기이불함 본위불악자 차년대운필지 재

喜重重而見也.

희중중이견야 .

若木星 型劣金星又爲不秀 眉生六害(六害者乃黃薄一害 散而不者 收二

약목성 형열금성우위불수 미생육해 육해자내황박일해 산이불자 수이

害 亂逆三害 交加四害 鎭印五害 低壓六害 是也) 華陽無勢 本位縱然
해 난역삼해 교가사해 쇄인오해 저압육해 시야) 화양무세 분위종연
好 大運難發矣.
호 대운난발의.

太陰『右眼白睦人』運逢三十六歲 重在左眼 餘部仝論也.
태음 우안백동인 운봉삼십육세 중재좌안 여부동론야.

태양은 (좌(左) 눈의 안쪽 흰 동자) 35세에서 운을 만나며, 우(右) 귀의 모양이
반듯하고 윤택하게 밝아야 하는 것이 제일 중요하고, 높게 있어 이마를 비
추어야 한다. 눈썹은 눈보다 길며, 천창을 비춰어야 하며, 5가지의 색을 띠
어야 하고, 화양이 함몰되지 않아 기운이 있으며, 본위가 못생기지 않으면
해당하는 해(年)에 이르러 반드시 운이 좋아져 재물이 거듭거듭 쌓여 기쁨
을 누리게 된다.
만약, 목성(오른쪽 귀)은 부족하고 금성(왼쪽 귀)도 빼어나지 못하면 눈썹도 육
해(1)황박한 눈썹, 2)흩어진 눈썹, 3)어지러이 거꾸로 난 눈썹, 4)4가지가
더한 눈썹 5)쇠사슬처럼 꼬인 눈썹, 6)낮아서 눈을 압박하는 눈썹)에 속하
고 화양의 기세가 없는 사람은 가령 본위가 좋다 하더라도 큰 운이 발달하
기가 어렵다.

태음 우(右) 눈의 안쪽 흰 동자는 36세에 운을 만나고, 좌(左) 눈이 중요하며
나머지 부분은 태양의 내용과 같다.

주요 한자

覆 뒤집힐 복 ▶ 감싸다, 뒤덮다

鎖 쇠사슬 쇄

仝 한 가지 동

中陽중양 37세　中陰중음 38세

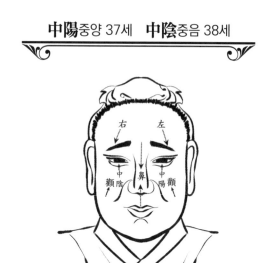

- **中陽(左眼黑瞳人)중양(좌안흑동인)**: 좌(左) 눈의 검은 동자
- **中陰(右眼黑瞳人)중음(우안흑동인)**: 우(右) 눈의 검은 동자
- **中陽觀左眉중양관좌미**: 중양은 좌측눈썹을 보아야 하고
- **中陰鼻勢取중음비세취**: 중음은 코의 기세를 취하여야 하며.
- **雙觀定大運쌍관정대운**: 양쪽 관골이 대운을 결정한다.

中陽『左眼黑瞳人』正交運三十七歲 要觀左眉之華彩 鼻骨之起勢 觀之

중양　좌안흑동인　정교운삼십칠세 요관좌미지화채 비골지기세 관지

光華有托 (有托者卽顴勢隱隱而藏是也.) 後陽不陷 本位再佳者 此年定

광화유탁　유탁자즉관세은은이장시야. 후양불함 본위재가자 차년정

爲大發其財 如是年不見大財而運亦順遂也.

위대발기재　여시연불견대재이운역순수야.

若是眉無氣勢 兩顴陷而不托 所謂『漏氣』是也.

약시미무기세 양관함이불탁 소위　루기　시야.

後陽骨陷者 縱然本位好亦難發運也.

후양골함자 종연본위호역난발운야.

중양은(좌(左) 눈의 검은 동자) 37세의 운이 교차하며, 중요한 것은 좌측 눈썹은 꽃과 같이 고운 빛이고, 코의 골격은 힘 있게 일어나며, 꽃과 같은 빛으로 밀어주어는 것처럼 보여야한다.(밀어준다는 것은, 관골의 기운이 은은하게 감춰져 있어야 한다는 뜻이다.)

후양이 꺼지지 않고 중양도 함께 아름다우면 해당되는 해(年)에 재물이 크게 발달되지만, 해당되는 해(年)에 다음과 같이 역행한다면 큰 재물을 만나지 못한다.

만약, 눈썹의 기세가 없거나, 양쪽 관골이 함몰되어 밀어주지 못한다면, 소위(기운이 빠져나가는 것)을 말한다.

후양골이 함몰된 사람은 가령 본위가 잘생겼다 하더라도 역시 운이 발달하기 어렵다.

中陰『右眼黑暗瞳人』逢運三十八歲 重在於鼻梁之勢 諫臺廷尉 分明而
중음　우안흑암동인　봉운상십팔세 중재어비량지세 난대정위 분명이
不露 方能發運 餘部全論.
불로　방능발운　여부동론.

중음은(우(右) 눈의 검은 동자) 38세 운(運)에서 만나는데, 중요한 것은 코의 기세에 있으며, 코의 난대, 정위가 덜리지 않고 분명하면 어느 곳에서든 능력을 발휘할 수 있어 운(運)이 발달한다. 나머지 부분은 중양의 내용과 같다.

주요 한자

漏 샐 루
諫臺 난대 _ 코 방울의 왼쪽
廷尉 정위 _ 코 방울의 오른쪽

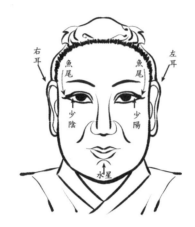

少陽소양 39세　少陰소음 40세

- **少陽(左眼眉白瞳人)소양좌안미백동인**: 좌(左) 눈 바깥부분 흰 동자
- **少陰(右眼眉白瞳人)소음우안미백동인**: 우(右) 눈 바깥부분 흰 동자
- **少陽觀水星소양관수성**: 소양은 수성을 보아야 하고
- **少陰金木明소음금목명**: 소음은 금, 목성이 밝아야 하며
- **魚眉定大運어미정대운**: 어미가 대운을 결정한다.

少陽『左眼尾白瞳人 附魚尾』運行三十九歲 注重在水星上下口脣 宜紅
소양　좌안미백동인 부어미　운행삼십구세　주중재수성상하구순 의홍

厚有紋 上下整齊. 雙耳明潔高縱照眉垂珠朝口 魚尾骨平滿 最忌急露
후유문 상하정제. 쌍이명결고종조미수주조구 어미골평만 최기급로

魚尾紋向上 一二條不亂 本位黑白分明藏神 此年必運佳也.
어미문향상 일이조불난 본위흑백분명장신 차년필운가야.

若水星陷 金木不明 魚尾紋亂多氣下(向下是也) 骨陷或露 露者骨凸 講
약수성함 금목불명 어미문란다 기하(향하시야) 골함혹로 로자골철 위

遮蔽日 光是也主多困多敗 本位縱然好亦不發運也.

차 폐 일 광 시 야 주 다 곤 다 패 본 위 종 연 호 역 불 발 운 야.

少陰 同論

소음 동론

소양은(좌(左) 눈 바깥부분의 흰 동자와 어미 부분) 39세의 운이 지나며, 운기를 도와주는 수성의 상, 하 입술은 마땅히 붉고 두터우며 주름이 있고 상, 하가 가지런히 정돈되어야 한다.

두 귀는 밝고 깨끗하고 높이 솟아 눈썹을 비추어주고 수주(귀불)는 입 쪽을 향하고, 눈 꼬리는 평평하며 꽉차있으며, 급하게 주름이 나타나는 것이 제일 나쁘지만, 하나 둘 정도 어미 주름이 위로 향하여 있다면 어지럽지 않아야 한다. 본위(소양)가 흑백이 분명하고 눈빛이 숨겨져 있다면 해당하는 해(年)에 운은 반드시 아름답다.

만약, 입(수성)이 빈약하고 양쪽 귀(금, 목성)가 밝지 않고, 어미의 주름이 많아 어지럽게 복잡하고 기(氣)가 저하(아래로 향하고 있다는 뜻)되고, 골격이 꺼졌거나 혹 드러나면, 드러났다는 것은 뼈가 凸자 모양으로 태양 빛을 가로막아 주로 많이 실패가 많고 빈곤하다. 가령 본위(소양)가 잘생겼다고 하더라도 운이 발달하지 못한다.

소음 소양과 같은 내용이다.

潔 깨끗할 결
遮 막을 차
蔽 덮을 폐

山根산근 41세

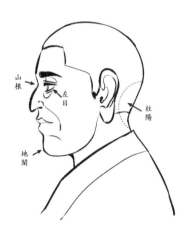

- **山根(乃兩目中央)산근(내양목중앙)**: 산근 양쪽 눈의 중간 부분
- **山根觀主陽산근관주양**: 산근은 주양을 보아야하고
- **地閣爲托氣지각위탁기**: 지각은 기운을 밀어주며
- **左目定大運좌목정대운**: 좌(左)눈이 대운을 결정한다.

山根 (乃是兩目中央) 運正四十一歲 其氣貫柱陽 宜骨豊肉厚 更宜有餘
산근 내시양목중앙 운정사십일세 기기관주양 의골풍육휴 갱의유여

皮 雙目淸秀有神 尤其是左目更爲重要 地圓而上朝 但忌超過鼻準 雖本
피 쌍목청수유신 우기시좌목경위중요 지원이상조 단기초과비준 수본

位低弱者 亦無大禍矣 如本位隆起者 此年必定 發達也 若是柱陽無氣雙
위저약자 역무대화의 여본위융기자 차년필정 발달야 약시주양무기쌍

目陷而神滯 地間無托者 此年定見災厄矣.
목함이신체 지각무탁자 차년정견재액의.

산근은 (양쪽 눈의 중간부분) 41세의 운을 정하고 그 기운은 주양골로 통하므로 마땅히 주양골의 살점이 넉넉하고 두터워야 한다.

다시 말해서 피부는 여유가 있어야 하고, 양쪽 눈은 맑고 빼어나고 빛나야 하며, 특히 좌측 눈이 매우 중요하다

지각은 둥글면서 위를 향해야 한다. 단, 코의 준두가 지나칠 정도로 과한 것을 꺼리며, 산근 본위가 낮고 약할 지라도 큰 화는 없다.

산근이 풍성하게 일어난 사람은 해당하는 해(年)에 반드시 운이 발달하며 만약, 주양(목뒤)의 기운이 없거나, 양쪽 눈이 깊거나, 눈빛이 막히거나, 지각에 턱이 없으면 해당하는 해(年)에 재액을 만나게 된다.

주요
한자

尤 더욱 우, 특히

滯 막힐 체

精舍정사 42세   光殿광전 43세

- **精舍左眼頭上정사좌안두상**: 정사 좌(左) 눈 위 부분
- **光殿右眼頭上광전우안두상**: 광전 우(右) 눈 위 부분
- **精舍觀額圓정사관액원**: 정사는 이마의 둥근 부분을 보아야하고.
- **光殿計都論광전계도론**: 광전은 계도(우측 눈썹)를 논하며.
- **印堂定大運인당정대운**: 인당이 대운을 결정한다.

精舍『左眼頭皮外包是也』逢運四十二歲 其氣貫額 宜豊滿 眉退印居額

정사　좌안두피외포시야　봉운사십이세　기기관액　의풍만 미퇴인거액

印堂平滿光亮 雙目神彩溫藏 本位皮肉潤明而不黑者.

인당평만광량 쌍목신채온장 본위피육윤명이불흑자.

此年必達佳運也. 若是額窄或露或陷 眉濁印惡 本位皮肉故黑『黑者最

차년필달가운야.　약시액착혹로혹함 미탁인악 본위피육고흑　흑자최

忌也』如此者交運必劣也

기야　여차자교운필열야.

정사는(좌(左) 눈 위 피부로 잘 감싸고 있어야 한다) 42세의 운에서 만나며, 그 기운은 이마를 통하므로, 마땅히 풍만하게 차있어야 하고, 눈썹은 인당에서 떨어져 이마에 있어야 하며, 인당은 평평하게 꽉 차고 맑게 빛나야 하며, 두 눈은 살짝 감춰져 따뜻한 색채를 띠며 빛나고, 피부는 윤기가 흐르며 밝고 어둡지 않아야 해당하는 해(年)에 운이 아름답게 발달한다.

만약, 이마가 좁거나 혹 나오거나, 함몰되거나, 탁한 눈썹이 인당에 나쁘게 영양을 미치거나, 정사부분의 피부가 검고 메마르면(검은 것이 제일 나쁘다) 반드시 운이 못 미친다.

光殿『右眼頭上皮外同是也』宜察右眉『乃都計星也』形秀居額 始能
광전　우안두상피외동시야　의찰우미　내도계성야　형수거액 액시

發運運矣 餘部全論.
능발운의 여부전론.

광전은『오른쪽 눈 위 피부이며 그 외의 내용은 정사와 동일하다』당연히 오른쪽 눈썹을(계후성을 말한다) 살펴야 하는데 이마가 빼어나면, 능력이 발휘되는 시점부터 운이 발달한다. 나머지 부분은 정사와 같은 내용이다.

亮 밝을 량

窄 좁을 착

劣 못할 열

年上연상 44세 壽上수상 45세

- **年上(壽上以上)년상(수상이상):** 수상 윗부분
- **壽上(準頭以上)수상(준두이상):** 준두 윗부분
- **年上重右眼년상중우안:** 년상은 오른쪽 눈이 중요하고
- **壽上木星觀수상목성관:** 수상은 목성을 살펴야 하며
- **眉勢定大運미세정대운:** 눈썹의 기운이 대운을 결정한다.

年上『壽上之上』運接四十四歲 右眼爲補宜形秀有神 金木高縱垂珠 色

년상　수상지상　운접사십사세 우안위보의형수유신 금목고종수주 색

白過面 輪廓分明 不露 雙眉刑秀退印居額 毛顯五彩而堅 印堂平無凶紋

백과면 윤곽분명 불로 쌍미형수퇴인거액 모현오채이견 인당평무흉문

年上壽上均得發運也.

년상수상균득발운야.

若眼陷耳惡 鬼眉壓眼而鎖印再本位骨露者 交此年運必定大凶 鬼眉六害

약안함이오 귀미압안이쇄인재본위골로자 교차년운필정대흉 귀미육해

耳薄無珠者 縱然本位好亦主大凶也.

이박무주자 종연본위호역주대흉야.

년상은(수상의 윗부분) 44세의 운에서 만나고, 오른쪽 눈은 빛(神)이 있고 마땅히 빼어남이 더하여 주며, 양 귀(금, 목)는 높으며, 수주(귓불)는 드리워져 있고, 색은 얼굴보다 깨끗해야 하며, 윤곽은 분명하여야 하고, 드러나지 않아야 한다.

양 눈썹은 잘 생겨야하고, 인당에서 벗어나 이마에 있으며, 눈썹 털은 힘이 있고 5가지 색을 띠어야 한다.

인당은 평평하며 흉터나 주름이 없고 년상과 수상이 고르면 운이 발달한다.

만약, 눈이 꺼지고 귀가 못생겨 귀신 눈썹처럼 눈을 누르고, 쇠사슬처럼 꼬이고, 인당과 함께 살점이 빈약하여 뼈가 드러나면 해당 해 (年)에는 반드시 흉액을 만나게 된다.

귀신 눈썹이나 육해(六害)에 해당하는 눈썹에 귀가 얇고 수주(귓불)가 없으면, 본위 년상이 잘생겼다 하더라도 매우 흉하게 된다.

壽上『準頭之上』其氣注受右耳 宜明而垂珠方能發運也

수상　준두지상　기기주수우이　의명이수주방능발운야

수상은 (준두 위)우측 귀의 기운을 주고받으니, 마땅히 수주(귓불)는 밝아야 능히 운이 발달한다.

鎖 쇠사슬 쇄

薄 엷을 박

- **顴勢觀左眉관세관좌미**: 관골의 기세는 좌측 눈썹을 보고
- **右顴怪部看우관괴부간**: 관골우측 괴이한 부분을 잘 살펴야 하며
- **後陽定大運후양정대운**: 후양이 대운을 결정한다.

左顴 透運四十六歲 氣透於左眉須察眉眼之善惡 鼻之氣勢 尤是怪部

좌관 붕운사십육세 기투어좌미수제미안지선오 비지기세 우시괴부

『卽年壽是也』 最要者後陽托氣 諸部位佳者 顴運方發.

즉년수시야 최요자후양탁기 제부위가자 관운방발.

若雙眉不秀 鼻惡無氣 後陽再陷者 縱然顴好 亦難發運矣.

약쌍미불수 비오무기 후양재함자 종연관호 역난발운의.

좌관은 46세의 운에서 만나고, 그 기운은 좌측 눈썹을 통하므로, 눈썹과 눈의 생김새가 선한지, 악한지 잘 관찰하여야 한다.

또한 코의 기세는 괴이한 부분으로(년상과 수상) 잘 살펴야 한다. 가장 중요한 것은 밀어주는 후양인데, 모든 부위가 잘생긴 사람은 어느 곳이든 관골에서 운이 발달한다.

만약, 양쪽 눈썹이 아름답지 못하고, 코가 못생기고 기(氣)가 없고, 후양까지 함몰되어 있다면, 관골이 잘생겨도 역시 운이 발달하기 어렵다.

右顴 _ 轉運 四十七歲 鼻勢爲先 餘部仝論.
우관　　전운 사십칠세 비세위선 여부동른

우관 _ 흐르는 운이 47세로서 코의 기세를 먼저 살피고 나머지 부분은 좌측 관골과 같은 내용이다.

顴 광대뼈 관(권)

觀 볼 관

怪 기이할 괴

準頭준두(鼻尖비첨_코의 뾰족한 부분) 48세

- **準頭觀兩目준두관양목**: 준두는 양쪽 눈을 보아야 하고
- **顴陷怕高峰관함파고봉**: 관골이 꺼지면 홀로 외로워질까 두려우며
- **水星定大運수성대정운**: 수성이 대운을 결정한다.

準頭『鼻尖是也』正運四十八歲. 氣透於目 覆顧於顴 托受於口 雙目秀

준두　비첨시야　정운사십팔세. 기투어목 복고어관 탁수어구 쌍목수

而神藏 兩顴隱隱有勢 不陷不露 口角向上脣齒相稱 本位不惡者 此年財

이신장 양관은은유세 불함불로 구각향상순치상칭 본위불오자 차년재

喜重重.

희중중.

若雙目無神 無勢突出孤峰 水不容土者『口省是也』雖然本位好 亦難發 運也.

약쌍목무신 무세돌출고봉 수불용토자　구성시야　수연본위호 역난발 운야.

最忌下鉤『乃土伏水是也』此年定大災矣.

최기하구　내토복수시야　차년정대재의.

준두는 (코의 뾰족한 부분) 48세의 운에서 만난다.

눈을 통과한 기(氣)는 관골을 응시하며, 밀어주는 기운은 입으로 받고, 빼어
난 두 눈빛은 감춰져 있으며, 양쪽 관골의 기세는 은은하게 살아 있고, 함
몰되지도 않고 드러나지도 않으며, 입의 양 각은 위를 향하고, 입술과 치아
가 서로 균형을 이루며 준두 본위가 나쁘지 않으면 해당되는 해(年)에 재물
이 쌓여 거듭 기뻐할 것이다.

만약, 두 눈에 빛(神)이 없고, 코는 기세가 없이 돌출되어 외로운 봉우리가
되거나, 수성(입)이 못 생겨 토성(코)의 기운을 받아들이지 못하는 사람은(입
의 모양이 정도에 미치지 못한다는 의미) 비록 준두 본위의 모양이 괜찮다 하더라
도 운이 발달하기 어렵다.

최고로 꺼리는 것은 코의 아래가 갈고리처럼 꼬부라진 것으로 (토성(코)이 수
성(입)을 덮어버리는 것) 해당하는 해(年)에 큰 재난을 만나게 된다.

🔍 **주요 한자**

怕 두려워할 파
突 갑자기 돌
鉤 갈고랑이 구

諫台난대鼻左비좌49세 廷尉정위右비우50세

- **諫台左耳看난대좌이간**: 난대는 좌(左) 귀를 살펴보아야 하고
- **廷尉太陽明정위태양명**: 정위는 태양(왼쪽 눈)이 밝은지 살펴야 하며
- **水星定大運수성정대운**: 수성이 대운을 결정한다.

諫台『鼻頭左』轉運四十九歲 左耳爲重 兩耳一樣 色白過眉垂珠 雙目
난대　비두좌　전운사십구세　좌이위중 양이일양 색백과미수주 쌍목

形秀黑白分明『太陽者左眼 太陰者右眼是也.』
형수흑백분명　태양자좌안　태음자우안시야.

水星『口』宜正脣紅齒齊 上下得配. 此年運必見偏財 本位再好更 佳此.
수성　구　의정순홍치제 상하득배. 차년운필견편재 본위재호갱 가야.

若耳陷眼口不托者『不托者 乃不端不秀形省是也.』此年運定爲不美矣.
약이함안구불탁자　불탁자 내불단불수형열시야.　차년운정위불미의.

縱然本位好亦難發運也. 是年應注意用人與財政.
종연본위호역난발운야. 시년응주의용인여재정.

난대 (준두 왼쪽(左) 부분) 49세의 운이 흐르고 양쪽 귀의 모양이 똑같아야 하며, 왼쪽(左)측 귀가 중요하고, 눈썹은 희고 깨끗하며 수주(귓불)가 있어야 한다.

두 눈은 검은 동자와 흰자위가 분명하고 (좌(左) 눈 태양, 우(右)눈 태음이라 한다.) 잘 생겨야 한다.

수성(입)은 반듯하고, 입술은 붉고, 치아는 가지런하여야 하며, 입술의 상하가 잘 맞으면 해당하는 해(年)에 반드시 뜻하지 않은 재물을 얻게 되는데 난대 본위를 포함하여 잘생겨야 한다. 다시 말하면 아름다워야 한다.

만약, 귀가 부족하여 눈과 입을 밀어주지 못하는 사람은 (밀어주지 못한다는 것은 잘생기지 못하여 부족한 모양을 말한다) 해당하는 해(年)의 운이 아름답지 못하게 된다.

가령 본위가 잘생겼다 하더라도 운이 발달하기 어려우니 해당하는 해(年)에는 응당 주의하여 사람을 고용하여 재물을 다스려야 한다.

廷尉同論
정위 동론

정위는 난대와 같은 내용이다.

▸ **廷尉(정위)** 중국 진(秦)나라 때부터 형벌을 맡아보던 벼슬.
▸ **諫台(諫臺_난대)** 한(漢)나라 때 궁중의 장서를 보관하던 춘추관(春秋館) 또는 사관(史官).

諫 간사할 간 ▸ 헐뜯을 난 ※ 蘭 원문에서는 혼용해서 사용함
台 별 태 ▸ 대 대
尉 벼슬 위

人沖인충 51세

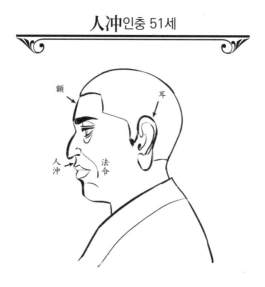

額

耳

人沖

法令

- **人沖觀額秀인충관액수**: 인충은 이마를 보아야 하고
- **耳明爲四流이명위사류**: 귀는 밝으며 4개의 물길이 순환되어야 하며
- **法命隱過口법령은과구**: 법령은 숨기듯 입을 지나야 하고
- **不沖壽星頭불충수성두**: 인충은 머리로부터 이어지는 수명의 별이므로 흠이 있으면 안 된다.

人沖 謂之五十 一人沖 運逢此年多爲不利 此位居四水總脈 人之最要之
인충　위지오십　일인충　운봉차년다위불리　차위거사수총맥　인지최요지
部 心性壽命子息 均在此位決定也. 此氣注射於額 週流一身也. 額宜豊
부　심성수명자식　균재차위결정야.　차기주사어액　주류일신야.　액의풍
滿潤秀 耳白過面垂珠朝口 法令隱隱下遊過口 本位縱有不美者亦不出大
만윤수　이백과면수주조구　법령은은하유과구　본위종유불미자역불출대
禍也. 如本位再佳 此年必見財喜. 若是額陷 耳惡 法令過長到地閣困口
화야.　여본위재가　차년필견재희.　약시액함　이오　법령과장도지각곤구
粗深不整或無者 本位縱然 好亦是劣運也.
조심부정혹무자　본위종연　호역시열운야.

인충은 51세를 가리키고, 한 일(一)자의 흠이라도 생기면 해당하는 해(年)에 이롭지 못하다.

인충은 사수의 총맥으로 사람에게 있어 최고로 중요한 부분으로 심성, 수명, 자식을 결정짓는 곳이므로 조화를 잘 이루어야 한다.

이마로부터 쏘아주는 기운은 온 몸으로 돌아 흐르므로, 이마는 당연히 풍만하고 윤택하고 잘생겨야 하며, 귀는 얼굴보다 깨끗해야 하며 수주(귓불)는 입을 도와주어야하고, 법령은 은은하게 입을 지나 아래로 흘러 내려가야 한다. 가령 인충 본위가 아름답지 못하면 큰 화가 있을 것이니 밖으로 나가는 것을 삼가 하여야한다.

그러나 인충 본위가 아름답다면 해당하는 해(年)에는 반드시 재물의 기쁨을 보게 될 것이다.

만약, 이마가 함몰되고 귀가 못생기고 법령이 지나치게 길어서 지각까지 이르면 부족한 입으로, 법령이 거칠거나, 깊고 가지런하지 않거나, 혹 없는 사람은 가령 인충 본위가 좋다 하더라도 역시, 운(運)이 정도에 미치지 못하게 된다.

🔍 **주요 한자**

困 괴로울 곤 ▶ 부족 하다.

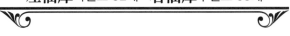

左仙庫좌선고 52세　右仙庫우선고 53세

- **左庫計都上좌고계도상:** 좌(左) 선고는 계도의 윗부분을 가리키고
- **右庫太陰明우고태음명:** 우(右) 선고는 태음이 밝은지 살피며
- **印堂定大運인당정대운:** 인당이 대운을 결정한다.

左仙庫 位在『人沖傍』運逢五十二歲 主要在右眉中端 宜出長眉二三條

좌선고 위재　인충방　운봉오십이세　주요재우미중단 의출장미이삼조

型秀色潤. 目有足神 眼伏眞光 印寬紫光外透 鼻孔隱隱有收.

형수색윤. 목유족신 안복진광 인관자광외루 비공은은유수.

『**仍不過露是也**』運達此年財貨廣進.

잉불과로시야　운달차년재화광진.

若眉落型惡 眼劣神脫印堂枯滯 此年多爲不利 人沖再偏斜者 定主破敗也.

약미락형오 안열신탈인당고체 차년다위불리 인충재편사자 정주파패야.

154 / 면상비급

좌선고는 인충 좌(左)측에 있으며 52세의 운에서 만나고, 우(右)측 눈썹의 중간 부분이 끊이지 않는 것이 중요하며, 눈썹 중 2, 3가닥이 길게 자라야 하고, 모양이 잘생기며 색이 윤택해야 한다.

눈 빛(神)은 충족되고, 감춰진 듯 있는 그대로 빛나야 한다.
인당은 너그럽게 넓으며 자기(오른쪽 눈썹머리)는 투명하게 빛나야 하고, 콧구멍도 은은하게 감춰져있어야 한다.(지나치게 콧구멍이 노출되면 안 된다) 이러하면 해당되는 해(年)에 재물과 돈이 갈수록 많아진다.
만약, 눈썹이 빠져 못생기고, 눈은 못생긴데 눈빛도 흐리며, 인당은 메마르고 막히면, 해당하는 해(年)에 매우 이롭지 못하고, 인충 마저 더하여 한쪽으로 비뚤어지면 주로 깨어지고 패하게 된다.

仙庫同論
우선고동론

우선고는 좌선고와 같은 내용이다.

주요
한자

庫 곳집 고 ▶ 재물을 모아두는 곳, 곳간(庫間)

傍 곁 방　　　　　　寬 너그러울 관

條 가지 조　　　　　紫光 ▶ 자기(紫氣) 오른 쪽 눈썹머리를 뜻함

食倉식창 54세　祿倉녹창 55세

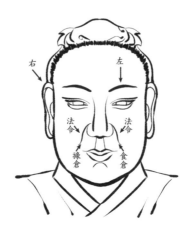

- **食倉右耳明식창우이명**: 식창은 우(右) 귀가 밝아야 하고
- **祿倉左眉光녹창좌미광**: 녹창은 좌(左) 눈썹이 밝게 빛나야 하며
- **法令定大運법령정대운**: 법령이 대운을 결정한다.

食倉 位居左 法令內旁 交運五十四歲 靈陽爲氣托 注受在右耳 宜輪廓
식창 위거좌 법령내방 교운오십사세 영양위기탁 주수재우이 의윤곽

分明垂珠朝口 眉伏五彩出毫 法令隱隱下遊 色潤氣光者 交此年運必多
분명수주조구 미복오채출호 법령은은하유 색윤기광자 교차년운필다

順利. 若是靈陽無氣 耳陷眉惡 法舍斷亂型劣者 是年定見不吉也.
순리. 약시영양무기 이함미오 법령단란형열자 시년정견불길야.

식창 좌(左)측에 위치하고(법령 안쪽으로 가까운 곳) 54세의 운에서 만나며, 영양이 기운을 밀어주고, 우(右)측 귀의 기운을 주고 받으므로 귀의 윤곽은 분명해야하고, 수주(귓불)는 입을 도우며, 눈썹은 누워있으며 끝은 오색을 띠어야 한다.

법령은 은은하게 아래로 흐르며 색은 윤택하고 빛이 나면, 해당하는 해(年)에 반드시 많은 이익이 순리적으로 따른다.
만약, 영양의 기운을 받지 못하고, 귀는 함몰되고, 눈썹은 못생겼으며, 법령은 끊어졌거나 모양이 어지러우며 정도에 못 미치면, 해당하는 해(年) 좋은 운을 만나지 못한다.

綠倉 位居右『法命內旁』交運五十五歲 左眉爲要 餘部同論.
녹 창 위 거 우   법 령 내 방   교 운 오 십 오 세 좌 미 위 요 여 부 동 론.

녹창 우(右)측 위치하고(법령 안쪽으로 가까운 곳) 55세의 운에서 만나며, 좌측 눈썹이 중요하다. 나머지 부분은 식창의 내용과 같다.

주요
한자

倉 곳집 창 ▶ 창고

- **法令左行鼻勢上법령좌행비세상:** 좌(左) 법령은 코의 윗부분에서 힘 있게 흘러야 하고
- **右察水星土不伏우찰수성토불복:** 우(右) 법령은 코(土)가 입(水)을 향해 엎어져있지 않아야 하며
- **印堂定運인당정운:** 인당이 운을 결정한다.

法令『左』運逢五十六歲 最重要者 年上壽上 準頭『乃鼻勢是也』骨起
법형 좌 운봉오십육세 최중요자 년수수상 준두 내비세시야 골기
肉包色潤明 水星卽是口也.
육포색윤명 수성즉시구야.

宜端正型方唇厚色紅. 印堂闊而平 紫光透外 本位隱隱有勢者 五十六七
의단정형방순후색홍. 인당활이평 자광투외 본위은은유세자 오십육칠
歲運佳 若鼻陷口惡印堂帶暗者 本位縱然較好 亦難免災危矣.
세운가 약비함구오인당대암자 본위종연교호 역난면재위의.

법형(좌) 56세의 운에서 만나고 최고로 중요한 것은 년상, 수상, 준두이며 (코의 기세를 말한다), 골격은 일어나고, 살이 잘 감싸야 하며 색은 윤택하고 밝아야 한다.

수성은 즉, 입을 말하며, 마땅히 단정하고 아름답게 모가 나고, 입술은 두텁고 색은 붉어야한다.

인당은 넓고 평평하여야 하며, 법령 밖 자기(오른쪽 눈썹머리)는 빛나야 한다.

법령 본위는 은은하게 흐르며 기세가 있는 사람은, 56, 57세에 운이 아름다우며 만약, 코가 꺼지고 입이 못생기고 인당이 어두운 띠가 보이는 사람은 법령이 가령 좋다 하더라도, 역시 재액을 면하기 어렵다.

法命『右』 轉運五十七歲 重在口 餘部同論.
법령 (우) 전운오십칠세 중재구 여부동론.

법령(우) 57세의 운이 흐르고, 입이 중요하며, 남은 부분은 앞의 설명과 같다.

脣 입술 순	厚 두터울 후
闊 트일 활	
紫光 ▶ 자기(紫氣) 오른 쪽 눈썹머리를 뜻함	

- **虎耳左太陽호이좌태양**: 호이 좌(左)는 눈(太陽)을 살피고
- **右察金星運우찰금성운**: 호이 우(右)는 좌 귀(金星)운을 살피며
- **靈陽定大運영양정대운**: 영양이 대운을 결정한다.

虎耳『左』運交五十八歲 以左眼型神爲主 左耳氣色爲助 靈陽爲托 雙

호이　좌　운교오십팔세 이좌안형신위주 좌이기색위조 영양위탁 쌍

目神足. 兩耳垂珠有勢 靈陽骨豊滿肉包 本位氣色潤明者 此年 運必佳

목신족. 양이수주유세 영양골풍만육포 본위기색윤명자 차년 운필가

最宜求財. 若太陽神滯金星塵色 靈陽骨陷 本位氣暗者.

최의구재. 약태양신체금성진색 영양골함 본위기암자.

是年定見奇災或 大破財物也.

시년정견기재혹 대파재물야.

호이(좌) 58세의 운에서 만나며, 좌(左) 눈의 모양과 빛을 주관하고, 도와주는 좌측 귀의 기색이 좋아야 하며, 영양은 밀어주어야 하고. 두 눈빛은 넉넉하여야 한다.

양쪽 귀의 수주(귓불)는 힘이 있어야 하며, 영양골이 풍만하게 살점으로 잘 감싸야 한다.

호이 본위의 기색이 윤택하고 밝으면 해당하는 해(年)에 운이 반드시 좋으니 재물을 구하는 것이 당연하다.

만약, 좌(左) 눈빛(태양)이 막히고 좌(左) 귀(금성)의 색이 지저분하며, 영양골이 꺼지거나, 호이 본위의 기색이 어두우면 해당하는 해(年)에 기이한 재난을 당하거나 혹, 크게 재물을 잃게 된다.

虎耳『右』運逢五十九歲 重在左耳 餘部同論.
호이　우　운봉오십구세 중재좌이 여부동론

호이(우) 59세에 운을 만나고, 좌(左) 귀가 중요하며 나머지 부분은 앞의 설명과 같다.

塵 티끌 진

滯 막힐 체

水星(口)수성(구) 60세

- **水秀火星明수수화성명**: 수성(입)은 빼어나야 하고 화성(이마)은 밝아야 하고
- **最忌土星伏최기토성복**: 수성(입)은 토성(준두)이 엎어진 것을 제일 싫어하며
- **四水統流者사수통유자**: 수성(입)은 사수가 통하여 흐른다.
- **垂珠定大運수주정대운**: 수주가 대운을 결정한다.

水星『口』運定花甲 宜額及印堂紫光外透 準頭居正而潤明 耳紅垂珠

수성 구 운정화갑 의액급인당자광외투 준두거정이윤명 이홍수주

朝口 本位秀者 六十歲得佳運也. 若額部氣殘耳暗型惡 最怕水星已被土

조구 본위수자 육십세득가운야. 약액부기잔이암형오 최파수성이피토

星伏 伏者『乃準頭型惡下鉤氣劣入口是也.』

성복 복자 내준두형오하구기열입구시야.

除四十八勢有災之外 運交六十亦難順利也. 雖然本位好 運也難發矣.

제사십팔세유재지외 운교육십역난순리야. 수연본위호 운야난발의.

수성(입)은 60년 운에서 만나며, 인당이 자(오른쪽 눈썹머리) 밖으로 투과하는 빛은 이마에 다다르고, 준두는 반듯하고 윤택하게 밝으며, 붉은 색의 수주 (귓불)는 입을 보고, 수성 본위의 모습이 빼어나게 잘생기면, 60세에 좋은 운을 얻는다.

만약, 이마에 살기를 띠며 해할 기운이 있고, 귀 색은 어둡고 못생겼으며, 토성(코)이 업어져 수성(입)을 덮어버리는 것을 수성(입)은 최고로 두려워한 다.(준두가 갈고리 모양처럼 생겨 입을 위협하는 것을 말한다 ▶ 매부리 코)

48세가 되면 외부로부터 재앙이 발생하고, 60세에 주고받는 운기가 순리 적으로 돌아가기가 어렵기 때문이다.

가령 수성 본위는 잘생겼다 하더라도 운이 발달하기 어렵다.

🔍 주요
한자

殘 해칠 잔
怕 두려워할 파
鉤 갈고랑이 구

承漿증장 六十一歲 61세

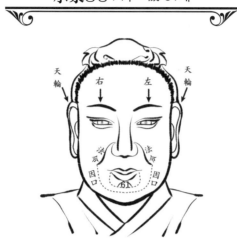

- **承漿眉放光승장미방광**: 승장은 눈썹이 빛나야하고
- **天輪紫氣陽천륜자기양**: 천륜은 오른쪽 눈썹이 밝아야 하며
- **陰騭不困口음즐불곤구**: 승장은 음덕이 모이는 곳으로, 승장이 없다면 가난하고 구차한 수성(口)이 된다.
- **法令論壽堂법령논수당**: 승장은 수명을 논하는 법령이 모이는 곳이다.

承漿『脣下深處是也』運爲六十一歲. 內氣注受於右眉 外宜放光『紫黃
승장　순하심처시야　운위육십일세. 내기주수어우미　외의방광　자황

透射印堂』天輪紅活氣鮮 陰騭紋者『乃是法令是也』隱隱下遊 切忌困
투사인당　천륜홍활기선　음즐문자　내시병령시야　은은하유　절기곤

口 法令名壽堂之帶 老人不可無也. 如上諸部得佳者 此年運定爲亨通也.
구　법령명수당지대　노인불가무야. 여상제부득가자　차년운정위형통야.

若眉無長毫 色滯型惡 雙耳乾枯法令困口 是年必見災害或破敗.
약미무장호　색체형오　쌍이건고법령곤구　시년필견재해혹파패.

如眼神脫體者 不久於人世矣.
여안신탈체자　불구어인세의.

승장은 (입술 아래 깊은 곳을 말한다) 61세의 운에서 만난다.

오른쪽 눈썹에서부터 내부의 기운을 주고받으며 외부는 밝고 빛나야 하고 (인당은 자, 황기를 투사해주어야 한다) 천륜의 붉은 기운이 깨끗하게 살아 있어야 한다.

음즐문이 (여기서는 법령을 말함) 숨기듯 아래로 흘으면 가난하고 구차한 입으로 매우 꺼려한다.

법령은 띠처럼 생겨 수명을 관장하는데 노인에게 없으면 안 되며, 위와 같이 모든 부분이 아름다운 사람은 해당하는 해(年)에 운(運)이 형통해진다.

만약, 눈썹이 길지 않고, 색이 막히고 못생겼으며, 양쪽 귀는 말라서 물기가 없고, 법령은 못생겨 가난하고 구차한 입이면, 해당되는 해(年)에 반드시 재해를 만나게 되거나 혹 깨어지고 패하게 된다.

눈빛까지 몸에서 벗어난 사람(눈빛이 산만하게 흐트러지는 것을 말함)은 인간세상에서 오래 살지 못한다.

注 물 댈 주

騭 안정시킬 즐 ▶ 정하다

陰騭紋음즐문 ▶ 눈 밑 주름

- **庫左耳色明고좌이색명**: 좌(左) 지고는 귀가 밝고 깨끗해야하고
- **庫右目神足고우목신족**: 우(右) 지고는 눈빛이 충족되어야 하며
- **柱陽氣滿주양기만**: 주양의 기운은 충만하여야 한다.
- **印堂定運인당정운**: 인당이 대운을 결정한다.

地庫『口脣兩角下是也』運逢六十二三歲 重在耳色鮮明 眼秀 而神足
지고　구순양각하시야　운봉육십이삼세　중재이색선명 안수 이신족

往陽豊滿肉堆. 印堂紫光透天者 此年運大進財物 若雙耳氣枯色暗 柱陽
주양풍만육퇴. 인당자광투천자　차년운대진재물　약쌍이기고색암 주양

無氣 木神脫體 印堂再姑暗者 卽死之兆也. 目神不脫無防.
무기 목신탈체 인당재고암자 즉사지조야. 목신불탈무방

지고는 (입술 양쪽 끝의 아래쪽 부분을 가리킨다.) 62, 63세의 운에서 만나고 귀의 색깔은 맑고 밝고 깨끗해야 한다.

눈은 빼어나고 눈빛(神)은 충족되며, 주양은 풍만하고 살점은 두터워야하며, 인당이 자(오른쪽 눈썹머리)광을 이마(天)를 비취는, 해당하는 해(年)에 재물이 크게 발전한다.

만약, 양쪽 귀의 색이 마르고 어두우며, 주양에 기운이 없거나, 눈빛이 몸을 이탈하고, 인당마저 마르고 어두우면 곧 죽음의 징조다.

눈빛이 벗어나지 않았다면 괜찮다.

庫右重在『右目』餘部仝論.

고 우 중 재　　우 목　　여 부 동 른

우(右) 지고는 오른쪽 눈이 중요하며, 이외의 부분은 앞 내용과 같다.

堆 언덕 퇴

透 통할 투

陂池피지64세   鵝鴨아압65세

- **陂池左耳眉피지좌이미**: 피지는 좌(左) 귀와 눈썹을 보아야 하며
- **鵝鴨水星明아압수성명**: 아압은 수성(입)이 밝아야 하고
- **眉印氣透頂미인기투정**: 눈썹과 인당의 기운은 정수리까지 통하여야 한다.
- **人沖爲壽根인충위수근**: 인충은 수명의 근원이다.

波池『口角左』交運六十四歲 注受在左耳 氣貫於眉 透射到印堂 人沖
피지 구각좌 교운육십사세 주수재좌이 기관어미 투사도인당 인충
爲四水總路 口者水之正也 宜明潔色鮮 六十四 六十五 時運亨通矣.
위사수총로 구자수지정야 의명결색선 육십사 육십오 시운형통의.
若耳枯眉落 印堂發乾 人沖不明 口脣帶暗者 本位雖好亦難得運 目神脫
약이고미락 인당발건 인충불명 구순대암자 본위수호역난득운 목신탈
體應不久於世也.
체 응 불 구 어 세 야.

피지는 (좌(左) 구각) 64세의 운에서 만나며, 좌(左) 귀와 기운을 주고받으며, 눈썹의 기운이 관통하여 투사하는 빛이 인당에 이르고, 인충은 사수(하독_눈, 제독_코, 강독_귀, 회독_입)가 모여 흐르며 그러한 입을 반듯한 수성이라 하고, 피지는 마땅히 밝고 깨끗하고 색은 곱고 64, 65세가 되면 운이 형통해진다.

만약, 귀는 마르고, 눈썹은 빠지고, 인당은 건조하며, 인충은 밝지 못하고, 입술이 어두운 기운을 띠면, 피지, 아압 본위가 비록 좋다 하더라도 역시 운을 얻기가 어렵다.

눈빛(神)이 안정되지 못하고 몸을 벗어나면 당연히 오래 살지 못한다.

鵝鴨『口角右』運轉六十五歲 重在水星 餘部全論.
아압   구각우   운전육십오세 중재수성 여부동론.

아압은 (우(右) 구각) 65세의 운이 흐르고, 수성이 제일 중요하며 나머지 부분의 앞의 설명과 같다.

주요
한자

鵝 거위 아

鴨 오리 압

潔 깨끗할 결

金縷금루　左66세　右67세

- **金縷土氣足금루토기족**: 금루는 토(코)의 기운이 충족되어야 하고
- **目神不脫體목신불탈체**: 눈빛(神)은 몸을 벗어나면 안 되며
- **頸下有餘條경하유여조**: 목 아래 살은 넉넉하게 있어야 하고
- **眉心定大運미심정대운**: 미심이 대운을 결정한다.

金縷『左』運逢六十六歲 鼻爲土星 最要準頭及壽上氣色潤明 眉生長毫
금루　좌　운봉육십육세 비위토성 최요준두급수상기색윤명 미생장호

或毛現光彩 眼伏眞光 頸下餘皮成條者 此年運必佳 壽亦增高也.
혹모현광채 안복진광 경하여피성조자 차년운필가 수역증고야.

若是準頭及壽上發暗 眉無彩色頸無餘皮縱然目有神光 亦主暗疾 或大破
약시준두급수상발암 미무채색경무여피종연목유신광 역주암질 혹대파

破資財.
파자재.

금루 좌(左) 66세의 운에서 만나며, 코의(토성) 준두와 수상의 기색이 윤택하며 밝은 것이 제일 중요하고, 눈썹에서 긴 털이 생기거나 혹, 털에서 광채가 나며, 눈에 보이지 않게 빛이 나고, 목 아래의 살점이 넉넉하게 여유가 있으면 해당하는 해(年)에 운이 반드시 아름다우며 또한 장수할 수 있다.

만약, 준두와 수상이 어둡고 눈썹에 색채가 없으며, 목 아래에 살점이 없으면, 눈빛이 있어도 질병과 재물의 손실을 피할 수 없다.

金縷 『右』 運交六十七歲重在雙目神光 餘部仝論
금루　우　운교육십칠세중재쌍목신광 여부동론

금루 우(右) 67세의 운을 주고받으며, 양쪽 눈에 빛(神)이 있는 것이 중요하고 나머지 부분은 앞의 내용과 같다.

주요 한자

縷 실 루　　　　　疾 병 질
頸 목 경　　　　　資 재물 자

歸來귀래 左68세 右69세

- **歸來左看印堂求귀래좌간인당구:** 좌(左) 귀래는 도와주는 인당을 관찰하여야 하고
- **柱陽托氣少外害주양탁기소외해:** 주양에서 밀어주는 기운이 적으면 외부로부터 해를 입으며
- **右來脣潤壽無憂우래순윤수무우:** 우(右) 귀래는 입술이 윤택하면, 수명에 근심이 없다.
- **滿面紫氣老壽頭만면자기노수두:** 얼굴에 가득한 자기의 기운은 노년의 수명에 으뜸이다.

歸來『左』運達六十八歲 印堂紫光透頂 口正脣紅 鬚鬚不枯 柱陽有氣
귀래　　좌　　운달육십팔세　인당자광투정　구정순홍　호수불고　주양유기

而肉豊滿面光彩眼有神 此年運特佳壽年大增 財物廣進.
이육풍만면광채안유신　차년운특가수년대증　재물광진.

如果修道者 必得神仙之路也.
여과수도자　필득신선지로야.

若是印堂無氣 脣鬚欠有美色 柱陽不托『無肉是也』滿面氣滯者 是年交
약시인당무기 순수흠유미색 주양불탁 　무육시야　 만면기체자 시년교
運必惡 資財亦破 壽不永矣.
운필악 자재역파 수불영의.

귀래 좌(左)는 68세의 운에서 발달하며, 인당에 자기(오른쪽 눈썹 머리)기운이
정수리로 통하여 빛나고, 반듯한 입술은 붉으며, 수염은 마르지 않고, 주양
의 살점은 넉넉하여 기운이 있으며 광채가 얼굴 가득하고 눈에 빛(神)이 있
을 때, 해당하는 해(年)에 특별히 운이 좋으며 수명도 크게 늘어나고, 재물
도 갈수록 늘어난다.
만약, 수도자가 이러한 모습과 같으면 반드시 신선의 경지에 이른다.
또 만약, 인당에 기가 없고, 입술의 수염의 색이 아름답지 못하며, 주양의
기운이 밀어주지 못하면(살점이 없다) 얼굴 전체의 기운이 막혀 해당하는 해
(年)에 운이 좋지 못해 재물까지 없어지고, 오래 살지도 못한다.

歸來『右』交運六十九歲 重在口 餘部仝論.
귀래　 우　 교운육십구세 중재구 여부동른.

귀래 우(右)는 69세의 운에서 교차하며 입이 중요하고 나머지는 앞의 설명
과 내용이 같다.

🔍 **주요 한자**

紫氣 자기 ▶ 130page 참조　　　　髇 수염 호

歸 돌아갈 귀　　　　　　　　　　鬚 수염 수

頌堂송당 70세

- **頌堂觀鬚白眉毫송당관수백미호**: 송당은 수염과 흰 눈썹이 있는지 보아야 하고
- **眼有眞神形體正안유진신형체정**: 눈빛은 참되고 체형은 반듯해야 하며
- **頸條多增掖漕漕경조다증액조조**: 생겨나는 많은 기름(땀)이 흐를 수 있는 목을 갖추어야 한다.
- **滿面營光壽滔滔만면영광수도도**: 수명을 관장하는 얼굴빛은 물이 가득 넘쳐 흘러듯해야 한다.

頌堂 承獎下 是也 運交七十歲 宜觀髭鬚之彩色 眉之善惡 更爲重要 尤
송당 승장하 시야 운교칠십세 의관자수지채색 미지선오 갱위중요 우
其是眉之黑長毫 與白長毫.
기시미지흑장호 여백장호.

老人眉生毫主壽 眉毫不如頸下餘條 頸下條不如液漕漕(乃口水是此)
노인미생호주수 미호불여경하여조 경하조불여액조조(내구수시야)

液漕不如眼神好 神足形正滿面光彩當是壽年滔滔 老運佳也.

액조불여안신호 신족형정만면광채당시수년도도 노운가야.

若鬚枯眉落 神滯形傾 頸無餘皮 滿面氣嫩者 非吉詳之兆也. 不貧卽夭矣.

약수고미락 신체형경 경무여피 만면기눈자 비길상지조야. 불빈즉요의.

송당은 승장 아래에 있고 70세의 운에서 만나며, 마땅히 코 밑 수염과 승장 수염의 색과 눈썹의 좋고 나쁨을 살펴야 한다. 다시 말해 중요하며, 눈썹은 검고 긴 털 가운데 흰색의 긴 털이 있어야 한다.

노인의 눈썹에서 생겨나는 털은 수명을 관장하는데, 눈썹의 털은 목에 있는 살점보다 못하고, 목 아래 넉넉한 기름(땀)은 입 주위 있는 기름(땀)만 못하다.

얼굴의 번들거리는 것은 눈빛이 좋은 것만 못하며, 얼굴이 반듯하고 빛이 가득하면 해마다 수명이 늘어나 노년이 아름답다.

만약, 승장의 수염이 마르고 눈썹이 빠지며, 눈빛이 막히고 몸이 한쪽으로 기울며, 목에 살이 없는데, 얼굴에 새로운 기운이 가득한 사람은 좋은 징조가 아니다. 가난하지 않으면 요절한다.

🔍 **주요 한자**	掖 겨드랑 액 ▶ 땀, 얼굴 기름	髭 코밑수염 자
	漕 배로 실어 나를 조	鬚 수염 수 ▶ 승장 수염
	滔 물 넘칠 도	嫩 어릴 눈 ▶ 새로운

地閣지각 71세

- **地閣豊滿水星慈지각풍만수성자:** 지각은 풍만하고, 수성은 자비로우며.
- **目伏眞光不脫體목복진광불탈체:** 눈빛은 감춰져 빛나고 몸을 벗어나지 않아야 한다.
- **滿面營光土不欺만면영광토불기:** 얼굴에 가득한 토(코)의 빛은 속일 수 없다.
- **火星柱陽爲壽基화성주양위수기:** 화성과 주양은 수명을 관장하는 기초가 된다.

地閣 運正七十一歲 脣紅鬚秀 如齒不落者更佳 準頭不可低 地閣如果高
지각 운정칠십일세 순홍수수 여치불락자경가 준두불가저 지각여과고
於準頭者 爲土被水欺運交七十一定死矣 不死亦防大災.
어준두자 위토피수기운교칠십일정사의 불사역방대재.
欲目有神光柱陽 有肉印堂發紫色者 是年運佳亦多增壽也.
욕목유신광주양 유육인당발자색자 시년운가역다증수야.
若脣暗鬚濁準印氣滯目神脫體 (脫體者乃目無神光是也) 乃壽年不永也.
약순암수탁준인기체목신탈체 (탈체자내목무신광시야) 내수년불영야.

지각은 71세의 운에서 만나고, 입술은 붉고 승장 수염은 빼어나며, 치아는 빠지지 않아야 아름답고, 준두는 낮지 않아야 하며, 지각과 준두의 높이가 같으면 토성(코)이 수성(입)을 덮어 71세 운에 속아 반드시 죽느냐 사느냐 하는 큰 재난이 있으니 대비하여야 한다.

눈에 빛이 있고 주양의 살점과 인당에 자줏빛 색을 띠는 사람은 해당하는 해(年)에 역시 운이 아름답고 수명도 늘어난다.

만약, 입술은 어둡고 승장의 수염의 탁하며, 준두와 인당의 기색이 막혀서 눈빛이 몸을 벗어났다면(눈빛이 몸을 벗어났다는 것은 눈에 빛이 없음을 뜻한다)수명을 보전하기 어렵다.

🔍 **주요 한자**

閣 문설주 각

欺 속일 기

奴僕노복 (左좌)72세 (右우)73세

- **奴僕地間傍노북지각방**: 노복은 지각 옆에 있으며
- **四水不可傷사수불가상**: 사수는 상처를 입으면 안 된다.
- **眉心伏五彩미심복오채**: 엎드려 있듯 생긴 눈썹은 오채로 빛나야하며
- **火星顧放光화성관방광**: 화성(이마)은 관골이 빛나는지 살펴야한다.

奴僕 在地閣傍 運逢七十二三歲 最宜髭鬚淸秀 四水通流 『乃是人沖正
노복 재지각방 운봉칠십이삼세 최의자수청수 사수통류   내시인충정
而明是也』眉爲此年重要部 形帶五彩 內氣透光更宜出毫.
이명시야 미위차년중요부 형대오채 내기투광갱의출호.
火星乃印堂是也 紫光透頂覆射兩顴 所謂 光彩滿面 如果目再有眞光神
화성내인당시야 자광투정복사양관 소위 광채만면 여과목재유진광신
藏者 此年應是大運欲 修心行道者 必達神仙之露 壽增十二 不以本位論
장자 차년응시대운욕 수심행도자 필달신선지로 수증십이 불이본위논
也. 反此者非美相矣.
야. 반차자비미상의.

노복은 지각 옆에 있으며 72, 73세의 운에서 만나고, 코 밑 수염은 깨끗하게 빼어나야 마땅하며, 사수가 통하여 순환되어야 한다.(인충은 반듯하고 밝아야 한다는 뜻)

눈썹은 해당되는 나이에서 중요한 부분으로 5가지의 색이 빛을 띠며, 내적인 기운으로 빛나야 한다. 다시 말해 당연히 상서로운 눈썹이 자라야 한다. 화성내 인당의 자광(우측 눈썹머리)이 정수리까지 투과하여 빛나고 다시 양쪽 관골에 이르면, 소위 얼굴 전체에 빛이 가득하다는 것은 가려진 상태에서 눈이 빛난다는 것과 같으며, 마음을 수행한 사람은 해당하는 해(年)에 대운이 응하여 반드시 신선 경지에 다다르니, 수명이 12년은 더 늘어나게 될 것이다. 하여 본위에 대해서는 더 이상 논하지 말라.

이러한 모습과 반대로 생긴 사람은 아름답지 못한 상이다.

주요 한자

傍 곁 방　　　　藏 감출 장　　　　應 응할 응

四水 사수 ▶ 하독(눈) 강독(귀) 제독(코) 회독(입)

腮骨시골 左좌 74세 右우75세

- **腮骨不露地閣圓시골불로지각원**: 시골은 지각이 둥글어 드러나지 않아야 하고
- **滿面麟班多增壽만면인반다증수**: 얼굴 가득 인반이 증가하면 수명이 늘어나며
- **耳潤脣紅光透千이윤순홍광투천**: 귀은 윤택하고 입술은 붉고 빛이 이마를 통하면
- **福綠天降又年年복록천강우년년**: 해마다 복록이 하늘에서 내려온다.

腮骨 逢運七十四五歲 最要本位骨不露. 地間微微朝圓口正脣紅 耳色鮮
시골 봉운칠십사오세 최요본위골불로. 지각미미조원구정순홍 이색선
明 目伏眞神 若生壽班者 更爲長壽但要黑而大方宜. 最忌白而小主夭貧
명 목복진신 약생수반자 경위장수단요흑이대방의. 최기백이소주요빈
口傾耳枯防多疾 神脫氣短壽不永 左右仝論.
구경이고방다질 신탈기단수불영 좌우동론.

시골은 74, 75세에 만나며, 시골은 밖으로 돌출되지 않아야 하는 것이 최고로 중요하다. 지각은 아주 작게 둥글며 입은 반듯하고 입술은 붉으며 귀는 색깔이 선명하고 눈은 감춰져있듯이 빛나야 한다.

만약, 수명의 반점이 생기면, 다시 말해 새로워져 장수한다. 단, 검고 모가 나게 커야 마땅하다.

작고 흰 반점은 짧은 수명과 가난함에 관여하므로 가장 나쁘고, 입이 삐뚤어지고 귀가 마르면 질병을 예방하여야 하며, 눈빛이 이탈하면 기(氣)가 단축되어 오래 살지 못한다.

좌우가 같은 내용이다.

腮 뺨 시
麟 기린 인 ▶ 기린(麒麟)은 상서로운 길조가 보일 때 나타난다는 신령스러운 4가지 동물 사영수(四靈獸) 가운데 하나.
班 나눌 반 ※ 麟班 인반 ▶ 노인성 반점
微 작을 미

地支

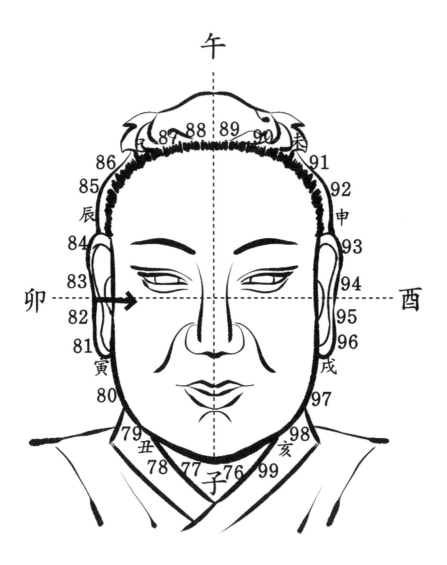

地支十二宮流年行運圖지지십이궁유행운도

地支 接運七十六 週而復始氣通流 骨格部位不重要 精氣神色 必要求.
지지 접운칠십육 주이부시기통류 골격부위부중요 정기신색 필요구.

지지는 76세부터의 운이 이어지고, 기운이 처음부터 다시 돌아가 통하여 흐르므로, 골격과 부위가 중요하지 않고 정(精), 기(氣), 신(神), 색(色)이 중요하므로 반드시 찾아 구해야 한다.

子宮正北壬癸水 草木淸秀水星爲 若得火星來相助 水火通明氣魁魁
자궁정북임계수 초목청수수성위 약득화성래상조 수화통명기괴괴

자궁은 정 북쪽 임, 계수의 위치로, 초목은 맑고 빼어나는 수성이 되고 만약, 화성(이마)의 도움을 받으면 수(水), 화(火)가 통하여 밝은 기운이 으뜸이다.

丑逢七入七十九 形神固體不傾頭 最怕神滯氣又短 不久人間有壽憂
축봉칠팔칠십구 형신고체불경두 최파신체기우단 불구인간유수우

축은 77, 78세 또는 79세에 만나고, 몸은 형(形)과 신(神)이 단단하여야하고, 머리는 한쪽으로 기울지 않아야 하며, 기(氣)가 막히고 또 짧아지면, 인간은 근심이 생겨 오래 살지 못하니 최고로 두려워해야 한다.

寅交八十十一 液漕頸條 不可忽 後陽眉毫兼察看 切忌色嫩目神急
인교팔십십일 액조경조 불가홀 후양미호겸찰간 절기색눈목신급

인은 80, 81세에 만나고 많은 기름(땀)이 흐를 수 있는 목을 살피는데 소홀히 하지 말아야 하며, 후양과 눈썹을 같이 자세히 살피고 새로운 색(色)이 보이거나 눈빛이 불안한 것을 가장 싫어한다.

卯遇八二八十三 子午卯西正沖關 慾求此年得過去 紫氣添增火星間
묘우팔이팔십삼　자오묘유정충관　욕구차년득과거　자기첨증화성간

묘는 82, 83세에 만나고 자, 오, 묘, 유 사정(四正)이 서로 마주 보는 방향으로 충(沖)하며, 과거에 얻고자 하던 것이 있었다면, 자기(오른쪽 눈썹머리 부분)가 화성(이마)틈으로 자라는 해(年)에 얻을 수 있다.

辰居眉尾東南角 八十四五眉增白 目有眞光面有氣 前山不到壽近百
진거미미동남각　팔십사오미증백　목유진광면유기　전산부도수근백

진은 눈썹의 꼬리 부분이 동남방향의 각진 부분에 위치하고, 84, 85세에 눈썹에 하얀 털이 많아지며, 눈은 빛나고 얼굴에 기(氣)가 가득하며, 앞으로 넘어지지 않으면 백세 가까이 살 수 있다.

巳轉上角逢太陽 龍爭虎鬪定有傷 假如是年 無損害 八十六七入仙堂
사전상각봉태양　용쟁호투정유상　격여시년　무손해　팔십육칠입선당

사는 태양과 만나는 이마의 윗부분으로 용과 호랑이가 싸움을 하여 상처가 생기면, 해당하는 해(年)에 아무런 손해 없이 86, 87세에 선당에 들어간다.

午正南方火星位 冬寒逢水必難維 八十八九如無事 滿面營光頸條堆
오정남방화성위　동한봉수명난유　팔십팔구여무사　만면영광경조퇴

오는 정남쪽 화성에 위치하고, 겨울 차가운 수(水)의 기운을 만나면 반드시 어려워지니, 88, 89세에도 아무 일이 없으려면 얼굴에 빛이 가득하고 목에 살이 붙어야 한다.

未輪九十九十一 眼神眉頭觀禍福 最忌眉枯眼神滯 子孫三代亦主哭

미륜구십구십일 안신미두관화복 최기미고안신체 자손삼대역주곡

미는 90, 91세를 흐르고, 눈빛(神)과 눈썹 머리로 복과 화를 관찰하는데 눈썹은 마르고 눈빛이 막힌 것이 가장 싫어하니, 자칫 잘못하면 자손 삼대까지 곡소리가 나게 된다.

申運九二九十三 滿面週流增壽班 如若是年人不死 神仙之體內氣還

신운구이구십삼 만면주류증수반 여약시년인불사 신선지체내기환

신은 92, 93세의 운으로 얼굴 가득 수명 반점이 많아진다. 만약 해당하는 나이에 죽지 않으면, 몸에 신선의 기운이 돈다.

西居卯下四異正 金木紫光火星明 九十四五人獸好 半身不隨兩相拚

유거묘하사이정 금목자광화성명 구십사오인수호 반신불수양상변

유는 묘궁의 맞은편에 위치하고 있는 다른 사정(四正)의 지지이고 화성(이마)에서 금(좌측 귀), 목성(우측 귀)까지 밝게 빛나면 94, 95세가 되어 비록 좋다고 하여도, 몸 반쪽은 따르지 않는다.

戌宮九六九十七 形正氣爽精神足 最怕頭傾前山倒 子子孫孫逢孝服

술궁구육구십칠 형정기상정신족 최파두경전산도 자자손손봉효복

술궁은 96, 97세에 체형이 반듯하고 기운과 정신이 맑으면 족하다. 제일 두려운 것은 머리가 한쪽으로 기울어지는 것으로 자손이 상복을 입게 된다.

亥歲難得交末宮 內外形脫憂如同 九十八九若不死 目藏眞光一仙翁
해세난득교말궁　내외형탈우여동　구십팔구약불사　목장진광일선옹

해에 해당하는 나이가 되면 마지막 궁으로 교류가 어렵게 되어, 몸과 마음
이 분리되어 같지 않을까 근심이 되며, 만약, 98, 99세에 죽지 않고, 눈에
감춰진 일점의 진광이 있으면 늙은 신선이 된다.

若問百歲何處有 耳大五寸壽星頭 如再延生百歲外 魁首靈臺復始求
약문백세하처유　이대오촌수성두　여재연생백세외　괴수영대부시구

만약 백세는 어디에 해당하느냐고 묻는다면, 머리에 수명의 별인 귀의 크
기가 5촌이나 되고, 100세를 지나 다시 생을 늘여 무리의 수장으로 처음부
터 다시 시작하기를 원해도 된다.

3장
面相 五行形
면 상 오 행 형

五星

天以五星垂象　地以五嶽定形　人以五官論貴　五星若有一星不明者　亦主
二十年滯運.

尤以火土兩星　更屬重要　夫面上五行　亦有生剋之論　火能生土　而萬物
俱屬土中所生　土能生金　金能生水　水能生木　木能生火　此乃相生之理也

火能剋金　金能剋木　木能剋土　土能剋水　水能剋火　此內相剋之理也.

金形금형

金形 取端方 耳額面鼻 口頤腰背身手腹足 皆色白 端方 神淸氣 正蘭庭
금형 취단방 이액면비 구이요배신수복족 개색백 단방 신청기 정난정

紫色盈面者 眞金形也.
자색영면자 진금형야.

金形人 取面方 耳正 眉目淸秀 骨齒得配手端小而方 要腹圓正 色白 氣
금형인 취면방 이정 미목청수 순치득배수단소이방 요복원정 색백 기

淸爲正. 三陽不宜帶赤 有土內埋金之象 主多災難 輕者 破家 重者死亡
청위정. 삼양불의대적 유토내매금지상 주다재난 경자 파가 중자사망

最忌火旺 然氣淸色冷 宜微火煉金 方成大用.
최기화왕 연기청색냉 의미화련금 방성대용.

詩云 金形忌烈火 部位要週重 三停俱方正 富貴有聲名
시운 금형기열화 부위요주중 삼정구방정 부귀유성명

又曰 金形火旺濁難淸 面部多虧必主貧 相中若有爲官者 終是區區不出名
우왈 금형화왕탁난청 면부다휴필주빈 상중약유위관자 종시구구불출명

금형은 단정하게 각이 지고, 귀, 이마, 얼굴, 코, 입, 턱, 허리, 등 , 몸, 손, 배, 발 피부색이 모두 희어야 하며, 정신은 맑고 기는 바르고, 난대, 정위는 자줏빛 색으로 가득한 얼굴이 참된 금형 이다.

금형의 사람은 얼굴에 각이 진듯하고, 귀는 바르고, 눈썹과 눈이 맑고 빼어나며, 입술과 치아가 짝을 이루며, 손은 단정하게 작고 모가 나야하고, 허리, 배는 둥글면서 바르고, 색은 희고, 기운이 맑아야 제대로 갖추어진 금형이라 할 수 있다.

또한, 얼굴 삼양에 붉은 띠는 마땅하지 않으며, 흙 속에 금이 묻힌 상은 많은 재난으로 어렵게 되고, 작게는 가정이 깨어지며 심하게는 죽음에 이르게 된다.

제일 나쁜 것은 불의 기운이 왕한 것인데, 화의 기운이 서늘하고 색이 맑으면 금을 제련하니 가는 곳마다 크게 쓰인다.

시에서 말하길, 금형은 맹렬하게 타오르는 불의 열기는 좋지 않고, 부위별로 골고루 돌아 순환되는 것이 매우 중요하다. 얼굴 삼정은 네모반듯하고 단정하게 갖추면, 이름을 알리고 부귀도 함께 한다.

또한 가로대, 금형은 불의 기운이 왕(旺)하면 맑기 어려워 탁하고, 얼굴 부위가 이지러진 곳이 많으면 반드시 가난하다.

상 가운데 만약 이러한 사람이 관직에 오르면, 잘고 용렬하여 끝내 세상에 이름을 떨치지 못한다.

🔍 **주요 한자**

蘭 난초 란(난) 諫 간사할 간, 헐뜯을 란(난)
  ㄴ 원문에서 蘭, 諫을 혼용해서 란(난)으로 같이 사용

端 바를 단   虧 이지러질 휴   區 지경 구 ▶ 구차스러움

木形목형

木形 取瘦直 頭面骨瘦 鼻修直 目細長 手指細而多紋 鬚髮皆清 肩背挺
목형 취수직 두면골수 비수직 목세장 수지세이다문 수발개청 견배정

眞 色淸氣秀 眞木形也.
진 색청기수 진목형야.

木形人 取疊直修長 目秀鬚淸 脣紅紋佃 體長挺直 腰瘦圓滿 手紋細潤
목형인 취첩직수장 목수수청 순홍문전 체장정직 요수원만 수문세윤

方爲棟樑 不宜偏削枯薄 浮肉浮筋 露骨露頂 木形宜帶微火 爲木火通明
방위동량 불의편삭고박 부육부근 노골로정 목형의대미화 위목화통명

之象 若土赤金紅 不宜所用 些須帶金還是求名 之客 木則金重 乃成敗
지상 약토적금홍 불의소용 사수대금환시구명 지객 목삭금중 내성패

無休.
무휴.

詩曰 稜稜形格瘦 凜凜瘦修長 秀氣生眉目 方言作棟樑
시왈 릉릉형격수 늠름수수장 수기생미목 방언작동량

又曰 骨重肉肥神氣濁 背薄腰軟扁非宜 若有疊金來剋陷 不貧則夭破爲泥
우왈 골중육비신기탁 배박요연편비의 약유첩금래극함 불빈즉요파위니

목형 약간 야윈 듯하며 곧아야 한다. 머리와 얼굴의 골격은 마르고 코는 길게 곧고, 눈은 가늘며 길며, 손가락은 가늘고 주름이 많으며 털은(머리, 승장 수염)모두는 깨끗하고 맑아야 하며, 어깨와 등은 솟아 빼어있고, 색은 맑고 기운은 빼어나야 참된 목형이다.

목형의 사람은 곧고 길어야 하고, 눈은 빼어나며 승장의 수염은 맑고, 입술이 붉으며 밭이랑과 같이 고르게 주름이 있어야하고, 몸도 길고 빼어나게 곧아야 한다.

허리는 가늘며 둥글고 꽉 차며, 손도 윤택하고 가는 주름이 있으며 모가 난 듯해야 큰 재목으로 쓰이는 대들보가 될 수 있으니 한쪽으로 깎이거나 마르거나 얇아서 피부가 뜨고 힘줄이 나오며 뼈와 정수리가 드러나면 안 된다. 목형은 마땅히 아주 약한 불의 기운을 띠고 있어야 목화통명(木火通明)의 상이 될 수 있다.

만약, 적색의 토(土)와 홍색의 금(金)의 기운을 띤다면 쓰임이 마땅하지 못하고, 약간의 금(金)의 기운을 띠면 타향에 나가 이름을 떨치고 돌아오나, 금(金)의 기운이 과하여 목(木)이 깎이면 패하여 모든 것이 멈춘다.

시에서 말하길 모가 나고 쭈뼛쭈뼛한 모양으로 야윈듯하고, 곧고 길게 늠름하며, 눈과 눈썹이 빼어난 기운이 살아 있으면 어느 곳에서나 대들보로 크게 쓰이게 될 것이다.

또한 가로대, 살이 쪄서 정신과 기가 탁하거나 등이 얇고 허리가 가늘어 연약하여 한쪽으로 기울면 좋지 못하고, 만약, 금(金)의 기운이 계속되면 심하게 패이니, 가난하지 않으면 깨어지고 곤궁해져 요절하게 된다.

주요
한자

瘦 파리할 수 ▶ 여위다. 마르다. 가늘다.

疊 겹쳐질 첩

水形수형

水形 取肥圓肉重 骨輕頭面身手耳目口鼻皆肥圓 色黑而氣靜者 色玄而
수형 취비원육중 골경두면신수이목구비개비원 색흑이기정자 색현이

有寶光 眞水形也.
유보광 진수형야.

水形人 要骨正肉骨堅實 色黑帶潤 體發面圓 後看爲伏 前觀如仰 腹圓
수형인 요골정육골견실 색흑대윤 체발면원 후간위복 전관여앙 복원

臀圓 指掌微圓而方 是水形. 不宜氣粗色暗 骨露肉浮 不宜皮白如粉 如
둔원 지장미원이방 시수형. 불의기조색암 골로육부 불의피백여분 여

色細無鬚 皮滑肉冷者皆主無子.
색홍무수 피활육냉자개주무자.

詩云 眼大井眉粗 城廓要圈圓 黑色氣無滯 平生神自然.
시운 안대정미조 성곽요단원 흑색기무체 평생신자연.

又曰 骨小肉流水泛浮 名爲水溢不停舟 更嫌神氣短而促 土重刑傷事事休.
우왈 골소육류수범부 명위수일부정주 갱혐신기단이촉 토중형상사사휴.

수형 살점은 둥글둥글하며 비대하고, 뼈는 가볍고 머리, 얼굴, 몸, 손, 귀, 눈, 입, 코 모두 둥글게 살이 찌고 기운은 고요하며, 색은 검으면서 보석처럼 빛나면 참된 수형이다.

수형인에게 중요한 것은 뼈는 바르고, 살점은 튼튼하고 견실해야 하며, 색은 검고 윤택하여야 하고, 몸과 얼굴이 둥글게 발달되며, 뒷모습은 엎드린 것 같고, 앞모습은 우러러보이는 것 같으며, 배와 엉덩이는 둥글고, 손과 손가락은 약간 둥글면서 모가 나야 수형이다.

기운은 거칠고 색은 어두우며, 뼈는 드러나고 살은 뜨고, 피부는 가루분 같이 희면 좋지 못하다.

그리고 승장 수염은 홍색이거나 수염이 없으며, 피부는 부드럽고 살이 차가우면 자식이 없다.

시에서 말하길, 금형은 눈은 큰 우물과 같고 눈썹은 거칠고, 성곽과 같이 둥글고 단단한 것이 중요하며, 검은색 기운으로 막히지 않아야, 평생 동안 안정된 삶을 살 수 있다.

또한 말하길, 뼈가 약하고 살이 흐르는 물에 떠있는 것과 같으면, 물이 넘쳐 배가 멈추지 못하는 것과 같다, 다시 말해 신기(神氣)가 부족해 급하게 재촉하는 것을 싫어하고, 토(土)의 기운이 지나치면 형벌을 받아 상하게 되어 모든 일이 멈추게 된다.

火形화형

火形 取紅活 頭長而尖 眉鼻目當耳皆露 耳高尖反 鬚髮微赤 聲音焦熱

화형 취홍활 두장이첨 미비목치이개로 이고첨반 수발미적 성음초열

性急多暴 色鮮紅神氣 筋骨俱露 眞火形也.

성급다폭 색선홍신기 근골구로 진화형야.

火形人 上尖下闊 行動躁急 鬚少面紅竝鼻橋耳高露廓 色明紅潤 鬚髮少

화형인 상첨하활 행동조급 수소면홍병비교이고로곽 색명홍윤 수발소

而赤 口不宜大因水剋火也. 故口大者爲剋火 凡火形人 德明 氣色光彩

이적 구불의대인수극화야. 고구대자위극화 범화형인 총명 기색광채

紅潤發家極遠 但貴在武職 財星高而尖有子 不然少子.

홍윤발가극속 단귀재무직 재성고이첨유자 불연소자.

詩曰 欲職火形貌 三停俱帶尖 身體全無靜 腮邊更少髥.

시왈 욕직화형모 삼정구대첨 신체전무정 시변경소염.

又曰 面赤最怕水星侵 五露不全部位傾 體貌肉粗又外細 初年縱好末無終.

우왈 면적최파수성침 오로부전부위경 체모육조우외세 초년종호말무종.

화형 살아 있는 붉은 기운을 취하고, 머리는 길고 뾰족하며 눈썹, 코, 눈, 치아, 귀 모두 드러나 있으며, 귀는 뾰족하고 뒤집어져 높게 있고, 수염, 머리털은 조금 붉으며, 목소리는 불이 타들어가듯 애타고, 성정은 급하고 매우 사나우며, 피부는 깨끗한 붉은 색으로 신기(神氣)가 있으며, 골격에 힘줄이 드러나 있으면 참된 화형이다.

화형인은 위가 좁고 아래가 넓으며, 행동은 조급하고, 승장에 수염이 적고, 얼굴은 붉으며, 귀의 곽은 드러난 채 코와 함께 높이 걸려있다. 색깔은 밝은 홍색으로 윤택하고, 승장수염, 머리카락은 적고 붉다. 만약, 입이 크면 수극화(水剋火)로 좋지 못하다. 즉, 입이 크다는 것은 화(火)를 극(剋)하는 것이기 때문이다.

무릇 화형인은 총명하여 기색의 광채가 붉게 윤택하면 집안이 빠르게 번성한다. 단, 직업이 없어야 귀하며, 코가 뾰족하게 높으면 자식이 있고, 그러하지 못하면 자식과 인연이 없다.

시에서 말하길, 화형의 모양을 알고자 한다면, 삼정은 뾰족하고, 몸은 단정하지 않으며, 턱 주변에 수염이 적어야 한다.

또한 말하길, 붉은 얼굴에 수성이 침범하는 것을 제일 두려워하며, 드러난 다섯 가지(눈썹, 코, 눈, 치아, 귀) 전부가 삐뚤어지지 않아야 하고, 얼굴과 몸의 살이 거칠고 겉모습이 가늘고 야위면, 초년에는 좋아도 말년에는 아무것도 이룬 것이 없다.

Q 주요 한자

焦 그을릴 초 ▶ 애태우다

竝 아우를 병

三停삼정 ▶ 얼굴을 3등분하여 상정, 중정, 하정으로 본다.

土形토형

土形 取厚重 骨重肉實頭面厚大 鼻準豊隆 口闊脣厚頤豊 腰背如龜聲重
토형 취후중 골중육실두면후대 비준풍융 구활순후이풍 요배여귀성중

手足皆重厚色明黃 氣魄廣大 眞土形也.
수족개중후색명황 기백광대 진토형야.

土形人 敦厚肥大而重實背高皮厚 氣魄宏大聲響如雷 項短頭圓骨 肉完
토형인 돈후비대이중실배고피후 기백굉대성향여뢰 항단두원골 육완

全乃眞土形也. 女骨肉露薄神昏聲細步輕 氣暗色滯 乃土形 不得土格與
전내진토형야. 여골육로박신혼성세보경 기암색체 내토형 부득토격여

土性 不貧則賤 是亦屬於下格.
토성 불빈즉천 시역속어하격.

詩云 端厚仍深重 端詳居泰山 心謀難測度 信義重人間
시운 단후잉심중 단상거태산 심모난측도 신의중인간

又曰 背豊浮厚黃金色 面深骨重體神堅 安祥泰山機莫測 富兼誠實不浮言
우왈 배풍부후황금색 면심골중체신견 안상태산기막측 부겸성실불부언

토형 두텁고 무거움을 취하고, 뼈는 무겁고 살점은 튼튼하며 머리와 얼굴은 크고 두터워야 하고, 코의 준두는 풍요롭게 솟아 있어야 하며, 입은 넓고 입술은 두텁고 턱은 넉넉하여야 하며, 허리와 등은 거북이와 같고, 목소리는 무겁고, 손, 발은 두텁고 밝은 황색이며, 기백은 크고 넓어야 참된 토형이라 할 수 있다.

토형인은 두텁게 살이 쪄 크고 실하며 등이 높고 피부가 두터워 튼튼하다. 기백이 크고 목소리는 우레와 같이 울리며, 정수리가 짧고 머리가 둥글고 뼈와 살점이 조화롭게 이루어져야 참으로 토형이다.

만약, 뼈와 살이 얇게 드러나고 정신은 혼미하며 목소리는 가늘고 걸음은 가벼우며 기가 어둡고 피부색이 막힌 토형은 토의 성정과 품격을 얻지 못하여, 가난하지 않으면 신분이 낮은 하격에 속한다.

시에서 말하길, 토형은 생각이 깊고 단정하고 온후하며, 바른 자세로 앉아 있는 태산과 같아 마음속으로 꾀하는 것을 헤아리기 어려우며 신의가 두터운 사람이다.

또한 말하길, 등은 풍요로우며 두텁고 둥실둥실하며 황금색이다.

얼굴은 깊고 뼈는 무거우며 몸과 정신이 견고하여 태산과 같이 편안하며, 좋은 기운을 헤아릴 수 없을 만큼 넉넉한 부와 성실함을 겸하여 허튼 소리를 하지 않는다.

宏 클 굉

響 울림 향

五行總論 오행총론

人之本源 受精于水稟氣於火而爲人精 合而後神生 神生而後形全 是得
인지본원 수정우수품기어화이위인정 합이후신생 신생이후형전 시득
之金木水火土而成形也. 故五行中有得其一行眞者 不貴亦爲福相 五行
지금목수화토이성형야. 고오행중유득기일행진자 불귀역위복상 오행
一形得合其性者 不貴亦壽相也.
일형득합기성자 불귀역수상야.

靈臺秘論云 五行雖分肥瘦長短 亦必須要合五行中 靑黃赤白黑 之本源
영대비론운 오행수분비수장단 역필수요합오행중 청황적백흑 지본원
而辨精氣神之淸濁爲最要訣 故木色取靑 火色取紅 土色取黃 水色取黑
이변정기신지청탁위최요결 고목색취청 화색취홍 토색취황 수색취흑
金色取白 五般顔色各不相同 配合五行也
금색취백 오반안색각불상동 배합오행야.

神農經分定東南西北中失之位 五方各有定色
신농경분정동남서북중앙지위 오방각유정색

東方	甲己	木	靑
동방	갑을	목	청
南方	丙丁	火	赤
남방	병정	화	적
中央	戊己	土	黃
중앙	무기	토	황

西方	庚辛	金	白
서방	경신	금	백
北方	壬癸	水	黑
북방	임계	수	흑

사람의 본원은 수(水)의 정(精)의 기운을 받아, 화(火)에게 기(氣)를 불어 넣어 주어 정(精)이 있는 사람이 되므로, 합한 후에 신(神)이 생겨나고, 신이 생한 후에 형(形)이 갖추어지고, 이에 금(金), 목(木), 수(水), 화(火), 토(土)를 얻어 형(形)을 이루게 되는 것이다.

고로, 오행 가운데 한 가지를 얻어 진실로 갖춘 사람은 귀하지 않으면 복상이며, 오행 중 한 가지라도 얻어 합(合)한 사람은 귀하지 않으면 장수할 상이다.

신령스러운 비밀을 말하자면, 오행을 몸이 비대하고, 마르고, 길고, 짧은 것으로 비록 나누지만 역시, 꼭 필요한 것은 오행 가운데 합을 이루고 있는 것이다. 청, 황 적, 백, 흑의 본원은 정(精), 기(氣), 신(神)으로 나누고 청탁이 최고로 중요하다.

목(木)은 청색을 취하고, 화(火)는 홍색을 취하고, 토(土)는 황색을 취하고, 수(水)는 흑색을 취하고, 금(金)은 백색을 취하며 얼굴에 다섯 가지색이 돌며 서로 같지 않으면서 균형을 잡는 것이 오행이다.

사람을 오행으로 구분할 때는 신(神)을 모시는 사람인지, 농사를 짓는 사람인지, 글을 읽는 사람인지 나누고, 위치를 오행으로 구분 할때는 동, 남, 서 북, 중앙의 다섯 가지 방위를 정하고 각 색을 정한다.

東方	甲己	木	靑	(동방	갑을	목	청)
西方	庚辛	金	白	(서방	경신	금	백)
南方	丙丁	火	赤	(남방	병정	화	적)
北方	壬癸	水	黑	(북방	임계	수	흑)
中失	戊己	土	黃	(중앙	무기	토	황)

金形人 取方而白 金不嫌方 金宜帶土

금형인 취방이백 금불혐방 금의대토

금형인은 흰 피부와 모가 난 기운을 취하고, 금(金)은 모가 난 것을 싫어하지 않으며, 금형은 마땅히 토(土)의 기운을 띠어야 한다.

木形人 取秀而淸 木不嫌瘦 木宜帶水

목형인 취수이청 목불혐수 목의대수

목형인은 푸르고 빼어난 기운을 취하고, 목(木)은 야윈 것을 싫어하지 않으며, 목형은 마땅히 수(水)의 기운을 띠어야 한다.

水形人 取圓而黑 水不嫌肥 水宜帶金

수형인 취원이흑 수불혐비 수의대금

수형인은 둥글고 검은 기운을 취하여야 하고, 수(水)는 살진 것을 싫어하지 않으며, 수형은 마땅히 금(金)의 기운을 띠어야 한다.

火形人 取尖而赤 火不嫌尖 火宜帶木

화형인 취첨이적 화불혐첨 화의대목

화형인은 뾰족하고 붉은 기운을 취하고, 화(火)는 뾰족한 것을 싫어하지 않으며, 화형은 마땅히 목(木)의 기운을 띠어야 한다.

土形人 取黃而厚 土不嫌厚 土宜帶火

토형인 취황이후 토불혐후 토의대화

토형인은 두텁고 황색의 기운을 취하여야 하고, 토(土)는 두터운 것을 싫어하지 않으며, 토형은 마땅히 화(火)의 기운을 띠어야 한다.

相中雖論五行爲根本 然而奧妙之法 皆不脫首採眉目之淸秀 口鼻之端

상중수론오행위근본　연이오묘지법　개불탈수채미목지청수　구비지단

正精神之榮暢氣宇之廣大爲枝葉 庶可十不失一也.

정정신지영창기우지광대위지엽　서가십불실일야.

상(相)을 볼 때 비록 오행에 근본을 두지만, 오묘한 것이 자연의 법칙으로, 모두 머리에서 구분하며 벗어나지 않는다. 눈과 눈썹의 맑고 빼어나며, 입과 코는 반듯한 정신이 뻗어 나가는 가지와 잎과 같아, 기(氣)의 거대한 지붕이 된다. 많은 진리 중 한 가지라도 잊어버리면 안 된다.

金形方正色白潔 肉不盈兮骨不薄

금형방정색백결　육불영혜골불박

금형은 모가 난 듯 반듯하고 피부색은 희고 깨끗하며, 살은 찌지 않아야하고 뼈는 약해서는 안 된다.

木形瘦直骨節堅 色帶靑兮人卓肇

목형수직골절견　색대청혜인탁조

목형은 마른 듯 곧고 뼈마디는 튼튼하며, 피부색이 푸른빛을 띠면 높은 곳에서 힘쓸 사람이다.

水形圓厚重而黑 腹垂背簪眞氣魄

수형원후중이흑　복수배용진기백

수형은 둥글고 두터우며 무겁고 피부색은 검어야 하며, 배에 살이 없고 등은 솟아야 진정한 기백이 있는 사람이다.

火形豊銳赤焦燥 反露氣枯無常好

화형풍예적초조 반로기고무상호

화형은 풍요로우며 날카롭고 마르며 타는 듯한 적기와 드러난 기운이 마르지 않아야 좋다.

土形敦厚色黃之 臀背露兮性樂靜

토형돈후색황지 둔배로혜성락정

토형은 후덕하며 피부색은 황색으로서 엉덩이와 배는 튀어나오고 성품은 고요하고 낙천적이다.

주요
한자

稟 줄 품, 주다, 내려 주다   聳 솟을 용

瘦 파리할 수, 여위다, 마르다   銳 날카로울 예

盈 찰 영   焦 그을릴 초, 애태우다

肇 칠 조

五行形凶오행형흉

金形帶木 斷削方成 初主蹇滯 未主超群. 體形方長修直者 甲木內氣清
금형대목 단삭방성 초주건체 미주초군. 체형방장수직자 갑목내기청
色白方正者金也爲金形木質.
색백방정자금야위금형목질.

금(金)형이 목(木)의 기운을 띠면 자르고 깎아, 어느 쪽이든 성공할 수 있다.
처음은 보통 막히고 절지만 나중에는 뛰어난 인물이 된다.
체형은 모가 난 듯 단정하고 길고 곧게 뻗은 사람으로 갑목(甲木)의 푸른 기
운에 희고 모가 난 듯 반듯한 금형에 목성의 본질을 갖고 있다.

木形多金 一生剝落 父母早刑 妻子不成. 形體疲弱 而則薄乙木也. 氣薄
목형다금 일생박락 부모조형 처자불성. 형체피약 이칙박을목야. 기박
乙木也 氣薄色白者金也. 眇細之木 豈宜金來砍削.
을목야 기박색백자금야. 묘세지목 기의금래감삭.

목(木)형에 금(金)의 기운이 많은 사람은 일생을 깎이고 떨어지니, 부모와 일
찍 사별하고, 처와 자식을 두지 못한다. 체형은 병약하고 깎여 천박한 을목
(乙木)이다. 엷은 흰색의 기운은 금(金)이다.
가늘고 작은 나무가 어찌 베고 깎으러 오는 금(金)을 감당하겠는가.

水形遇土 忽破家財 疾苦連年 終身迍邅. 肉肥骨肥水也 氣色黃滯者土也
수형우토 홀파가재 질고연년 종신둔전. 육비골비수야 기색황체자토야
爲水形遇土剋害 不利也.
위수형우토극해 불리야.

수(水)형이 토(土)를 만나면 갑자기 가정과 재물이 깨어지고, 질병과 고생이 해마다 이어지며, 평생 몸에 머뭇거린다.

살이 찌고 뼈가 튼튼하면 수형이다. 체한 듯 황색기운의 토(土)를 만나면 수(水)를 극하여 해로우며 불리하다.

火形水性 兩不相竝 尅破妻兒 錢財無剩. 頭尖耳尖鼻尖耳露目露火形也.

화형수성 양불상병 극파처아 전재무잉. 두첨이첨비첨이로목로화형야.

肉肥氣靜而色黑者水也. 爲火形水相 兩不相容.

육비기정이색흑자수야. 위화형수상 양불상용.

화(火)형이 수(水)성을 띠면, 화(火), 수(水) 상은 서로 함께하지 못하므로 처와 자녀를 극하여 깨어지고, 돈과 재물 또한 남는 것이 없다. 머리는 좁고, 귀가 뾰족하고, 코는 날카롭고, 귀는 드러나고, 눈이 돌출되면 화(火)형 이고, 살찌고 정적인 기운에 피부색이 검으면 수(水)형이다. 화(火)형에 수(水)형 상(相)은 서로 어울리지 못한다.

주요
한자

蹇 절 건
剝 벗길 박
疫 염병 역
忽 소홀히 할 홀 ▸ 갑자기
遯 달아날 둔【원음(原音):돈】
迍 머뭇거릴 둔

邅 머뭇거릴 전
剩 남을 잉
竝 아우를 병 ▸ 함께하다.
彾 걷는 모양 령
仃 외로울 정
糜 죽 미

土形重木 作事不成 若不夭折 家道伶仃. 形體敦厚 骨重肉實土也. 鬚多
토형중목 작사불성 약불요절 가도영정. 형체돈후 골중육실토야. 수다

糜亂 木重也. 若木露而神昏 爲太歲氣也 不利.
미란 목중야. 약목로이신혼 위태세기야 불리.

토(土)형에 목(木) 기운이 많으면 하는 일마다 실패하고 만약, 요절하지 않
으면, 집에서 홀로 걸으며 고독하다. 두터운 몸에 뼈는 튼튼하고 살점 또한
탄탄한 것이 토(土)형이다. 승장에 수염이 많으면 죽 먹기도 어려우니 목(木)
기운이 많은 탓이라, 만약 목(木) 기운이 나타나고 정신이 혼미하면 그 해
(年)의 기운은 불리하다.

五行形吉_{오행형길}

金逢厚土 足實足珍 諸事營謀 遂意稱心.
금봉후토 족실족진 제사영모 수의칭심.

木水相資 富而且貴 文學英華 出塵之器.
목수상자 부이차귀 문학영화 출진지기.

水得金生 利名雙成 智圓行方 明達果毅.
수득금생 이명쌍성 지원행방 명달과의.

火局遇木 鳶肩騰上 三十爲卿 功名蓋世.
화국우목 연견등상 삼십위경 공명개세.

戊己丙丁 愈煖愈佳 得氣易發 其道生成
무기병정 유난유가 득기이발 기도생성

금(金)이 온후한 토(土)를 만나면 재물이 충족되고, 꾀하고 있는 모든 일을 마음먹은 대로 성취한다.

목(木)과 수(水)는 서로에게 밑천이 되어, 부가되고 또 귀가되며, 문학으로 뛰어나 빛을 발하며, 속세를 초월한 도량을 가지게 된다.

수(水)가 금(金)의 기운을 얻으면, 재물과 명예를 이루고, 원만한 행동과 지혜로 좋은 결과를 맺는다.

화(火)국이 목(木)을 만나면, 솔개처럼 어깨 높이 솟아, 30살에 벼슬에 올라 공을 세워 이름이 세상을 덮는다.

토(土)는 무(戊)기(己), 화(火)는 병(丙)정(丁)으로 점점 따뜻해지고 아름다워지며, 그 기운으로 발전할 수 있는 도(道)가 생겨난다.

故金形主方得五方之氣色不什 動止規模坐 久而端重也.

고금형주방득오방지기색불십 동지규모좌 구이단중야.

木形主長 得其五長氣色不什 精神不亂 動止溫柔 涉久而挺直也.

목형주장 득기오장기색불십 정신불난 동지온유 섭구이정직야.

水形主圓 得其五圓氣色不什 精神不亂 動止寬容 行久而條達也.

수형주원 득기오원기색불십 정신불난 동지관용 행구이조달야

火形主明 得其五露氣色不什 精神不亂 動止發揚 聰明而敏捷也.

화형주명 득기오로기색불십 정신불난 동지발양 총명이민첩야.

土形主重 而實得其五藏氣色不什 精神不亂 動止持重 臥久而安泰也.

토형주중 이실득기오장기색불십 정신불난 동지지중 와구이안태야.

是以五行之相 必要分五行之形 而辨五行之性 及其骨其肉而定也.

시이오행지상 필요분오행지형 이변오행지성 급기골기육이정야.

고로 금(金)형은 모가 난 듯 단정하다. 사람이 열 명이라면 열사람 모두 오방색(흑, 백, 적, 청, 황)이 다르지만, 금(金)형은 움직임, 멈춤, 앉은 자세가 오래 있어도 단정하고 무겁다.

목(木)형은 길고 빼어난 기운을 갖추고 있다. 사람이 열 명이라면 열사람모두 오장의 기색이 모두 다르지만, 목(木)형은 정신이 어지럽지 않고, 움직임과 멈춤이 따뜻하고 부드러우며, 아무리 오랫동안 다녀도 모습이 곧고 빼어나다.

수(水)형은 원만하고 지혜로운 기운을 갖추고 있다. 사람이 열 명이라면 오원의 기색이 열사람 모두 다르지만, 수(水)은 정신이 어지럽지 않고, 움직임과 멈춤이 너그러운 용모로, 오랫동안 걸어도 더 멀리 갈수 있다.

화형은 밝은 기운을 갖추고 있다. 사람이 열 명이라면 오색이 열 사람모두 다르지만, 정신이 혼란스럽지 않고, 움직이고 멈출 때 양의 기운을 발하며, 총명하고 민첩하다.

토형은 무겁고 탄탄한 기운을 갖추고, 오장 기색이 열 사람 모두 다르지만, 정신이 문란하지 않으며, 움직일 때와 멈춤 때 신중하여, 오랫동안 쉬어도 집안이 평안하다.

이것이 오행의 상(相)으로, 반드시 형(形)으로 구분하고, 성품으로 분별하며, 끝으로 골격과 살점으로 결정한다.

陳搏先生云 相法雖論 金木水火土 五行中自有各別分相生 與相剋之理
진박선생운 상법수론 금목수화토 오행중자유각별분상생 여상극지리
然就一行中 而更有分別 種種不同.
연취일행중 이갱유분별 종종부동.

진박 선생님께서 말씀하시길, 상법에서 비록 금(金), 목(木), 수(水), 화(火), 토(土)로 논하지만, 오행 중 스스로 나누어 서로 생(生)하고 서로 극(剋)하며, 오행 중 하나를 선택하기도 한다. 다시 말해 서로 나누고 구분하지만, 같은 오행끼리 합(合)하지 않는다.

且論金有丹爐煉足紫赤之金 亦有沙水冷寒之金 亦有燒煉於力火之薄金.
차른금유단로연족자적지금 역유사수냉한지금 역유소연어력화지박금.

말하자면, 붉은 쇠(金)도 화로에 충분히 달구어진 자적색의 쇠(金)도 있고, 물가의 모래 같은 차디찬 쇠(金)도 있으며, 불(火)에 달구어져 아직 불의 기운이 엷게 남은 쇠(金)도 있다.

且論木有蒼松翠柏之木 亦有千丈擎天棟梁之木 亦有盆景草花 與楊枝斜
차론목유창송취백지목 역유천장경천동량지목 역유분경초화 여양지사
曲浮朴之木.
곡부박지목.

또 말하자면 나무 중에도 푸른색 소나무가 있고, 비취색 측백나무도 있으며, 길이가 천장이나 되어 하늘도 들어 올리는 동량목도 있고, 화분에 밝게 피어나는 아름다운 꽃도 있으니, 더불어 버드나무 가지처럼 비뚤게 굽어 소박하게 떠있는 나무도 있다.

且論水有干巖萬壑流泉之水 亦有江海相聚相 交和靜廣大之水 亦有汗濁
차론수유간암만학류천지수 역유강해상취상 교화정광대지수 역유한탁
混雜浮泛淺狹之水.
혼잡부범천협지수.

덧붙여 물(水)에 대해 말하면, 바위를 방패삼아 골짜기에서 솟아 흐르는 샘물도 있고, 또 서로 모여 화합하면서 고요하고 넓은 물(水) (강, 바다)도 있으며, 또 더러운 찌꺼기들이 섞여 떠 있는 얕고 좁은 물(水)도 있다.

且論火有上下通明 無所不照之火 亦有鬱鬱不明草木將灰淹滯之火 亦有
차론화유상하통명 무소부조지화 역유울울불명초목장회엄체지화 역유
炎炎急燥暴 烈之火.
염염급조폭 열지화.

또 말하자면 불(火)은 아래 위가 환하게 밝으며, 비취지 않는 곳이 없어야하며, 무성한 초목을 태우고 재가 되면 막혀 밝히지 못하고, 또 마르고 급하여 사납게 쏟아지는 것이 불(火)이기도 하다.

且論土有萬年山水 永結一氣厚重之土 亦有沙石灰汚 不實之土 亦有水泛
차론토유만년산수 영결일기후중지토 역유사석회오 부실지토 역유수범
木浮 而不得氣之土.
목부 이부득기지토.

또 흙(土)에 대해서 말하자면, 산수가 오랫동안 두텁고 무거운 하나의 기운으로 맺어진 것이 흙(土)이다. 또한, 모래와 돌, 재와 오물로 이루어진 부실한 흙(土)이 있고, 범람하는 물에 떠다니는 나무 같은 흙(土)의 기운을 갖추지 못한 것도 있다.

🔍 주요 한자

塵 티끌 진 ▸ 속세, 세상
毅 굳셀 의
鳶 솔개 연
淹 담글 엄
卿 벼슬 경
煖 따뜻할 난
挺 뺄 정, 빼어나다.
爐 화로 로
煉 불릴 연, 쇠붙이를 불에 달구다.
燒 사를 소

灰 재 회, 태우다
翠 물총새 취 ▸ 비취색
盆 동이 분, 질그릇의 하나 ▸ 화분
聚 모일 취
狹 좁을 협
壑 골 학
鬱 막힐 울 ▸ 수풀이 무성하다, 우거지다
汚 더러울 오 ▸ 오물, 찌꺼기

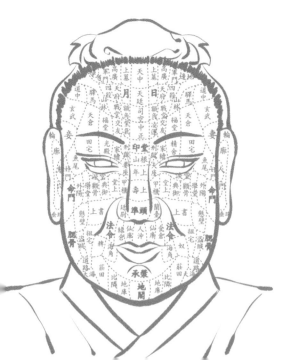

4장
耳目口鼻外
이 목 구 비

五星

天以五星垂象　地以五嶽定形　人以五官論貴　五星若有一星不明者　亦主
二十年滯運.

尤以火土兩星　更屬重要　夫面上五行　亦有生剋之論　火能生土　而萬物
俱屬土中所生　土能生金　金能生水　水能生木　木能生火　此乃相生之理也

火能剋金　金能剋木　木能剋土　土能剋水　水能剋火　此内相剋之理也.

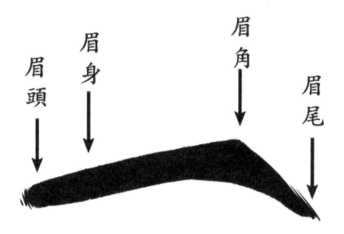

眉頭 眉身 眉角 眉尾

【눈썹 주요부위 명칭】

· 眉尾미미_ 눈썹꼬리   · 眉身미신_ 눈썹 몸

· 眉角미각_ 눈썹이 꺾이는 부분   · 眉頭미두_ 눈썹의 앞부분

4장 1부

遊龍尾 宜配 伏龍眼유용미 의배 복용안

유용미는 복용안과 짝을 이루는 것이 옳다.

大富大貴대부대귀
신분이 높고 부자의 눈

型狀 _ 眉堅淸秀寬而成角色潤黑 居額勢上.

형상　미견청수관이성각색윤흑　거액세상.

伏龍眼 型大有神瞳人更大 下陰驚紋隱隱而藏是也.

복용안　형대유신동인경대　하음즐문은은이장시야.

休咎 _ (甲) 此種眉主聰明精幹 勇敢果斷.

휴구　　　　차종미주총명정간　공감과단.

　　　　(乙) 配伏龍眼 再懸膽鼻者 大富貴 位至極品.

　　　　　　배복용안　재현담비자　대부귀　위지극품

　　　　(丙) 配三角眼者 中貴主奸毒.

　　　　　　배삼각안자　중귀주간독.

　　　　(丁) 配雜眼者 亦主小貴也.

　　　　　　배잡안자　역주소귀야.

형상

눈썹은 굳고 맑고 빼어나며 넓고, 각을 이루고 있으며 윤기 있는 검은색으로, 힘 있게 이마 위로 향하고 있다.

복룡안은 큰 눈동자에 투영된 사람의 형상이 크게 나타나며, 아래의 음즐문은 은은하게 감춰져 있다.

길흉

갑) 유룡미 종류의 눈썹을 가진 사람은 보통 총명하고, 자세가 바르며 용감하고 과단성이 있다.

을) 유용미가 복룡안와 짝을 이루고 또 현담비(코)를 가진 사람은 대부귀하며 신분이 지극히 높다.

병) 유용미에 삼각안인 사람은 중간의 신분으로 간사하고 악하다.

정) 유용미에 이외의 눈을 가진 사람도 역시 낮은 신분이 낮다.

주요 한자

陰騭紋음즐문 ▶ 눈 밑 살

懸膽鼻현담비 ▶ 쓸개를 매단 것처럼 끝이 뭉툭하고 두둑한 모양의 코.

貴 귀할 귀 쓸모, 가치 ▶ 신분

臥蠶眉 宜配 丹鳳眼 와잠미 의배 단봉안

와잠미는 단봉안과 짝을 이루는 것이 옳다.

主忠義過人大貴 주충의과인대귀

지극히 충성스럽고 존귀한 사람

型狀 _ 眉身微曲上豎 濃黑伏射天倉 形色五彩.

형상   미신미곡상수 농흑복사천창 형색오채.

丹鳳眼 型極長上下雙波尾上豎 魚尾亦長 黑白明分 眉與豎心眉 龍眉相似.

단봉안 형극장상하쌍파미상수 어미역장 흑백명분 미여수심미 용미상사.

眼與睡鳳眼 孔崔眼 鵲眼 瑞鳳眼 鷺鷥眼 均爲相似.

안여수봉안 공작안 작안 서봉안 로사안 균위상사.

休咎 _ (甲) 此種眉主忠義過人 若配丹鳳眼者智慧極高 心性剛直

휴구   차종미주충의과인 약배단봉안자지혜극고 심성강직

         文武雙全 大貴之相.

         문무쌍전 대귀지상.

      (乙) 配睡鳳眼者 富貴兼淫.

         배수봉안자 부귀겸음.

형상

눈썹의 모양은 약간의 굴곡이 있고 위로 세워져, 진한 흑색의 기운이 엎드려 천창을 향해 있으며, 형(形), 색(色)이 오채로 빛난다.
단봉안은 모양이 길고 눈 상, 하로 쌍꺼풀이 있으며, 눈 꼬리부분이 위로 살짝 서 있고, 어미 역시 길게 이어져 있으며 흑백이 분명하다.
눈썹은 마음이 드리워져 나타나는 것이 눈썹이며, 용미와 비슷하다.
단봉안은 수봉안과 더불어 공작안, 작안, 로사안과 비슷하게 생겼다.

길흉

갑) 와잠미 종류의 눈썹을 가진 사람은 충과 의로 이루어진 사람으로 만약, 단봉안을 함께 가진 사람이라면 뛰어난 지혜로 높은 지위에 오르고, 심성이 강직하여 문(文)과 무(武)를 함께 겸비한 대귀지상이다.
을) 와잠미에 수봉안을 가진 사람은 부귀하지만, 음란하기도 하다.

🔍 **주요 한자**

竪 세울 수, 서다 　　　　　　　鵲 까치 작
蠶 누에 잠 　　　　　　　　　鷺鷥로사 ▶ 백로과 해오라기
睡鳳眼수봉안 ▶ 졸릴 때 게슴츠레 뜬 눈

新月眉 宜配 雁眼 신월미 의배 안안

신월미는 기러기 눈과 짝을 이루는 것이 옳다.

富貴兼仁慈 부구견인자
부귀와 인자함을 함께 갖춘 눈

型狀 _ 眉如半月 居額形彩放光. 雁眼 睛似黑漆微帶黃 上下波紋一樣
형상　미여반월 거액형채방광. 안안 정사흑칠미대황 상하파문일양

長 內藏溫情外有神光是也. 眉與柳葉眉相似 眼與鳴鳳眼 瑞鳳眼 相似.
장 내장온정외유신광시야. 미여유엽미상사 안여명봉안 서봉안 상사.

休咎 _ (甲) 此種眉主兄弟衆多而和順 心性善慈 若配雁眼者 富貴雙全
휴구　　차종미주형제중다이화순 심성선자 약배안안자 부귀쌍전

三代有德終身少凶險之事 必遇有力貴人 妻賢子貴.
삼대유덕종신소흉험지사 필우유력귀인 처현자귀.

(乙) 若配其型惡之眼者 心性極惡 雖貴而不久 鼻再不端者 更
약배기형악지안자 심성극악 수귀이불구 비재부단자 경

爲招凶也.
위초흉야.

형상

눈썹은 반달과 같고, 형체는 빛나며 이마에 있다.

기러기 눈은 눈동자가 검은 칠을 한 것과 같으며, 약한 황기를 띠고 눈 상, 하에 한 개씩의 긴 눈꺼풀 있고, 밖으로는 눈동자는 빛나고 맑으며 안으로는 따뜻한 온정이 숨어있어야 한다.

신월미는 유엽미와 비슷하고, 안안은 명봉안과 더불어 서봉안과도 비슷하게 생겼다.

길흉

갑) 신월미 종류의 눈썹을 가지면 형제가 많고 온화하고 순하여 그 심성이 선하고 자애롭다. 만약, 기러기 눈과 짝을 이룬 사람이면 부와 귀를 같이 누리며 삼대까지 덕이 있어 평생토록 흉하고 험한 일이 없으며 반드시 힘이 있는 귀인을 만나고, 부인은 어질며 자식도 귀하게 된다.

을) 만약, 신월미에 눈모양이 못생긴 사람이라면 심성이 극악하여 비록 신분이 높다하나 오래가지 못하며, 더하여 코가 단정하지 못하면 거듭해서 재앙을 부른다.

주요 한자

雁 기러기 안

漆 옻 칠

放光방광 ▶ 부처님 몸에서 나오는 빛

鳴 울 명 ▶ 명성을 날리다.

瑞 상서 서 ▶ 길조

豎心眉 宜配 三角眼_{수심미 의배 삼각안}

수심미는 삼각안과 짝을 이루는 것이 옳다.

大貴心亦毒_{대귀심역독}
신분이 높으나 마음은 악하다

型狀 _ 眉尾上豎型狀似刀過目後秀.

형상　미미상수형상사도과목준수.

三角眼雙波藏內魚尾紋上豎 黑白分明是也. 眉與龍眉 臥蠶眉 尖刀眉相似.

삼각안쌍파장내어미문상수　흑백분명시야. 미여용미 와잠미 첨도미상사.

眼與狗眼相似.

안여구안상사.

休咎 - (甲) 此種眉主勇敢好勝 獨斷. 若配三角眼者大貴心亦奸險

휴구　　　차종미주용감호승 독단. 약배삼각안자대귀심역간험

定剋妻 少年得志 鼻好者中運大發 老平平.

정극처 소년득지 비호자중운대발 노평평.

(乙) 配其他凶型眼者多凶之相矣.

배기타흉형안자다흉지상의

형상

눈썹 꼬리는 위로 서있어 칼 모양과 비슷하게 생겼으며, 눈보다 길어 빼어나다. 삼각안은 눈 상, 하에 쌍꺼풀이 숨겨져 있으며 어미가 위로 향하고 있으며 흑백이 분명하다.

수심미는 용미와 더불어 와잠미, 첨도미와 비슷하게 생겼다.

삼각안은 개눈과 비슷하게 생겼다.

길흉

갑) 수심미 종류의 눈썹을 가지면 보통 용감하고 이기는 것을 좋아하며, 혼자만의 생각으로 모든 것을 결정한다.

만약, 삼각안을 가진 사람이 높은 신분을 가지면 역시 마음이 간사하고 위험한 사람으로 처를 극하고, 젊어서 뜻을 세운다.

코가 잘생긴 사람은 중년 운이 크게 발달하고 노년을 평탄하게 보내게 된다.

을) 수심미에 기타 흉(凶)하게 생긴 눈을 가진 사람은 재앙이 많은 상(相)이다.

주요
한자

豎 세울 수
臥 엎드릴 와

蠶 누에 잠
狗 개 구

弔喪眉 宜配 三角眼조상미 의배 삼각안

조상미는 삼각안과 짝을 이루는 것이 옳다.

貴而多奸귀이다간
신분은 높지만 매우 간교하다

型狀 _ 眉尾勢下 眉頭細而勢上 尾型散亂 短而不過眼角 三角眼者分二
형상　　미미세하 미두세이세상 미형산란 단이불과안각 삼각안자분이

論也.『甲』三角眼黑白分明神足型彩有威.
론야.『갑』삼각안흑백분명신족형채유위.

『乙』型三角眼 黑白不分 赤筋貫睛 魚尾紋勢下而多. 眉與婆婆眉相似.
『을』형삼각안 흑백불분 적근관정 어미문세하이다. 미여파파미상사.

休咎 _ (甲) 此種眉主自私對人無誠 桃花運重 若配「甲」型三角眼貴
휴구　　　　차종미주자사대인무성 도화운중 약배「갑」형삼각안귀

　　　　　而好毒 亦有忠義 配「乙」型三角眼者 亦主小貴 爲人狡
　　　　　이간독 역유충의 배「을」형삼각안자 역주소귀 위인교

　　　　　毒奸貪多淫之相 假仁假義.
　　　　　독간탐다음지상 가인가의.

　　　　(乙) 配其他眼者 此人多爲無能之類 宜做技術和商業.
　　　　　배기타안자 차인다위무능지류 의주기술화상업.

형상

눈썹 머리는 가늘고 위로 향하며, 눈썹 꼬리는 아래로 향하고 끝부분은 어지럽게 흩어져 있으며 짧아서 눈초리를 지나지 못한다.

삼각안 가진 사람을 둘로 나누면 「갑」삼각안은 흑백이 분명하고 눈빛이 충족되어 빛나 위엄이 있고, 「을」눈 모양만 삼각이지 흑백이 분명하지 못하고 붉은 실핏줄이 눈동자를 관통하고 아래로 이어져 어미에 주름이 많다. 눈썹은 파파미와 비슷하게 생겼다.

길흉

갑) 조상미 종류의 눈썹을 가진 사람은 개인적인 대인관계에서 성과가 없고 도화의 기운이 많다. 「갑」만약, 조상미에 삼각안을 가진 사람이라면 간교하고 악하나 충과 의가 있어 귀를 누리고, 「을」삼각안과 짝하는 사람이라면 교활하고 악하며 간사하고 매우 음탐하여 쓸모가 적고 어질지도 의롭지도 못하다.

을) 기타 눈도 조상미와 짝하는 사람은 무능한 사람에 속하므로 마땅히 기술을 익히거나 상업에 종사하여야 삶이 평온하다.

短箭眉 宜配 猿猴眼 단전미 의배 원후안

단전미는 원후안과 짝을 이루는 것이 옳다.

中貴而好淫 중귀이호음

중인의 신분은 갖으나 음란함 좋아한다.

型狀 _ 眉毛淡薄 根根見肉 型短而直 退印居額 五彩放光『五彩者』
형상   미모담박 근근견육 형단이직 퇴인거액 오채방광『오채자』

退印爲一彩 居額爲二彩 見肉爲三彩 緊直爲四彩 色潤爲五彩是也.
퇴인위일채 거액위이채 견육위삼채 긴직위사채 색윤위오채시야.

專指此種眉而論 他眉五彩另有別論也. 猿猴眼 圓而微黃 瞳正弔上
전지차종미이론 타미오채령유별론야. 원후안 원이미황 동정조상

上波層層 時爲仰視是也. 眉與短淸眉相似. 眼與猴眼相似.
상파층층 시위앙시시야. 미여단청미상사. 안여후안상사.

休咎 _ (甲) 此種眉主兄弟衆多 作事果斷 若配猿猴眼者 多慮而淸貴
휴구   차종미주형제중다 작사과단 약배원후안자 다려이청귀

性淫亦剋妻.
성음역극처.

(乙) 其他眼者 酌情而論也.
기타안자 작정이론야.

눈썹 털은 묽으면서 얇아 눈썹 뿌리마다 살점이 보이고, 생긴 모양은 짧고
곧으며 인당에서 멀리 떨어져 이마에 있고, 오채가 돌며 아름답다.
오채란 인당에서 떨어져 있는 것이 하나요. 이마에 있는 것이 둘이요.
눈썹 사이이로 살점이 보이는 것이 셋이요. 굳게 곧은 모양이 넷이요.
색이 윤기 있게 빛나는 것이 다섯이다.
여기서 오채란 오로지 단전미를 가리켜 말하는 것으로, 다른 눈썹의 오채
와는 다르게 구별하여 말한 것이다.
원후안은 둥글고 얇은 황기가 돌며, 바로 볼 때도 눈동자가 위에 있고 위
눈꺼풀이 층층이 겹쳐있으며 때때로 위를 쳐다본다.
눈썹은 단청미와 비슷하고, 눈은 후안과 닮았다.

갑) 단전미 종류의 눈썹은 보통 형제가 많고 일을 과단성 있게 처리한다. 만
약, 단전미에 원후안을 가졌으면 걱정 생각이 많고 맑으며 귀하나, 성품
이 음란하여 처를 극한다.
을) 단전미에 기타 눈을 가진 사람은 일을 할 때 정상을 참작하여 처리한다.

| Q 주요 한자 | 箭 화살 전 | 猴 원숭이 후 |
| | 猿 원숭이 원 | 另 헤어질 령, 따로 |

短淸眉 宜配 猴眼단청미 의배 후안

단청미는 후안과 짝을 이루는 것이 옳다.

大貴亦多疑대귀역다의
귀한 신분이지만 의심이 많다

型狀 _ 眉輕微曲成角 寬而短秀 氣色潤明. 猴眼圓而昻上 黃而有神

형상　미경미곡성각 관이단수 기색윤명. 후안원이앙상 황이유신

上有雙波 魚尾不重 眼深面瘦 眼眨頭低是也.

상유쌍파 어미부중 안심면수 안잡두저시야.

眉與短促眉短箭眉相似. 眼與猿猴眼 猫眼相似.

미여단촉미단전미상사. 안여원후안 묘안상사.

休咎 _ (甲) 此種眉主聰明能幹 做事果斷勇敢. 若配猴眼者大貴

휴구　　　차종미주총명능간 주사과단용감. 약배후안자대귀

　　　　但多勞碌 亦主思慮多 好菓食 性急燥 文武雙全之相.

　　　　단다노록 역주사려다 호과식 성급조 문무쌍전지상.

　　(乙) 配露殺眼者 萬事無成亦多凶險 鼻再曲者 定不善終矣.

　　　　배로살안자 만사무성역다흉험 비재곡자 정불선종의.

형상

눈썹은 가볍게 조금 굽어 각이 이루고, 넓고 짧게 빼어나며, 기색이 윤기가 있고 밝다.

후안(원숭이 눈)은 둥글고 위를 향하며, 황색 빛에 눈 위는 쌍꺼풀이 있고 어미 쪽은 쌍꺼풀이 약하다. 얼굴은 수척하고, 눈은 깊고 머리를 숙이며 눈을 깜작인다.

눈썹은 단촉미와 더불어 단전미와 비슷하게 생겼다.

눈은 원숭이 눈과 더불어 고양이 눈과 닮았다.

길흉

갑) 단청미 종류의 눈썹을 가진 사람은 주로 총명하여 일을 주관하는 능력이 뛰어나, 용감하고 과단성 있게 처리한다.

만약, 단청미에 후안을 가진 사람이라면 높은 신분을 갖는다.

단지, 힘들게 일하며 고민과 생각이 많고, 과일을 좋아하며 성품은 각박하고 급하지만, 문무를 겸비한 상이다.

을) 단청미에 눈에서 살기가 드러나는 사람은, 많은 일을 이룰 수 없으며 역시 흉험이 많고, 더하여 코가 굽어 있는 사람은 끝이 좋지 못하다.

주요 한자

瘦 파리할 수 ▶ 여위다, 수척하다.　　　猫 고양이 묘

眨 눈 깜작일 잡{자}　　　做 지을 주

獅子眉 宜配 獅子眼 사자미 의배 사자안

사자미는 사자눈과 짝을 이루는 것이 옳다.

富貴正直兼大壽 부귀정직겸대수

부귀와 정직을 겸하고 수명이 길다

型狀 _ 眉寬彎曲肥大 粗中帶濁 濁中見淸 型如伏獅之狀是也.

형상   미관만곡비대 조중대탁 탁중견청 형여복사지상시야.

獅子眼 大而有威 瞳人仰上 黑白分明 上波重重而秀 型狀勢上是也.

사자안 대이유위 동인앙상 흑백분명 상파중중이수 형상세상시야.

休咎 _ (甲) 此種屬 處人極爲溫和 亦當文武雙全 若配獅子眼 鵝眼者

휴구   차종미 처인극위온화 역당문무쌍전 약배사자안 아안자

　　　　　 大富大貴 體型帶肥者大壽之相也 乃忠直良將 必定刑剋骨肉

　　　　　 대부대귀 체형대비자대수지상야 내충직량장 필정형극골육

　　　 (乙) **配象眼龜眼者亦主富壽也. 眉與淸秀眉相似 眼與鶴眼**

　　　　　 배상안구안자역주부수야. 미여청수미상사 안여학안

　　　　　 鳴鳳眼 牛眼 鵝眼 相似.

　　　　　 명봉안 우안 아안 상사.

　　　 (丙) **女人生此眉者剋夫之相矣**

　　　　　 여인생차미자극부지상의.

형상

눈썹은 넓고 완만하게 굽어 있으며 크고 두꺼우며 거친 가운데 탁하고 탁한 가운데 맑게 보이며 사자가 누워 있는 것과 같은 형상이다.

사자안은 크고 위엄이 있게 보이며 눈동자에 비치는 사람의 형상이 위를 향하고 흑과 백이 분명하며 위 눈꺼풀이 아름답게 겹쳐져 위를 향하며 이어져 있는 형상이다.

길흉

갑) 사자미 종류의 눈썹을 가진 사람은 어디에 있으나 매우 온화하고 또한, 문무를 겸하여 당당하며 만약, 사자미에 사자안 이거나 아안(거위 눈)을 가진 사람이라면 대부 대귀하며 체형이 크고 비대하며 장수할 상이다. 이러한 상은 충직하고 참된 장수의 상으로 반드시 골육을 형극하게 된다.

을) 사자미에 코끼리 눈을 가지거나 거북이 눈을 가진 사람은 오랜 수명과 부를 누린다.

눈썹은 청수미와 비슷하게 생겼고, 눈은 학안과 더불어 명봉안 우안, 아안과 닮았다.

병) 여자가 이런 눈썹을 가졌다면 남편을 극(헶)하는 상이다.

주요한자

彎 굽을 만

鵝 거위 아

鳴 울 명, 부르다

劍眉 宜配 鶴眼검미 의배 학안

검미는 학안과 짝을 이루는 것이 옳다.

大富大貴대부대귀

신분이 높고 부자의 눈과 눈썹이다.

型狀 _ 眉長而直 寬而潘秀 居高於額 緊而不亂 尾微上豎 印堂平滿開潤.

형상　미장이직 관이청수 거고어액 긴이불란 미미상수 인당평만개윤.

鶴眼較圓而大 瞳人正有神 黑白分明 上數波紋隱隱淸秀是也.

학안교원이대 동인정유신 흑백분명 상수파문은은청수시야.

眉與一子眉相似. 眼與獅子眼 鳴鳳眼 牛眼相似.

미여일자미상사. 안여사자안 명봉안 우안상사.

休咎 _ (甲) 此種眉 主子孫衆多 極爲高壽 若配鶴眼者 大貴大富

휴구　　 차종미 주자손중다 극위고수 약배학안자 대귀대부

　　　 心寬體魁 文武雙全. 女人次之 反主刑剋.

　　　심관체괴 문무쌍전. 여인차지 반주형극

　　(乙) **配鳴鳳眼 雁眼 虎眼者 均主富貴.**

　　　배명봉안 안안 호안자 균주부귀.

형상

눈썹은 길고 곧게 뻗었으며, 넓고 맑게 빼어났으며, 이마 높이 있고, 얽혀있어도 어지럽지 않으며, 끝부분이 살짝 위로향하여 세워져있고, 인당은 꽉 차고 평평하며 윤기 있게 열려 있다.

학안과 비교해 둥글고 크며, 사람을 바라보는 눈동자가 바르고 눈빛이 있으며 흑백이 분명하고, 눈 위 주름이 은은하며 맑고 빼어났다.

눈썹은 일자 눈썹과 비슷하게 생겼으며, 눈은 사자안과 더불어 명봉안, 우안과도 비슷하게 생겼다

길흉

갑) 검미 종류의 눈썹을 가진 사람은 자손이 많고 지극히 수명이 길며 만약, 검미에 학안이면 대부 대귀하고, 만약, 마음이 넓고 무리의 수장의 몸을 가졌다면 문무를 겸하였다. 반대로 여자는 형벌을 받는다.

을) 검미에 명봉안, 안안, 호안을 가진 사람은 일반적으로 부와 귀를 누린다.

주요 한자

緊 굳게 얽을 긴, 감다, 얽혀있다.

竪 세울 수

魁 으뜸 괴 ▶ 수장, 우두머리

輕清眉 宜配 鸞眼 경청미 의배 란안

경청미는 난안과 짝을 이루는 것이 옳다.

富貴 부귀

부와 귀를 누릴 눈과 눈썹이다

型狀 _ 眉秀灣長 尾帶疎 濃中見輕 輕中帶濁 濁又有清是也.

형상   미수만장 미대소 농중견경 경중대탁 탁우유청시야.

鸞眼 微黃秀長藏神 上有雙波清秀 黑白分明.

난안 미황수장장신 상유쌍파청수 흑백분명.

眉與清秀眉 柳葉眉 新月眉相似. 眼與鳴鳳眼相似.

미여청수미 유엽미 신월미상사. 안여명봉안상사.

休咎 _ (甲) 此種眉 主遇貴人及善好朋友 貴至三品到五品.

휴구   차종미 주우귀인급선호붕우 귀지삼품도오품.

若配鸞眼者 大富兼貴亦得賢妻內助.

약배란안자 대부겸귀역득현처내조.

(乙) 也配型劣之眼者 眉運不發 四十四歲後較爲順利.

야배형렬지안자 미운불발 사십사세후교위순리.

형상

눈썹은 완만하게 길어 빼어나며, 끝 부분 터여 있고, 진한 가운데 가볍게 보이며, 가벼운 가운데 탁한 기운을 띠고 있어 탁하면서 또 맑게 보인다.

난안은 길게 빼어나며 눈빛(神)은 감춰져 있고, 엷은 황기를 띠고 있으며 눈위 쌍꺼풀은 맑으며 빼어나고 흑백이 분명하다.

눈썹은 청수미와 더불어 유엽미, 신월미와 비슷하게 생겼다.

눈은 명봉안과 닮았다.

길흉

갑) 경청미 종류의 눈썹은 보통 착하고 좋은 친구며, 귀인을 만나면 삼품에서 오품의 신분까지 오른다.

만약, 경청미에 란안을 가졌다면 대부에 귀를 겸하며 현명한 아내의 내조를 받게 된다.

을) 또, 난안에 비해 모자라는 눈으로 경청미와 짝한 사람은 눈썹운이 발달하지 못하고, 44세 이후에 비교적 순리적으로 흐르게 된다.

🔍 **주요 한자**

疏 트일 소 　　　　灣 물굽이 만

鸞眼난안 ▶ 수레바퀴에 달린 방울과 같이 생긴 눈

鸞 난새 난, 수레바퀴 방울 난

柳葉眉 宜配 鳴鳳眼 유엽미 의배 명봉안

유엽미는 명봉안과 짝을 이루는 것이 옳다.

忠信顯達慈善 충신현달자선

충과 신으로 선과 사랑으로 베풀면 이름이 세상에 알려짐

型狀 _ 眉堅灣秀而長伏射天倉 濃中帶淸亦有輕而居額.

형상　　미 견만수이장복사천창　농중대청역유경이거액.

鳴鳳眼 上有重波 眼尾上豎 瞳人昂上黑白分明 視者睜睜不露神是也.

명봉안　상유중파　안미상수　동인앙상흑백분명　시자정정불로신시야.

眉與經淸眉 新月眉 淸秀眉相似. 眼與獅眼 鸞眼 相似.

미여경청미　신월미　청수미상사.　안여사안　란안　상사

休咎 _ (甲) 此種眉 主交友忠義 心善心慈 聰明好學 子息見遲 男女均

휴구　　　　차종미 주교우충의　심선심자　총명호학　자식견지　남녀균

主多情而貪淫 若配鳴鳳眼者 貴而顯達.

주다정이탐음　약배명봉안자　귀이현달

(乙) 配猪眼及魚眼等交眉運反主大凶也.

배저안급어안등교미운반주대흉야.

형상

눈썹은 단단하고 완만하게 빼어나며 길게 눈을 덮고 천창을 향한다.

진한 가운데 맑은 기운이 흐르고 가벼우며 이마에 있다.

명봉안은 눈 위의 눈꺼풀이 선명하게 있으며, 눈의 끝 부분은 위로 향하고, 눈동자에 비친 사람의 형상이 위로 투영되고, 흑백이 분명하며, 보는 사람의 눈빛이 드러나지 않는다.

눈썹은 경청미와 더불어 신월미, 청수미와 비슷하게 생겼다.

눈은 사자안과 더불어 란안과 닮았다.

길흉

갑) 유엽미 종류의 눈썹을 가진 사람은 주로 충과 의가 있는 친구를 사귀며, 마음은 착하고 자애로우며 학문을 좋아하고 총명하다. 자식을 늦게 얻으며, 남녀 똑같이 다정하나 음란함을 즐긴다.

만약, 명봉안에 유엽미를 한사람이라면 지위과 이름을 세상에 떨치고 귀한 신분이 된다.

을) 유엽미가 저안(돼지 눈), 어안물(고기 눈)등이 어울리면 운이 반대로 작용하여 큰 재앙이 된다.

🔍 **주요 한자**

昂 오를 앙 　　　　　　 遲 늦을 지

睛 싫어하는 눈빛 정 　　 猪 돼지 저

臥龍眉 宜配 遊龍眼 와룡미 의배 유룡안

와룡미는 유룡안과 짝을 이루는 것이 옳다.

大貴文武雙全 대귀문무쌍전

대귀하며 문무를 겸하였다.

型狀 _ 爲秀灣長 毫稀根根見肉 眉尾上豎伏射天倉 居額色彩.

형상　미수만장 호희근근견육 미미상수복사천창 거액색채.

遊龍眼 上下單波 眼大有神如電 瞳人昻上 黑白分明 魚尾勢上 有尾是也.

유용안 상하단파 안대유신여전 동인앙상 흑백분명 어미세상 유위시야.

眉與豎心眉 遊龍眉 臥蠶眉相似. 眼與伏龍眼 牛眼 鳴鳳眼 相似.

미여수심미 유용미 와잠미상사. 안여복용안 우안 명봉안 상사.

休咎 _ (甲) 此種眉 主兄弟衆多 或只一位 若配遊龍眼者 此人文武雙

휴구　　차종미 주형제중다 혹지일위 약배유용안자 차인문무쌍

全 極爲富貴 五代榮昌.

전 극위부귀 오대영창

(乙) 配其他眼者主中貴 女人有此眉不利 有此眼者貴而剋夫之 相也.

배기타안자주중귀 여인유차미불리 유차안자귀이극부지 상야.

눈썹은 길고 완만하게 잘생겼으며, 눈썹 털이 사이사이에 살점이 보이고, 눈썹의 끝 부분이 위로 세워져 천창을 향하여 엎드려 있으며, 아름다운 색을 띠며 이마에 있다.

유룡안은 눈 아래 위에 쌍꺼풀이 없으며, 눈은 크고 눈빛은 번개와 같이 밝으며, 눈동자에 비치어 나타난 사람의 상이 위를 향하고, 흑백이 분명하며, 어미가 위를 향하고 있어 위엄이 있다.

눈썹은 수심미와 더불어 유룡미, 와잠미와 비슷하게 생겼다.

눈은 복룡안과 더불어 우안, 명봉안과 닮았다.

갑) 와룡미 종류의 눈썹을 한쪽만 갖고 있어도 형제가 많다. 만약, 와룡미에 유룡안을 가졌다면 문무를 겸한 사람으로서 지극한 부귀를 누리고, 자손 오대까지 번창한다.

을) 와룡미에 기타 눈과 짝하는 사람은 중간 신분은 갖지만, 여자에게는 이롭지 못한 눈썹이다. 이러한 눈을 가진 사람은 귀하나 남편을 극(尅)하는 상이다.

威 위엄 위, 두려워하다.

蠶 누에 잠

銀河眉 喜配 天鵝眼은하미 희배 천아안

은하미는 천아안과 짝을 이루는 것을 기뻐한다.

主富貴性溫好淫剋妻刑子주부귀성온호음극처형자

부귀하고 성품은 따뜻하나 음란함을 좋아하고 처를 극하며 자식을 해함

型狀 _ 眉寬成角神彩 濃中見輕 輕中帶濃.

형상   미관성각신채 농중견경 경중대농.

天鵝眼 上波微重 下見蔭鷲 魚尾紋多而勢上 睛黃睜是也.

천아안 상파미중 하견음즐 어미문다이세상 정황정시야.

眉與武明眉 北斗眉 鬪心眉 大短促眉相似. 眼與猫眼 鶴眼 獅子眼相似.

미여무명미 북두미 투심미 대단촉미상사. 안여묘안 학안 사자안상사.

休咎 _ (甲) 此種眉 處人援和 性溫自重 人緣極好常帶桃花.

휴구   차종미 처인원화 성온자중 인연극호상대도화.

　　　　　若配天鵝 眼主富貴貪淫.

　　　　　약배천아 안주부귀탐음.

　　　　　剋妻刑子 下見蔭鷲紋者 逢凶化吉 亦多奔波勞碌.

　　　　　극처형자 하견음즐문자 봉흉화길 역다분파노록.

　　　(乙) 女人有此眉或此眼者必然剋夫極爲好淫.

　　　　　여인유차미혹차안자필연극부극위호음.

형상

눈썹은 넓은 각을 이루며 빛과 색이 있으며, 색은 짙은 가운데 가볍고, 가벼운 가운데 짙게 보인다.

천아안은 눈 위에 가는 주름들이 겹쳐져 있고, 눈 아래에는 음즐문있으며, 어미에 주름이 많으며 꼬리는 위를 향하고, 눈을 크게 뜨면 눈동자에 황기가 보인다.

눈썹은 무명미와 더불어 북두미, 투심미, 대단촉미와 비슷하게 생겼다.

눈은 묘안과 더불어 학안, 사자안과 닮았다.

길흉

갑) 은하미 종류의 눈썹은 어느 곳에 있든지 도와주고 화합하는 사람이며 성품이 따뜻하고 스스로 자제하며, 인연을 지극히 좋아하여 항시 도화를 띠고 있다.

만약, 천아안이 은하안과 짝을 이루면 부귀 하지만 색정을 탐한다.

처를 극하고 자식을 형하나, 눈 밑에 음즐문이 있는 사람은 흉을 만나도 길로 변한다, 그러나 역시 바쁘고 노고가 심하다.

을) 여자가 이러한 눈썹 혹 눈을 가진 사람은 반드시 남편을 극(헨)하고 색정을 좋아하며 음란하다.

주요 한자

鵝 거위 아
援 당길 원
猫 고양이 묘

睛 눈동자 정
蔭騭紋음즐문 ▶ 눈 밑 살

川山眉 宜配 虎眼 천산미 의배 호안

천산미는 호안과 짝을 이루는 것이 옳다.

忠勇武蔣大貴 충용무장대귀

충의롭고 용감하여 장수로 큰 벼슬을 한다.

型狀 _ 眉毛堅緊尾尖型直光彩有威是也.

형상　　미모견긴미첨형직광채유위시야.

虎眼 挺視上下波紋藏內 眼黃金沙色 魚尾多而竪上有神有威 微微勢上.

호안　정시상하파문장내　안황금사색　어미다이수상유신유위　미미세상.

眉與一字眉尖刀眉相似. 眼與狼目相似.

미여일자미첨도미상사. 안여랑목상사.

休咎 _ (甲) 此種眉 多爲武職心性聰明 做事勇敢果斷 心猾亦有

휴구　　　　차종미　다위무직심성총명　주사용감과단　심활역유

　　　　　若配虎眼 鸞眼主大富貴 亦必剋妻.

　　　　　약배호안　란안주대부귀　역필극처

　　　(乙) 配夜明眼主毒中富貴. 智慧超群. 此種眉俗人不利.

　　　　　배야명안주독중부귀. 지혜초군. 차종미속인불리.

형상

눈썹 털은 단단하게 얽히고 꼬리 부분은 뾰족하며 일직선형으로 광채가 나고 위엄이 있게 보인다.

호안은 눈꺼풀이 눈 위, 아래 안쪽으로 숨겨져 특별하게 보이며, 눈은 황금 모래색이고, 어미는 위를 향하며 눈빛은 위엄 있게 보인다.

눈썹은 일자 눈썹과 더불어 도미와 비슷하게 생겼다.

눈은 낭안과 닮았다.

길흉

갑) 천산미 종류의 눈썹은 무관이 많으며 심성이 총명하고, 용감하며 과단성 있게 일을 실행하나 교활함도 함께 갖고 있다.

만약, 천산미가 호안이나 란안과 짝을 한다면 대 부귀는 누리나 역시, 처를 극(剋)한다.

을) 천산미가 야명안과 짝한다면 중간 부귀는 누리지만 악하다.

지혜로워 여러 사람 가운데 뛰어나지만, 평범한 사람이 이런 눈썹을 가지면 이롭지 못하다.

🔍 주요 한자

緊 굳게 얽을 긴

狼 이리 랑

猾 교활할 활

俗人속인 ▶ 평범한 사람

北斗眉 宜配 象眼 북두미 의배 상안

북두미는 코끼리 눈과 짝을 이루는 것이 옳다.

北斗眉 宜配 象眼 대부귀이장수의문

큰 부귀를 누리고 장수하며 문장으로 이름을 떨친다.

型狀 _ 眉頭微曲 寬而長 豪毛垂下 色黑有光 極爲精彩.

형상　미두미곡 관이장 호모수하 색흑유광 극위정채.

象眼長而小黑白分明 瞳人勢下 魚尾豎上 波紋上下重重而長 神守內藏

상안장이소흑백분명 동인세하 어미수상 파문상하중중이장 신수내장

是也. 眉與鬪心眉 武明眉相似. 眼與鵲眼 睡鳳眼相似.

시야. 미여투심미 무명미상사. 안여작안 수봉안상사.

·

休咎 _ (甲) 此種眉極爲長壽 亦是好淫 文學出衆.

휴구　　차종미극위장수 역시호음 문학출중.

　　　若配象眼者 福綠壽俱全 性多慈善也.

　　　약배상안자 복록수구전 성다자선야.

형상

눈썹 머리 부분은 약간 구부러지고 넓고 길며, 가는 털은 아래로 드리워졌으며, 색은 검고 빛나며, 매우 세밀하고 아름다운 색채다.

상안(코끼리 눈)은 길면서도 작은 눈으로 흑백이 분명하고, 눈동자에 비치어 나타난 사람의 상이 아래로 보이며, 어미는 위를 향하고 상, 하 눈꺼풀이 길게 겹쳐져 있으며, 눈빛은 안으로 숨겨져 있다.

눈썹은 투심미와 더불어 무명미와 비슷하게 생겼다.

눈은 작안과 더불어 수봉안과 닮았다.

길흉

갑) 북두미 종류의 눈썹은 수명이 길어 지극히 오래 살며, 역시 색정을 좋아하고 문학에 뛰어나다.

만약, 상안과 북두미와 짝한 사람은 복록과 수명을 갖추고, 성품은 매우 자상하며 지혜롭고 선하다.

象 코끼리 상

藏 감출 장

睡 잘 수

短促眉 宜配 水牛眼^{단촉미 의배 수우안}

단촉미는 소 눈과 짝을 이루는 것이 옳다.

大富中上貴^{대부중상귀}

큰 부자로 높은 신분을 갖는다.

型狀 _ 眉短淸秀 濃寬居高 尾微散.

형상   미단청수 농관거고 미미산.

水牛眼大而有溫神 睛大而不露 黑白分明 上下波長 魚尾勢上 是也.

수우안대이유온신 정대이불로 흑백분명 상하파장 어미세상 시야.

眉與羅漢眉 相似. 眼與獅眼 鶴眼 鳴鳳眼相似.

미여나한미 상사. 안여사안 학안 명봉안상사.

休咎 _ (甲) 此種眉 主忠實勇敢 重義多情 長壽.

휴구   차종미 주충실용감 중의다정 장수.

　　　　若配水牛眼者 大富中上貴 子孫滿堂.

　　　　약배수우안자 대부중상귀 자손만당

　　(乙) 配鷺鵝眼等不貧卽夭.

　　　　배로아안등불빈즉요.

형상

눈썹은 짧으면서 맑고 빼어나며, 진하고 넓게 높이 있으며, 끝 부분이 약간 흩어져 있다.

물소의 눈(수우 안)은 크며 눈빛이 따뜻하고, 눈동자는 크지만 튀어 나오면 안 되고, 흑백이 분명하며, 상, 하 눈꺼풀이 길고, 어미의 기세가 위로 향하여 있다.

눈썹은 나한미와 비슷하게 생겼다.

눈은 사안 더불어 학안, 명봉안과 닮았다.

길흉

갑) 단촉미 종류의 눈썹은 주로 용감하고 충실하며, 다정하고 의가 두터우며 장수한다.

만약, 단촉미에 수우안과 짝하는 사람은 큰 부자로 중상 급의 신분을 갖고 자손이 집안에 가득하다.

을) 만약, 단촉미가 백로, 거위 눈과 짝하는 사람은 가난하지 않으면 일찍 사망한다.

주요 한자

睛 눈동자 정

鷺 해오라기 로 ▶ 백로

鵝 거위 아

鬪心眉 宜配 陰陽眼투심미 의배 음양안

투심미는 음양안과 짝을 이루는 것이 옳다.

富貴兼壽心性奸狡복귀겸수심성간교

부귀하고 수명은 길지만 심성이 간교하다.

型狀 _ 眉濃粗大而長 色黑微亂. 陰陽眼 雙目瞳人有一向左視 有一向
형상   미농조대이장 색흑미란. 음양안 쌍목동인유일향좌시 유일향

右視 眼較大而長 上下波紋亦長是也.
우시 안교대이장 상하파문역장시야.

眉與掃帚眉 短促眉 北斗眉 銀河眉相似. 眼與瑞鳳眼 孔雀眼相似.
미여소추미 단촉미 북두미 은하미상사. 안여서봉안 공작안상사.

休咎 _ (甲) 此種眉 主性急性躁 亦主多情重義. 若配陰陽眼及三濃合
휴구   차종미 주성급성조 역주다정중의. 약배음양안급삼농합

局者『三濃』者乃眉濃濱濃鬚濃是也. 主富貴兼淫亦主孤.
국자『삼농』자내미농빈농수농시야. 주부귀겸음역주고.

(乙) 配也明眼 密縫眼 大不宜也 貧苦之相.
배야명안 밀봉안 대불의야 빈고지상.

형상

눈썹은 진하고 거칠며 크고 길며, 색은 검고 약간 흩어져 있다.

음양안은 두 눈동자가 사람을 볼 때 하나는 좌측으로 쏠리고 다른 하나는 우측으로 쏠리며, 비교적 눈이 크고 길며, 눈의 상, 하 눈꺼풀도 역시 길다.

눈썹은 소추미와 더불어, 단촉미, 북두미, 은하미와 비슷 생겼다.

눈은 서봉안 더불어 공작안과 닮았다.

길흉

갑) 투심미 종류의 눈썹은 성품이 조급하나 역시, 다정하고 의를 중시한다. 만약, 음양안과 짝하고 3가가 짙은(머리, 눈썹, 수염) 사람은 부귀는 누리지만, 겸하여 음란하고 역시 고독하다.

을) 투심미가 명안이나 밀봉안과 짝하면 크게 옳지 못하니 가난하고 고생이 막심하다.

🔍 **주요한자**

鬪 싸움 투

躁 성급할 조

濱 물가 빈 ▶ 끝 부분, 가장자리

春心眉 宜配 桃花眼<small>춘심미 의배 도화안</small>

춘심미는 도화안과 짝을 이루는 것이 옳다.

聰明極淫<small>총명극음</small>

총명하나 지극히 음란하다.

型狀 _ 眉細勢下 居上不散 長而過目.

형상   미세세하 거상불산 장이과목.

桃花眼 長而身弓睛弔上斜視 筋赤水多 喜笑眉開是也.

도화안 장이신궁정조상사시 근적수다 희소미개시야.

眉與弔喪眉 婆婆眉 相似. 眼與鷓鴣眼 相似.

미여조상미 파파미 상사. 안여자고안 상사.

休咎 _ (甲) 此種眉 主聰明虛僞 膽小貪色. 若配桃花眼者 常招女人相

휴구   갑 차종미 주총명허위 담소탐색. 약배도화안자 상초여인상

　　　　　愛 極爲貪淫 亦主技術藝術 小貴中富之相他.

　　　　　애 극위탐음 역주기술예술 소귀중부지상야.

　　　　(乙) 配露殺眼者招凶 一無所成之相.

　　　　　배로살안자초흉 일무소성지상

형상

눈썹은 가늘고 아래로 향하고, 이마 가운데 위치하고 흩어지지 않으며, 눈보다 길게 지난다.

도화안은 길고 몸통 부분이 활처럼 휘어지고, 눈동자가 안부를 묻듯이 위를 향하며 곁눈질 하여 보이고, 붉은 핏줄이 많으며, 즐거워하는 웃음은 눈썹에서 시작한다.

눈썹은 조상미와 더불어 파파미와 비슷하게 생겼다.

눈은 자고안과 닮았다.

길흉

갑) 춘심미 종류의 눈썹은 보통 총명함이 없고, 담이 작고 색을 탐한다. 만약, 춘심미가 도화안과 짝하는 사람은 항상 여자를 불러들여 사랑하며 지극히 음란하며, 기술이나 예술을 익히면 낮은 신분으로 중간의 부는 누리고 산다.

을) 로사안에 춘심미인 사람은 흉을 불러들이니, 한 가지도 이룰 수가 없는 상이다.

🔍 **주요한자**

婆 할미 파   鴣 자고 고

鷓 자고 자

鷓鴣자고 ▶ 꿩과에 딸린 메추라기와 비슷한 새

武明眉 宜配 鶴形眼무명미 의배 관형안

무명미는 황새모양의 눈과 짝을 이루는 것이 옳다.

富貴亦主文武雙全부귀역주문무쌍전
문무를 함께 갖추 있으니 부귀를 누린다.

型狀 _ 眉極爲淸秀 彎長有角 根根見肉 居額過目 不散不亂 眉伏五彩.

형상   미극위청수 만장유각 근근견육 거액과목 불산불난 미북오채.

鶴形眼 型如仰月 上下波長而秀 黑白分明 見之可喜 久視可愛 瞳人居

관형안 형여앙월 상하파장이수 흑백분명 견지가희 구시가애 동인거

下有神『微微弔下』是也. 眉與北斗眉相似 眼與鵲眼蟹眼相似.

하유신   미미조하   시야. 미여북두미상사 안여작안해안상사.

休咎 _ (甲) 此種眉 兄弟六七均爲富貴 主得美賢之妻 亦生貴子 聰明

휴구   차종미 형제육칠균위부귀 주독미현지처 역생귀자 총명

能幹 富貴之相也. 若配鶴形眼者 文武雙全 非常富貴.

능간 부귀지상야. 약배관형안자 문무쌍전 비상부귀

(乙) 配劣型眼者 眉運不發 註射於鼻運及口運也.

배열형안자 미운불발 주사어비운급구운야.

형상

눈썹은 매우 맑고 빼어나며 완만하게 각을 이루며 길고, 털뿌리 마다 살점이 보이며, 눈을 지나 이마에 있고, 흐트러지지도, 어지럽지도 않고, 눈을 덮은 눈썹은 오채로 빛난다.

관형안은 달을 우러러 보는 것과 같은 모양으로 눈꺼풀 위와 아래가 길고 빼어나며, 흑백이 분명하고, 즐거워 보이며, 오랫동안 보아도 사랑스럽고, 눈동자에 투영된 사람의 형상이 아래로 나타나며 빛이 난다.(가볍게 고개를 아래로 숙여 안부를 묻는 듯하다)

눈썹은 북두미와 비슷하게 생겼다.

눈은 작안과 더불어 해안과 닮았다.

길흉

갑) 무명미 종류의 눈썹은 형제 6, 7명이 고르게 부귀하고 아름다운 현처를 얻으며 역시, 귀한 자식을 두며 총명하고 뛰어나 능력 있는 부귀의 상이다.

만약, 무명미가 황새 모양의 눈과 짝한 사람은 문무를 갖추어 평범하지 않은 부귀를 누린다.

을) 만약, 무명미가 수준에 맞지 않은 눈을 가졌다면, 눈썹 운이 발달하지 못하므로, 코에서 시작하는 운이 입까지 미쳐야 한다.

新縮眉 宜配 鷺鷥眼<small>신축미 의배 로자안</small>

신축미는 로자안과 짝을 이루는 것이 옳다.

孤貧奸猾<small>고빈간활</small>

외롭고 가난하며 간교하고 교활하다.

型狀 _ 眉短而不收 頭尾同寬微見彎曲 毛毫或濃或淡 猶如由長 而縮之

형상　미단이불수 두미동관미견만곡 모호혹농혹담 유여유장 이축지

狀是也. 鷺鷥眼 上有兩波極長 下無蔭鷟紋 眼小細長微黃 瞳人弔上.

상시야. 로자안 상유양파극장 하무음즐문 안소세장미황 동인조상.

眉與短促眉 短箭眉 短淸眉 相似. 眼如鵲眼 孔雀眼相似.

미여단촉미 단전미 단청미 상사. 안여작안 공작안상사.

休咎 _ (甲) 此種眉 易犯官府 兄弟雖一二亦全無靠 孤苦貧而多奸.

휴구　차증미 이범관부 형제수일이역전무고 고고빈이다간.

　　　若配鷺鷥眼者 四十後始較富.

　　　약배로자안자 사십후시교부.

　　(乙) 配露殺眼者 短壽凶死之相也.

　　　배로살안자 단수흉사지상야.

형상

눈썹이 짧으며 정리되지 못하고, 눈썹 머리와 끝 부분의 넓이가 같고 약간 완만하게 굽어보이며, 가는 털이 진하거나 혹, 연하기도 하며, 길 것 같은데 오히려 오그라든 상이다.

로자안은 눈 위의 쌍꺼풀이 길며, 아래는 음즐문이 없으며 눈은 작고 가늘며 길고 엷은 황색으로 눈동자에 투영된 사람의 형상이 안부를 묻듯 위로 향하고 있다.

눈썹은 단촉미와 더불어 단전미, 단청미와 비슷 생겼다.

눈은 작안, 공작안과 닮았다.

길흉

갑) 신축미 종류의 눈썹은 쉽게 법을 어기고, 형제가 한두 명 있다고 하나 역시 기댈 곳이 없어 외롭고, 가난하며 매우 간사하다. 만약, 신축미에 로자안을 가진 사람이라면 40세 후에 비교적 넉넉해진다.

을) 신축미에 로살안(살기가 드러나는 눈)을 가진 사람이라면 목숨이 짧고 흉하게 죽을 상이다.

🔍 **주요 한자**

縮 줄일 축 ▶ 오그라 들다　　　鵲 까치 작

鷺 해오라기 로　　　　　　　　箭 화살 전

鷀 가마우지 자　　　　　　　　蔭騭紋음즐문 ▶ 눈 밑 살

五毒眉 嘆配 蛇眼오독미 탄배 사안

오독미가 사안과 짝을 하면 탄식하게 된다.

極毒陰奸凶死극독음간흉사

지극히 독하고 음험하고 간교하여 흉하게 죽는다.

型狀 _ 眉短頭尖尾散 毛硬或濃或輕 眉尾豎上 印堂現直紋 蛇眼分兩種

형상　미단두첨미산　모경혹농혹경　미미수상　인당현직문　사안분량종

(甲) 種眼深光赤如火 赤筋赤沙 睛小而黃 眼小神急 魚尾紋多而長 視

　갑　종안심광적여화　적근적사　정소이황　안소신급　어미문다이장　시

物似怒 久看帶凶 上下單波是也.

물사노　구간대흉　상하단파시야.

(乙) 種眼小靑瘇水多筋赤 瞳人帶露 上下雙波 魚尾少紋是也.

　을　종안소청종수다근적　동인대로　상하쌍파　어미소문시야.

眉與尖刀眉輕斷眉 相似. 眼與夜明眼相似.

미여첨도미경단미　상사.　안여야명안상사.

休咎 _ (甲) 此種眉 好勇心性狼狼 作事獨斷無情. 若配『甲』種蛇

휴구　　　　차종미 호용심성낭랑　작사독단무정. 약배『갑』종사

眼亦主小賣『乙』種蛇眼雖貴 均爲極 毒更不善終.

안역주소귀『을』종사안수귀　균위극　독경불선종.

눈썹은 짧고 눈썹 머리 부분은 뾰족하며 끝 부분은 흩어져 있고, 눈썹 털이 억세거나 혹, 진하거나 혹, 가벼우며, 눈썹 끝 부분은 위를 향하고 있으며, 인당에는 일직선 주름이 있다.

사안은 두 종류로 나누어 보면 된다.

갑) 눈이 깊으면서 불같은 적색 빛으로 붉은 핏줄이나 붉은 모래알과 같은 것이 있고, 눈동자는 작으면서 황색이고, 눈빛은 급하게 쏘는 듯하며, 어미에 주름이 많고 길며, 사물을 바라보는 눈은 화가 난 것 같다. 오랫동안 보고 있으면 뱀처럼 흉하며 상하의 눈꺼풀은 하나씩이다.

을) 눈은 작고 푸른 물집과 같은 종기와 붉은 핏줄이 많으며, 사람을 보는 눈동자가 노출되고 눈 상, 하에 쌍꺼풀이 있으며 어미에 잔주름이 있다. 눈썹은 첨도미와 더불어 경단미 비슷하게 생겼다. 눈은 야명안과 닮았다.

갑) 오독미 종류의 눈썹은 용감한 것을 좋아하는 심성으로 이리와 같이 사납고 매사를 혼자서 처리하며 무정하다.

만약, 오독미가 **갑)**뱀 눈과 짝을 한다면 역시, 소귀는 하고, **을)** 뱀 눈과 함께 하면 비록 귀 하지만, 매우 독하여 끝이 좋지 못하다.

🔍 **주요 한자**

蛇 뱀 사　　　　　　　　　狼 이리 랑

瘇 다리수종 종　　　　　　更 고칠 경, 다시 갱

六害眉 怕配 羊眼육해미 파배 양안

육해미는 양안과 짝을 이루는 것을 두려워한다.

凶險剋破貧夭흉험극파빈요
마음이 음흉하여 이기려 깨부수니 가난하고 요절한다.

型狀 _ 眉大害者 乃六件大害是也.

형상　미육해자 내육건대해시야.

(一) 黃薄 (二) 散亂 (三) 鎖印 (四) 壓目 (五) 逆毛 (六) 缺落是也.

일 황박 이 산란 삼 쇄인 사 압목 오 역모 육 결락시야.

羊眼 睛綠而黃 瞳人帶有車輪之狀 眼內混雜 上有雙破下無陰騭 魚尾紋

양안 정록이황 동인대유차륜지상 안내혼잡 상유쌍파하무음즐 어미문

多而亂. 眉與黃薄眉傷神眉 相似. 眼無相似.

다이란. 미여황박미상신미 상사. 안무상사.

休咎 _ (甲) 此種眉 主大凶大害無所不害 一無所成修心減半.

휴구　　　차종미 주대흉대해무소불해 일무소성수심감반

　　　　若逢羊眼者 孤苦凶死之相.

　　　　약봉양안자 고고흉사지상.

　　(乙) 配佳眼者四六七微微見發矣. 但四十四五難過.

　　　　배가안자사육칠미미견발의. 단사십사오난과.

형상

육해미라는 것은 여섯 가지의 큰 해로운 눈썹을 말하는데 다음과 같다.

첫째 누렇고 엷은 눈썹, **둘째** 어지럽게 흩어져 있는 눈썹, **셋째** 쇠사슬처럼 꼬인 눈썹, **넷째** 눈과 너무 가까이 있는 눈썹, **다섯째** 거꾸로 자라는 눈썹, **여섯째** 이지러지고 끊어져 있는 눈썹이 육해미에 해당한다.

양안은 눈동자가 녹색 또는 황색이고 눈동자에 투영된 사람의 형상이 수레바퀴 모양의 띠를 하고 있으며, 눈 안이 혼잡스럽고 눈 위는 쌍꺼풀이 있고, 아래는 음즐문이 없으며 어미에는 잔주름이 산란하게 얽혀있다.

눈썹은 황박미와 더불어 상신미와 비슷하게 생겼다.

눈은 양안과 비슷하게 닮은 눈은 없다.

길흉

갑) 육해미 종류의 눈썹은 크게 해로워서 큰 재앙을 끼치므로 이루는 것이 하나 없으나, 마음을 닦으면 해로움이 반으로 줄어든다.

만약, 양안을 가진 사람이라면 외로움을 괴로워하며 흉사할 상이다.

을) 육해미 중 아름다운 눈을 가진 사람이며 46, 47세에 아주 조금은 발달하는 운을 만난다. 단 44, 45세에 고난과 어려움을 넘겨야 한다.

怕 두려워할 파

缺 이지러질 결

羅漢眉 忌配 沖殺眼^{나한미 기배 충살안}

나한미는 충살안과 짝을 이루는 것을 꺼린다.

凶暴孤獨^{흉폭고독}

흉폭하고 고독하다.

型狀 _ 眉寬而短濃而肥 尾部垂下 毛粗毛長是也. 沖殺眼 眼大睛露

형상　　미관이단농이비 미부수하 모조모장시야. 충살안 안대정로

水多筋赤 睛小而黃. 睛露四白 神滯無光 上下單波 或有雙波.

수다근적 정소이황. 정로사백 신체무광 상하단파 혹유쌍파.

眉與短促眉相似. 眼與魚眼較爲相似.

미여단촉미상사. 안여어안교위상사.

休咎 _ (甲) 此種眉 主性暴命孤 剋妻刑子而貪淫.

휴구　　차종미 주성폭명고 극처형자이탐음.

　　　　若配沖殺眼者 雖富小貴亦必凶死他鄉 大親不得力.

　　　　약배충살안자 수부소귀역필흉사타향 육친부득력.

　　(乙) **配小眼者 多貧寒之相也.**

　　　　배소안자 다빈한지상야.

형상

눈썹은 넓고 짧으며, 진하고 크며, 끝 부분이 아래로 향하고 있으며, 털은 거칠고 길다.

충살안은 눈이 크고 눈동자는 드러나 있으며, 물기와 붉은 핏줄이 많으며, 눈동자는 작고 황색기가 있다.

눈동자가 튀어 나온 사백안으로, 신(神)이 막히고 빛이 없으며, 눈 위, 아래에 쌍꺼풀이 없거나 혹, 있을 수도 있다.

눈썹은 단촉미와 비슷하게 생겼다.

눈은 어안과 비교했을 때 닮았다.

길흉

갑) 나한미 종류의 눈썹은 주로 성정이 포악하고 외로운 운명으로 처를 극(剋)하고 자식을 형(刑)하며 색정을 탐한다.

만약, 나한미에 충살안을 가진 사람이라면 비록 작게는 귀함 함을 누리나, 반드시 고향을 떠나 흉하게 죽으며 육친의 득이 없다.

을) 나한미가 작은 눈을 가지면 매우 춥고 배고픈 상이다.

주요 한자   肥 살찔 비 ▶ 크다, 비대하다

交加眉 忌配 馬眼_{교가미 기배 마안}

교가미는 마안과 짝을 이루는 것을 꺼린다.

勞碌六親刑剋大凶_{노록육친형극대흉}

꾸준히 애써 노력해도, 육친을 형극하는 큰 재앙이다.

型狀 _ 眉長而散 毫濁色黃 缺落脫離.

형상   미장이산 호탁색황 결락탈리.

馬眼 下波重重 上波雙而微微現角 白睛相水顯汪汪 魚尾紋勢下是也.

마안 하파중중 상파쌍이미미현각 백정내수현왕왕 어미문세하시야.

眉與傷神眉缺落眉 相似. 眼與 象眼較爲 相似.

미여상신미결락미 상사. 안여 상안교위 상사.

休咎 _ (甲) 此種眉 大爲刑剋六親 主神泛神亂 多招小人 常犯官非 離

휴구   차종미 대위형극육친 주신범신란 다초소인 상범관비 이

家破祖之相 若配馬眼者 勞碌貧苦一生 雖有小康亦難善終也.

가파조지상 약배마안자 노록빈고일생 수유소강역난선종야.

(乙) 配佳眼者 三十八歲後方許轉運.

배가안자 삼십팔세후방허전운.

형상

눈썹은 길고 흩어져 있으며, 털은 탁하며 황색이고, 이지러지고 떨어져 있다. 마안은 눈 아래에 여러 겹의 주름이 지어져 있으며, 눈 위는 쌍꺼풀이 있고 아주 약하게 각이 져 있으며, 눈의 흰자위에 수기가 넘쳐흐르며, 어미의 주름은 힘 있게 아래로 향해 있다.

눈썹은 상신미와 더불어, 결락미와 비슷하게 생겼다.

눈은 상안과 비교해 했을 때 닮았다.

길흉

갑) 교가미 종류의 눈썹은 육친을 형극하고, 눈빛은 뜨고 산란하여 주변에 소인배들을 불러들여 죄를 범하고, 가족을 떠나 조상을 욕되게 하는 상이다.

만약, 교가미에 마안을 가진 사람이라면, 일생을 노력하여도 가난하고 고달프며, 비록 삶이 조금은 안정되어도 역시 끝이 좋기 어렵다.

을) 교가미에 아름다운 눈을 가진 사람이라면 38세 이후 운이 바뀌어 간다.

泛 뜰 범

促秀眉 宜配 夜明眼^{촉수미 의배 야명안}

촉수미는 야명안과 짝을 이루는 것이 옳다.

中貴而聰明^{중귀이총명}
총명하여 중간의 신분은 갖는다.

型狀 _ 眉高居額 短寬淸秀 毫稀見肉 尾略缺.

형상   미고거액 단관청수 호희견육 미약결.

夜明眼 黑白分明 眼小有神 上下單波 魚尾長而撓上.

야명안 흑백분명 안소유신 상하단파 어미장이요상.

眉與新縮眉斷心眉相似 眼與狼眼相似.

미여신축미단심미상사 안여랑안상사.

休咎 _ (甲) 此種眉 極爲聰明 中貴不富 若配夜明眼者 大貴中 富之相

휴구   갑   차종미 극위총명 중귀불부 약배야명안자 대귀중 부지상

心高志大 最爲獨斷 性情剛强.

심고지대 최위독단 성정강강.

(乙) 配不佳眼者 眉運不發 四十四後始見好轉.

배불가안자 미운불발 사십사후시경호전.

형상

눈썹은 이마 높이에 위치하고, 짧으면서도 넓고 맑고 빼어나며, 털이 드문 드문 있어 살점이 보이며, 끝부분 일부가 이지러져 있다.

야명안은 흑백이 분명하며 눈이 작으면서 빛나고 눈 상, 하에 쌍꺼풀이 없으며, 어미는 길면서 위로 휘어져 있다.

눈썹은 신축미와 더불어 단심미와 비슷하게 생겼다.

눈은 낭안과 비슷하게 닮았다.

길흉

갑) 촉수미 종류의 눈썹은 매우 총명하여 중간 신분은 갖으나 부자는 아니며 만약, 촉수미에 야명안을 가진 사람이라면 높은 신분에 중간쯤 가는 부자의 상로서 마음이 크고 뜻이 높으며 혼자서 모든 일을 결정해야 하므로 성정이 굳세고 강하다.

을) 촉수미가 어울리지 않는 눈과 짝하는 사람은 눈썹 운이 발달하지 못하고 44세 이후에 운이 좋게 바뀌기 시작한다.

주요 한자　撓 어지러울 요, 구부러지다. 휘어지다.

輕斷眉 可配 密縫眼경단미 가배 밀봉안

경단미는 밀봉안과 짝을 이루는 것이 옳다.

聰明而陰毒총명이음독

총명하지만 음험하고 독하다.

型狀 _ 眉頭尖細 眉尾散薄 短不過目 勢上. 密縫眼 眼細小如縫 上下
형상   미두첨세 미미산박 단불과목 세상. 밀봉안 안세소여봉 상하

肉腫 魚尾紋長. 眉與五毒眉 傷神眉相似. 眼與鷺鶿眼 丹鳳眼相他.
육종 어미문장. 미여오독미 상신미상사. 안여로자안 단봉안상사.

休咎 _ (甲) 此眉主人性狡心毒 果斷小貴 若配密縫眼者主聰明 中小貴
휴구   차미주인성교심독 과단소귀 약배밀봉안자주총명 중소귀

　　　　　　爲人多奸.
　　　　　　위인다간.

　　　　(乙) 女相有此者剋夫而貪淫.
　　　　　　여상유차자극부이탐음.

　　　　(丙) 配大露睛眼者多凶死他鄉 性暴心惡.
　　　　　　배대로정안지다흉사타향 성폭심악.

형상

눈썹 머리 부분은 가늘고 뾰족하며, 끝 부분은 엷게 흩어져 있으며, 눈썹 길이는 짧아서 눈을 지나지 못하고 위로 뻗쳐 있다.

밀봉안은 꿰맨 것처럼 가늘고 작으며, 눈의 상, 하 살점이 부어올라 있으며, 어미의 주름이 길다.

눈썹은 오독미와 더불어 상신미와 비슷하게 생겼다.

눈은 로자안과 더불어 단봉안과 닮았다.

길흉

갑) 경단미 종류의 눈썹은 가진 사람은 성정이 주로 교활하며 심독하고 과단성이 있어, 낮은 신분을 갖으나 만약, 밀봉안과 짝한다면 총명하여 중, 소 지위를 갖고 사람됨이 매우 간교하다.

을) 여인의 상이 이러하면 남편을 이기고 색정을 탐한다.

병) 경단미에 크게 튀어나온 눈동자를 한 사람은 매우 흉하게 타향에서 죽으며, 성질은 사납고 심성이 악하다.

주요 한자		
縫 꿰맬 봉	鷺 해오라기 로
腫 부스럼 종	鷀 가마우지 자

官符眉 最怕 蟹眼관부미 최파 해안

관부미는 해안과 짝하는 것을 최고로 두려워한다.

性暴官非刑剋성포관비형극

성품이 포악하여 법을 무시하여 처벌을 받는다.

型狀 _ 眉亂逆而缺落 散聚不均是也.

형상　　미난역이결낙 산취불균시야.

蟹眼睛露 型如半月之狀 上下雙波或單波 瞳人弔上 魚尾亂紋是此.

해안정로 형여반월지상 상하쌍파혹단파 동인조상 어미난문시야.

眉與帶箭眉 六害眉相似. 眼與鵲眼 鸛形眼相似.

미여대전미 육해미상사. 안여작안 관형안상사.

休咎 _ (甲) 此種眉大刑六親 平生事業多成多敗 性燥暴 常犯官非.

휴구　　　차종미대형육친 평생사업다성다패 성조폭 상범관비.

若配蟹眼者富而孤 心朦愚頑 性喜江湖.

약배해안자부이고 심몽우완 성희강호.

(乙) 配佳眼者中年富貴 但官符難免.

배가안자중년부귀 단관부난면.

형상

눈썹은 어지럽게 거꾸로 자라, 이지러지고 떨어지기도 하며, 흩어졌다 모였다 하여 고르지 않다.

해안은 눈동자가 튀어 나오고, 모양은 반달처럼 생겼다.

눈 상, 하에 쌍꺼풀이 있기도 하고 없기도 하며, 눈동자에 투영된 사람의 형상이 안부를 묻듯 위를 향하고, 어미의 주름은 어지럽게 생겨있다.

눈썹은 대전미와 더불어 육해미와 같이 비슷하게 생겼다.

눈은 작(까치)안, 관(황새)형안과 닮았다.

길흉

갑) 관부미 종류의 눈썹은 육친을 크게 형(刑)하고, 평생 많은 사업을 벌리고 많이 실패하며, 성품이 마르고 포악하며 항상 법을 어기고 죄를 짓는다. 만약, 관부미에 해안을 하고 있는 사람이라면 부자이긴 하나, 고독하고 심성이 매우 어리석고 완고하여, 강과 호수 근처에 살아야 성품이 좋아진다.

을) 관부미에 아름다운 눈을 갖고 있는 사람은 중년에 부귀하지만 단, 관재나 구설수는 벗어나기 어렵다.

🔍 **주요 한자**

蟹 게 해 ▶ 바다에 사는 게

聚 모일 취

鶴 황새 관

朦 풍부할 몽

頑 완고할 완

官符殺관부살 ▶ 관살, 구설수, 망신살

八字眉 易遇 哈魚眼_{팔자미 이우 합어안}

팔자미는 합어안과 만나기 쉽다.

狡猾刑剋凶死_{교활형극흉사}

간교하고 교활하여 형극을 받아 흉사한다.

型狀 _ 眉短尾弔下 另一部開又向上 型似八字.

형상　 미단미조하 령일부개우향상 형사팔자.

哈魚眼頭微尖 尾極圓 睛急露而黑 魚尾無紋 上下單波.

합어안두미첨 미극원 정급로이흑 어미무문 상하단파.

眉與間斷眉 促秀眉 輕斷眉 相似. 眼與魚眼相似.

미여간단미 촉수미 경단미 상사. 안여어안상사.

休咎 _ (甲) 此種眉雖富亦主孤 壽高剋妻剋子 若配哈魚眼者

휴구　　　차종미수부역주고 수고극처극자 약배합어안자

性狡猾 恐無善終.

성교활 공무선종.

(乙) 配夜明眼者 反主大貴多於武職.

　　배 야 명 안 자　반 주 대 귀 동 어 무 직.

(丙) 配鷺鷥眼者 一事無成.

　　배 로 자 안 자　일 사 무 성.

 눈썹은 짧으면서 끝 부분이 조문하듯 아래로 처져 있고, 일부분은 떨어져 위로 향하여 사이가 넓어져 있으며, 팔자와 비슷하게 생겼다.

합어안은 눈머리 앞부분이 약간 뾰족하며, 끝 부분이 둥글고 눈동자는 검으면서 금방이라도 튀어나오듯 노출되어있고, 어미는 주름이 없으며, 눈상, 하는 쌍꺼풀이 없다.

눈썹은 간단미와 더불어 촉수미, 경단미와 비슷하게 생겼다.

눈은 어안과 비슷하게 닮았다.

 갑) 팔자미 종류의 눈썹은 비록 재물이 넉넉하더라도 역시 외롭고 수명은 길더라도 처를 극하고 자식을 극하며 만약, 팔자미가 합어안과 짝하는 사람은 성품이 간교하고 교활하여 끝이 좋지 못할까 두렵다.

을) 팔자미에 야명안을 가진 사람은 반대로 무관으로 귀한 신분에 오른다.

병) 팔자미에 로자안을 가진 사람은한 가지 일도 이루지 못한다.

斷心眉 大忌 鷓鴣眼 단심미 대기 자고안

단심미는 자고안을 크게 꺼린다.

貧淫官非孤獨 빈음관비고독

가난하고 음란하며 법을 지키지 않으며 고독하다.

型狀 _ 眉如掃把頭之狀 粗而尾散 短不過目 毛硬如草.

형상　　미여소파두지상 조이미산 단불과목 모경여초.

鷓鴣眼者瞳人弔上微黃 眼尾弔下 上下單波 赤筋貫睛 魚尾微紋.

자고안자동인조상미황 안미조하 상하단파 적근관정 어미미문.

眉與間斷眉八字眉 相似. 眼與桃花眼相似.

미여간단미팔자미 상사. 안여도화안상사.

休咎 _ (甲) 此種眉主勺奸孤貧亦犯官非性暴急.

휴구　　　차종미주작간고빈역범관비성폭급.

　　　　　若配鷓鴣眼 淫亂大作萬事無成.

　　　　　약배자고안 음란대작만사무성.

　　(乙) 配七殺眼反主小就也.

　　　　　배칠살안반주소취야.

274 / 면상비급

형상

눈썹은 쓰는 빗자루 윗부분을 잡는 모양으로, 끝 부분은 거칠고 흩어져 있으며, 눈썹 길이는 짧아서 눈을 지나지 못하고 털은 잡초처럼 뻣뻣하다.

자고새의 눈을 가진 사람은 눈동자에 투영된 사람의 형상이 위를 향하고, 황기가 약간 있으며 눈 꼬리는 조문하듯 아래로 향하여 있고, 눈 상, 하에 쌍꺼풀이 없으며, 눈동자에는 붉은 핏줄이 통과하고 어미의 주름은 보잘것 없다.

눈썹은 간단미와 더불어 팔자미와 비슷하게 생겼다.

눈은 도화안과 닮았다.

길흉

갑) 단심미 종류의 눈썹을 가진 사람은 보통 작고 간교하며 역시 성품이 급하고 포악하여 법을 어기고 죄를 범하여 고독하며 가난하다. 만약, 단심미에 자고안을 하고 있다면 음탕하고 난잡하여 큰일을 이루지 못한다.

을) 단심미가 칠살안을 하고 있다면 반대로 보통 작은 것은 이룬다.

주요 한자

鷓 자고 자   掃 쓸 소 ▶ 비로 쓸다.

鴣 자고 고 ▶ 鷓鴣자고 _ 메추라기와 비슷한 새

勺 구기 작, 홉의 10분의 1 ▶ 아주 작다는 의미

鬼眉 怕逢 醉眼 귀미 파봉 취안

귀안은 취안과 만나는 것을 두려워한다.

淫亂陰毒偸盜 음란음독투도

음탕하고 난잡하며, 음독하고 남의 물건을 훔친다.

型狀 _ 眉首微曲 撓上毛散 毫硬兼粗 或低壓 短而不過目 亦有逆毛.

형상　　미수미곡 요상모산 호경겸조 혹저압 단이불과목 역유역모.

醉眼 紅黃混雜 又流光 如酒後醉目 瞳人弔下 上露白 上下雙波 魚尾多

취안 홍황혼잡 우류광 여주후취목 동인조하 상로백 상하쌍파 魚尾多

紋 而短. 眉與輕斷眉 黃薄眉相似 眼與猪眼較似.

문 이단. 미여경단미 황박미상사 안여저안교사.

休咎 _ (甲) 此種眉 心陰毒主盜賊多凶赤爲短壽.

휴구　　　차종미 심음독주도적다흉적위단수.

若配醉眼者 萬事無成凶死中年.

약배취안자 만사무성흉사중년.

(乙) 配佳眼者中小年有成 四十四五歲災害難免.

배가안자중소년유성 사십사오세재해난면.

형상

눈썹머리는 약간 구부러져 있으며, 털 윗부분은 어지럽게 흩어졌고, 가늘 며 뻣뻣하고 거칠며 혹, 낮아서 눈을 누르거나, 눈썹 길이가 짧아서 눈을 지나지 못하거나 또는 털이 거꾸로 자란 모양이다.

취안은 붉은 기와 누런 기가 혼잡하게 서로 섞여 빛이 흐르며, 술을 마시고 난 뒤의 취한 눈과 같고, 눈동자에 투영된 사람의 형상이 조문하듯 아래로 깔려있으며, 눈 윗부분 흰자위가 드러나고, 눈 상, 하에 쌍꺼풀이 있으며, 어미에는 짧은 주름이 많다.

눈썹은 경단미와 더불어 황박미와 비슷하게 생겼다.

눈은 저안과 비교했을 때 닮아 보인다.

길흉

갑) 귀미 종류의 눈썹은 마음이 음독하여 주로 도적의 무리로서 매우 흉하 고 붉은 기운이 있으며 수명이 짧다.

　　만약, 귀미가 취안을 하고 있다면 많은 일를 이루지 못하고 중년에 재 앙으로 죽는다.

을) 귀미에 아름다운 눈을 가진 사람 가운데 어린나이에 성공하는 사람도 있으나 44, 45세의 재해는 면하기 어렵다.

	偸 훔칠 투	猪 돼지 저
주요 한자	盜 훔칠 도	較 견줄 교
	撓 어지러울 요	

掃帝眉소제미 主富壽兄弟六七少靠 주부수형제육칠소고

재물이 많고 장수 하지만, 형제 6, 7명이 되어도 의지할 데가 없다.

掃帚眉소추미 兄弟六七骨肉刑傷 형제육칠골육형상

형제가 6, 7명이 있으나, 형제끼리 서로 형벌로 상한다.

傷神眉상신미 主破相不貧卽孤 주파상불빈즉고

보통 깨어지는 상으로서 가난하지 않으면 고독하다.

黃薄眉황박미 刑剋兄弟凶死他鄉 형극형제흉사타향

형제끼리 서로 형극하며, 타향에서 흉하게 죽는다.

旋螺眉선라미 主孤兄弟多而有刑 주고형제다이유형

형제가 많아도 주로 고독하고 형벌이 있다.

一字眉일자미 兄弟五六多爲富貴 형제오육다위부귀

형제가 5, 6명으로 많으며 부귀하다.

尖刀眉첨도미 主凶暴小貴不善終 주흉폭소귀불선종

보통 흉폭 하지만 작은 귀는 누리나, 끝이 좋지 못하다.

陰陽眉음양미 祖業兄弟全無靠 조업형제전무고

조상의 가업도 형제도 어느 것 기댈 곳이 없다.

間斷眉간단미 兄弟二三六親刑剋 형제이삼육친형극

형제가 2, 3명으로 육친은 있으나, 서로 형벌로 극한다.

單弓眉단궁미 兄弟二三 破敗之相 형제이삼파패지상

형제가 2, 3명은 있으나 깨어지고 패하는 상이다.

帶箭眉대전미 兄弟全尅刑傷六親 형제전극형상육친

형제 전부가 서로 극하여 형벌로 상하는 육친이다.

婆婆眉파파미 兄弟 一二貪淫無能 형제일이탐음무능

형제가 1, 2명은 있으나, 음란함을 탐하고 능력이 없다.

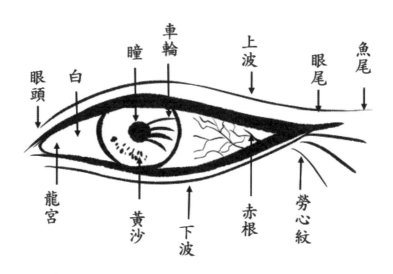

眼頭 白 瞳 車輪 上波 眼尾 魚尾
龍宮 黃沙 下波 赤根 勞心紋

【눈 주요부위 명칭】

- 魚尾어미
- 眼眉안미
- 白백
- 龍宮용궁

- 上波상파
- 下波하파
- 黃沙황사
- 赤根적근

- 車輪차륜
- 瞳동
- 勞心紋노심문

4장 2부

下白眼하백안

下白眼又曰 三白眼 男女均主狼毒.

하백안우왈 삼백안 남녀균주랑독.

男主凶惡波折 離鄕奔走 刑剋大親.

남주흉악파절 이향분주 형극육친.

女主剋子 産驚

여주극자 산경

하백안에 대해 말하자면, 삼백안으로 남녀 모두 이리처럼 독하다.
남자는 주로 흉악하여 파도처럼 부서져 고향을 떠나 분주하게 돌아다니며
육친을 형극한다. 여자는 주로 자식을 극하고 무서울 정도로 힘든 산고를
겪는다.

 해설 下白眼하백안 ▶ 눈동자를 제외하고 상, 좌, 우 삼면이 흰자가
보이는 눈

주요 한자

驚 놀랄 경 ▶ 무서울 정도로 힘들게

上白眼_{상백안}

上白眼亦謂三白眼 此眼之人心性極爲强剛 目中無人 事業多成多敗

상백안역위삼백안 차안지인심성극위강강 목중무인 사업다성다패

剋妻刑子 凶險亦有男女左論.

극처형자 흉험역유남녀좌론.

상백안 역시 삼백안이라 부르며, 이러한 눈을 가진 사람의 심성은 지극히
강직하고 굳세어, 눈에 사람이 보이지 않아, 사업을 하는 것마다 실패하고,
처를 극(剋)하며 자식을 형(刑)하니 흉하고 음험하므로, 역시 상백안 남녀는
멀리 하라는 것은 헛된 말이 아니다.

 上白眼_{상백안} ▸ 눈동자를 제외하고 하, 좌, 우 삼면이 흰자가
보이는 눈

四白眼사백안

四白眼 此眼是極惡之眼 男女大忌 均主性暴心狼好淫凶險常遇 六親大
사백안 차안시극악지안 남녀대기 균주성폭심랑호음흉험상우 육친대

剋 雖富不能善終.
극 수부불능선종.

사백안은 매우 악한 눈으로서 남녀 모두에게 나쁘다.

남녀모두 크게 꺼리며, 성품이 이리와 같이 포악하고 음란함을 좋아하며
항시 흉하고 위험에 처하게 되어 육친을 크게 극(剋)하니 비록 부자라 하더
라도 끝이 좋지 못하다.

| 해설 | **四白眼사백안** ▶ 눈동자를 제외한 상, 하, 좌, 우 흰자가 다 보이는 눈 |

주요
한자

狼 이리 랑

一白眼일백안

一白眼宜一不宜二 兩眼統有者謂鬪角眼主不壽.
일백안의일불의이 양안통유자위투각안주불수.

一白眼心傾奸狡 性猾陰毒 亦主長壽 貪淫剋妻刑子.
일백안심경간교 성활음독 역주장수 탐음극처형자.

일백안은 흰자위가 하나로, 두 개는 마땅하지 못하다.
두 눈이 한군데로 묶여 있고 투각안이라고도 하며, 보통 오래 살지 못한다.
일백안은 마음이 삐뚤고 간사하고 교활하며, 성정이 어지럽게 음독하고,
오래 살면 가난하고 음란하며 처를 극(剋)하고 자식을 형(刑)한다.

 一白眼일백안 ▶ 눈동자가 좌, 우 한곳으로 몰려 흰자가 하나로
보이는 눈

 鬪 싸움 투

傾 기울 경

狼眼낭안(이리 눈) 富而性暴不善終 부이성폭불선종

부자처럼 풍성하여 보여도 성질이 포악하여 끝이 좋지 못하다.

猪眼저안(되지 눈) 性暴惡死 성폭악사

성질이 사납고 죽음이 추하다.

魚眼어안(물고기 눈) 性凶主夭 성흉주요

성질이 흉하여 주로 요절한다.

燕眼연안(제비 눈) 信義不得子力 신의부득자력

스스로의 힘으로 신의를 얻지 못 한다.

猫眼묘안(고양이 눈) 富貴好閑性溫 부귀호한성온

부귀하고 여유로우며 따뜻한 성격이다.

熊眼웅안(곰 눈) 性愚不能善終 성우불능선종

본성이 어리석어 한상 끝이 좋지 못하다.

伏犀眼(소가 엎드린 것 같은 눈) 복서안 仁慈大貴 인자대귀

어질고 자애로우며 귀한 신분을 가진다.

鹿眼녹안(사슴 눈) 性急有義 성급유의

성질이 급하나, 의롭다.

蝦眼하안(새우 눈) 心操富而夭折 심조부이요절

마음을 잘 다스리고 넉넉하지만, 요절한다.

孔雀眼공작안(공작 눈) 夫妻和順更權柄 부처화순경권병

남편과 부인이 서로 도리를 치키며 화합하니 권세를 누린다.

鵲眼작안(까치 눈) 富貴而信義 부귀이신의

부귀를 누리며 신의가 있다.

瑞鳳眼(길한 봉황의 눈) 主貴溫而不流 서봉안주귀온이불류

귀하고 성품이 따뜻하며 가볍게 움직이지 않는다.

鴛鴦眼(원앙 눈) 원앙안 富貴多淫 부귀다음

부귀하지만, 매우 음란하다.

睡鳳眼수봉안(졸음이 오는 봉황의 눈) 溫柔富貴正直 온유부귀정직

온유하고 부귀하며 정직하다.

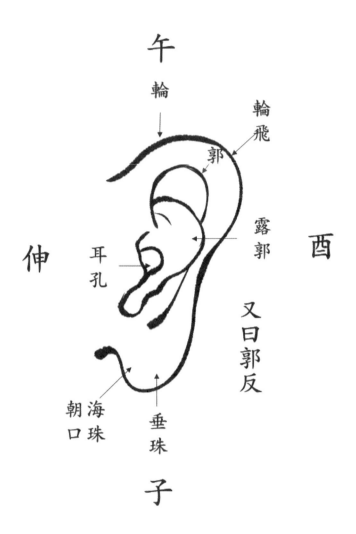

午

輪

輪飛

郭

露郭

又曰郭反

酉

伸

耳孔

海珠

朝口

垂珠

子

【귀 주요부위 명칭】

- 輪륜
- 郭곽
- 朝口조구
- 輪飛윤비
- 耳孔이공
- 海珠해주
- 露郭로곽
- 垂珠수주

4장 3부

金耳富貴 금이부귀

금형의 귀는 부귀하다.

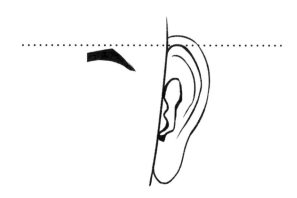

型狀 _ 高居過眉輪小珠大 厚而堅實輪郭分明不露 色白過面是也.

형상　　고거과미윤소주대 후이견실윤곽분명불로 색백과면시야.

休咎 _ (甲) 此耳主聰明精幹 文學過人 心性能剛能柔 剋妻刑子.

휴구　　　　차이주총명정간 문학과인 심성능강능유 극처형자.

　　　(乙) 若配方面人者 金型人格大富貴 文武雙全.

　　　　　약배방면인자 금형인격대부귀 문무쌍전.

　　　(丙) 配木形人者 老孤苦矣.

　　　　　배목형인자 노고고의.

형상

금(金)형의 귀는 눈썹보다 높이 있고, 수주는 크고 윤곽은 작다. 두텁고 단단하며 윤곽이 분명하고 귓바퀴가 뒤집어지지 않았다. 귀의 색깔은 얼굴에 비해서 희다.

길흉

갑) 이러한 귀는 주로 맑고 총명하고 뛰어나다. 문학에 소질이 있고 심성이 강직하고 부드러우며 능력이 뛰어나지만, 처와 자식을 극(剋)한다.

을) 만약, 단정한 얼굴에 이러한 귀를 가진 사람이라면 금(金)형 인격을 갖춘 자로 대부대귀하며 문과 무를 모두 갖추었다.

병) 목(木)형의 사람에 금(金)형의 귀는 늙어서 고독하고 외롭다.

厚 두터울 후

柔 부드러울 유

木耳破祖목이파조

목형의 귀는 조상과 인연이 없다.

型狀 _ 輪飛郭反 上大下小 薄而無珠 色滯不鮮 子午不直 孔大無毛是也.

형상　운비곽반 상대하소 박이무주 색체불선 자오부직 공대무모시야.

休咎 _ (甲) 此耳幼運較佳 若額乍尖者爲火剋金 運交十五後刑 剋破離

휴구　　차이유운교가　약액사첨자위화극금　운교십오후형　극파이

　　　　少年多病.

　　　　소년다병.

　　(乙) 配水火二形人者不大忌 中年必發.

　　　　배수화이형인자불대기　중년필발.

　　(丙) 金土形人大忌矣.

　　　　금토형인대기의.

형상

목(木)형의 귀는 윤곽은 뒤집혀져있고, 윗부분은 크고 아랫부분은 작다. 수주는 얇고 없으며, 색이 막혀서 깨끗하지 못하며 자(子), 오(午)축이 바르지 못하고 귓구멍은 큰데 귀 털이 자라지 않았다.

길흉

갑) 이러한 귀는 비교적 어릴 때의 운이 좋은 편이다. 만약, 이마가 뾰족하게 생긴 사람은 화극금(火克金)의 기운이 작용하여 15세를 자나면서 형극(刑剋)하여 깨어지고 헤어지는 고난을 겪으며, 어릴 때는 병치레를 많이 한다.

을) 만약 목(木)의 귀가 수(水)형이나 화(火)형의 사람과 함께하면 나쁘지 않으며, 중년에는 반드시 일어난다.

병) 금(金), 토(土)형의 사람은 목(木)의 귀는 매우 좋지 못하다.

주요
한자

滯 막힐 체   薄 엷을 박

較 견줄 교   乍 잠깐 사

水耳富貴수이부귀

수형의 귀는 부귀하다.

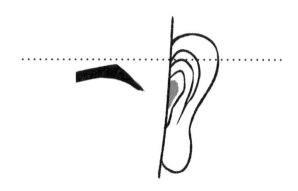

型狀 _ 耳厚堅實高居過眉 色白過面 貼腦垂珠 內郭微現 孔較小是也.

형상   이후견실고거과미 색백과면 첩뇌수주 내곽미현 공교소시야.

休咎 _ (甲) 此耳主學問出衆 機謀莫測 能屈能升 富貴雙全.

휴구   차이주학문출중 기모막측 능굴능승 부귀쌍전.

(乙) 配金形人者大貴.

배금형인자대귀.

(丙) 配土火形人均爲不宜.

배토화형인균위불의.

형상

수(水)형의 귀는 두텁고 단단하고 실하며 눈썹보다 높이 달려 있다. 귀의 색은 얼굴보다 깨끗하고, 머리에 붙어 있으며 수주가 있다.
내곽이 조금 나타나 있고 귓구멍은 비교적 작다.

길흉

갑) 이러한 귀는 주로 학문이 출중하고 계략을 측정할 수가 없다. 알아서 꺾이고 알아서 일어나니, 부귀를 모두 누릴 수 있다.

을) 금(金)형인 사람이 만약 수(水)귀를 가졌다면 대귀할 것이다.

병) 화(火), 토(土)형의 사람이 수(水)귀를 가졌다면 당연히 조화롭지 못하다.

貼 붙을 첩

升 되 승

土耳富而武貴 토이부이무귀

토형의 귀는 재물이 많으며, 무관으로 높은 신분을 갖게 된다.

型狀 _ 厚實肥大 色潤鮮紅 輪郭分明 垂珠朝口 是也.

형상   후실비대 색윤선홍 윤곽분명 수주조구 시야.

休咎 _ (甲) 此耳主壽 貴宜武職 忠厚之相,

휴구   차이주수 귀의무직 충후지상

  (乙) 配木形人反不美也. 主奔波勞綠 縱然富而多孤,

     배목형인반불미야. 주분파노록 종연부이다고

  (丙) 配金火形人亦宜也.

     배금화형인역의야.

형상

토(土)형의 귀는 귓볼은 두텁게 맺혀져 있고 크고 살 쪄 있으며, 깨끗한 붉은색으로 윤곽이 분명하고 귀불은 입을 향하고 있다.

길흉

갑) 이러한 귀는 수명을 담당하고, 무관으로 출세하고 충의가 두터운 사람의 상이다.

을) 목(木)형의 사람이 토(土)의 귀를 하고 있다면 반대로 어울리지도 못하고, 보통 매우 힘들게 노력을 하여 재물이 넉넉하여도 끝은 매우 고독하다.

병) 금(金), 화(火)형의 사람은 토(土)의 귀를 갖는 것이 좋다.

주요
한자

肥 살찔 비

犇 달릴 분

火耳孤壽 화이고수

화형의 귀는 고독한 삶을 산다.

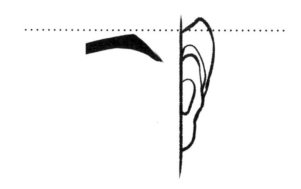

型狀 _ 耳尖輪郭微露 長大堅硬 高居過眉是也.

형상   이첨윤곽미로 장대견경 고거과미시야

休咎 _ (甲) 此耳爲人刁猾 奔波勞綠 心性古怪 刑妻尅子 六親不利

휴구   차이위인조활 분파노록 심성고괴 형처극자 육친불리

　　　　 雖富貴 亦主孤也.

　　　　 수부귀 역주고야.

　　(乙) 配金水形人 主夭貧矣.

　　　　 배금수형인 주요빈의.

　　(丙) 配火木形人中貴之格.

　　　　 배화목형인중귀지격.

형상

화(火)형의 귀는 뾰족하고 약간 윤곽이 뒤집어져 있으며, 길고 크고 매우 단단하고, 눈썹보다 높이 높게 달려 있다.

길흉

갑) 이러한 귀를 가진 사람은 간사하고 교활하며, 온갖 고생을 다하여 심성이 기이하고 괴상하다.

처를 형(刑)하고 자식을 극(剋)하여 육친의 관계는 이롭지 못하며, 비록 부귀를 누리지만 고독하다.

을) 금(金), 수(水)형의 사람이 화(火)의 귀를 가졌다면 가난하고 단명 한다.

병) 화(火)형, 목(木)형의 사람이 화(火)의 귀를 가졌다면 중간의 신분 가질 수 있다.

ㅋ 바라 조
怪 기이할 괴

虎耳奸險 호이간험

범 귀는 간악(奸惡)하고 음험(陰險)하다.

型狀 _ 耳小輪缺 孔小色紅 厚耳堅實砲頭郭微露 是也.

형상　　이소윤결 공소색홍 후이견실포두곽미로 시야.

休咎 _ (甲) 耳主多謀多好 中等富貴 威嚴莫犯.

휴구　　　　이주다모다간 중등부귀 위엄막범.

　　　　(乙) 宜配瘦小人體.

　　　　　　의배수소인체.

　　　　(丙) 若配高肥形人者 必主夭折.

　　　　　　약배고비형인자 필주요절.

　　　　(丁) 見此耳者均主刑剋.

　　　　　　견차이자균주형극.

형상

범 귀는 귀가 작고 윤곽은 이지러진 것 같으며, 귓구멍은 작고 색은 붉으며, 귀 머리를 두텁고 단단하게 감싸며 윤곽이 살짝 드러나 있다.

길흉

갑) 이러한 귀를 가진 사람은 간교하고 매우 꾀가 많으며 어느 정도 부귀를 누리나 위엄은 없다.

을) 범 귀는 여위고 작은 사람의 몸에 어울리는 것이 당연하다.

병) 만약, 몸이 크고 살이 찐 사람이 호이라며 반드시 요절한다.

정) 범 귀를 가진 사람은 보통 형극(刑剋)이 따른다.

주요 한자

砲 돌쇠뇌 포

瘦 파리할 수 ▶ 여위다.

均 고를 균

鼠耳無義多凶서이무의다흉

쥐 귀는 의가 없고 흉이 많다.

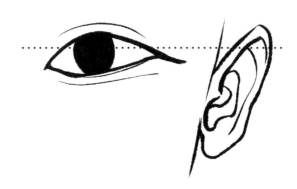

形狀 _ 極小型斜 耳輪緊收不放. 下無垂珠帶尖 或居上過目是也.

형상 _ 극소형사 이륜긴수불방. 하무수주대첨 혹거상과목시야.

休咎 _ (甲) 此耳之人 專爲小算 難成大事 如五官傾斜者.

휴구　　　차이지인 전위소산 난성대사 여오관경사자.

　　　　多爲盜賊之類 易犯官非.

　　　　다위도적지류 이범관비.

　　(乙) 配眉目淸秀者 雖發達而夭折難免矣.

　　　　배미목청수자 수발달이요절난면의.

형상

쥐 귀는 귀가 매우 작고 한쪽으로 기우러진 모양으로, 윤곽은 오그라져 귀의 모습을 재대로 갖추지 못했다.

귀의 아랫부분은 없고 수주는 뾰족하며 혹, 눈이 있는 높이까지 올라붙어 있다.

길흉

갑) 이러한 귀를 가진 사람은 오로지 사소한 일에도 따지고 들며, 큰일을 이루기 어렵고, 함께 오관(이, 목, 구, 비, 눈썹)이 삐뚫어져 있는 사람은 도적의 무리로서 쉽게 범죄를 저지르고 법도 어긴다.

을) 쥐 귀에 맑고 빼어난 눈썹과 눈을 가진 사람은, 비록 발달하여도, 요절을 면하기는 어렵다.

주요 한자

鼠 쥐 서

斜 비낄 사 ▸ 비스듬히

緊 굳게 얽을 긴 ▸ 감다. 오그라지다

算 셀 산 ▸ 계산하다, 따지다

驢耳一世奔波 여이일세분파

당나귀 귀는 일생동안 분주하고 파란이 많다.

形狀 _ 輪郭分明又垂珠 型大亦厚 孔大無毛 色滯軟弱是也.

형상   윤곽분명우수주 형대역후 공대무모 색체연약시야.

休咎 _ (甲) 此耳主壽高 貧苦奔波 爲人心朦無能 六親小靠.

휴구   차이주수고 빈고분파 위인심몽무능 육친소고.

    (乙) 配木水形人者 中年亦能發達也.

       배목수형인자 중년역능발달야

    (丙) 配火形人者孤而無子. 六親刑剋.

       배화형인자고이무자. 육친형극.

형상

당나귀 귀는 귀의 윤곽이 분명하고 수주는 있으며, 모양은 크고 두터우며, 귓구멍은 크나 털이 없고, 색은 막히고 연약하다.

길흉

갑) 이러한 귀는 보통 수명이 길지만 가난하며 분주하게 고생하고 파란이 많다. 사람됨은 어리석고 무능하며 의지하고 기댈 수 있는 육친도 없다.

을) 목(木)형 또는 수(水)형의 사람이 당나귀 귀를 가졌다면 중년에 발달한다.

병) 화(火)형의 사람이 당나귀 귀를 가졌다면 고독하고 자식이 없으며 육친과 인연도 없다.

주요 한자

驢 당나귀 려(여)   軟 연할 연

滯 막힐 체   朦 풍부할 몽

棋子耳顯達富貴 기자이현달부귀

바둑돌 귀는 세상에 부귀를 떨친다.

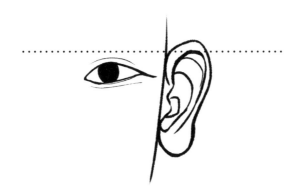

形狀 _ 堅實圓小 厚硬垂珠 色白過面 輪廓分明 抱頭過目
형상 　 견실원소 후경수주 색백과면 윤곽분명 포두과목

休咎 _ (甲) 此耳主白手成大家 中年大發 富貴可期.
휴구 　 　 차이주백수성대가 중년대발 부귀가기.

　　 (乙) 配金形人者必生貴子亦得賢妻內助.
　　 배금형인자필생귀자역득현처내조.

　　 (丙) 配木形人者難成大器矣.
　　 배목형인자난성대기의.

형상

귀안 쪽에 바둑돌 모양 있는 귀는 수주가 둥글고 견실하며 작지만, 두텁고 단단하며 얼굴색보다 깨끗하고 희다. 윤곽은 분명하고 귀 머리를 감싸듯 하며 눈보다 높이 달려있다.

길흉

갑) 이러한 귀는 빈손으로 집안을 일으키며, 중년에는 크게 발달하여, 부귀를 이루어낸다.

을) 금(金)형의 사람이 바둑돌 귀를 가졌다면 반드시 귀한 자식을 두게 되고 안으로는 어진 부인의 내조를 받는다.

병) 목(木)형의 사람이 바둑돌 귀를 가졌다면 큰 그릇이 되기가 어렵다.

주요 한자 棋 바둑 기

猪耳凶死 저이흉사

돼지 귀는 흉사 한다.

形狀 _ 輪廓不明 大而無收 雖厚過軟 或生前生後 孔大無毫.

형상　윤곽불명 대이무수 수후과연 혹생전생후 공대무호.

休咎 _ (甲) 此耳性暴 眼必無光 定是凶死 雖富貴不久 六親有尅.

휴구　　　차이성폭 안필무광 정시흉사 수부귀불구 육친유극.

(乙) 配瘦形人者減半論也.

배수형인자감반논야.

형상

돼지 귀는 귀 윤곽이 뚜렷하지 못하면서 크기만 하여 거두어들이지 못한다. 비록 두텁기는 하나 지나치게 물렁하며 혹, 앞과 뒤가 같고 귓구멍은 크지만 털은 없다.

길흉

갑) 이러한 귀를 가진 사람의 성질이 사나우며 눈에 빛이 없으면 흉사를 하게 된다. 비록 부귀를 누리지만 오래하지 못하고 육친을 극(剋) 한다.

을) 여윈 사람이 돼지 귀를 가졌다면 흉함이 반으로 줄어든다.

주요
한자

猪 돼지 저

垂肩耳極富貴수견이극부귀

수견이는 지극히 부귀하다.

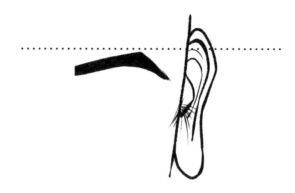

形狀 _ 耳長厚大 輪郭分明 色鮮過眉 雙珠垂肩 孔大生毫 型正骨硬是也.

형상   이장후대 윤곽분명 색선과미 쌍주수견 공대생호형정골경시야.

休咎 _ (甲) 此耳非平常能有也 有此耳者 不是國君亦是宰相

휴구   차이비평상능유야 유차이자 불시국군역시재상

　　　　壽年近百 五代榮昌.

　　　　수년근백 오대영창

　　(乙) **凡是垂肩耳之人者 此相貌必然堂堂.**

　　　　범시수견이지인자 차상모필연당당.

316 / 면상비급

형상

수견이는 귀가 길고 두터우며 크고, 윤곽이 분명하고, 색은 깨끗하고 눈썹보다 높이 있으며, 양쪽 수주가 어깨까지 닿으며, 귓구멍은 크고 털도 있으며, 귀 뼈는 단단하고 반듯하며 단정한 모양이다.

길흉

갑) 이러한 귀는 평범한 사람이 아니라 뛰어난 사람이다. 수견이를 가진 사람은 임금 아니면 재상으로, 수명은 백살까지살 수 있으며, 자손은 오대까지 번성한다.

을) 무릇 귀가 어깨에까지 내려오는 수견이를 가진 사람이라면 반드시 위풍당당한 얼굴을 갖춘 사람임에 틀림없다.

주요
한자

垂 드리울 수, 베풀 수

貌 얼굴 모

胎箭耳主夭折 태전이주요절

태전귀는 일반적으로 요절한다.

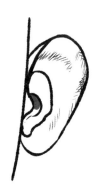

形狀 _ 輪飛反而傾前 無郭無珠 斜小兼硬 孔小色滯是也.

형상 _ 윤비반이경전 무곽무주 사소겸경 공소색체시야.

休咎 _ (甲) 此耳祖上大發 全部破敗 更有形剋六親 幼詩多病難養

휴구 차이조상대발 전부파패 갱유형극육친 유시다병난양

不壽之相也.

불수지상야.

(乙) 若面部豊滿 中年有發 亦主中小貴.

약면부풍만 중년유발 역주중소귀.

(丙) 此相老運不詳.

차상노운불상.

형상

태전이는 귀 윤비가 뒤집어지거나 앞으로 기울어져 있는 모양으로, 귀의 곽이 없고 수주도 없다. 한쪽으로 치우친 작은 것이 가로막은 듯 굳어 있고 귓구멍이 작으며 색은 깨끗하지 못하다.

길흉

갑) 이러한 귀를 가진 사람의 조상은 크게 발달하였으나 대부분의 사람은 전부 깨지고 패하였다. 다시 말하면 육친을 형극(刑剋)하고 어렸을 때부터 잔병치례가 많아 목숨을 보전하기 어려운 상이다.

을) 만약에 얼굴이 풍만하게 잘생겼다면 중년에는 발전하여 중, 소귀는 누릴 수 있다.

병) 이러한 상(相)은 노년의 운(運)은 자세히 알 수 없다.

🔍 **주요 한자**

胎 아이 밸 태   斜 비낄 사

箭 화살 전   詳 자세할 상

傾前耳貧賤夭折 경전이빈천요절

앞으로 기울어진 귀는 빈천하고 요절한다.

形狀 _ 上輪大而反前傾倒 耳下無珠生後 耳色枯滯不鮮 輪郭不明.

형상　상윤대이반전경도　이하무주생후　이색고체불선　윤곽불명.

休咎 _ (甲) 此耳主一生奔波勞苦 縱有好處 亦是美中不足

휴구　　　차이주일생분파노고　종유호처　역시미중부족

面部好有發不久 但夭折難免矣.

면부호유발불구　단요절난면의.

(乙) 若配三角眼弔喪眉者減半論也.

약배삼각안조상미자감반논야

형상

경전이는 귀 윗부분이 크거나 반대로 앞으로 기울어 넘어져있으며, 귀 아랫부분의 수주가 없거나 후에 자랐으며, 귀의 색은 마르고 막혀서 깨끗하지 못하고 윤곽은 분명하지 않다.

길흉

갑) 이러한 귀를 가진 사람은 주로 일생 동안 분파와 노고가 따라 다니며, 평생 좋다는 것만 쫓아 다녀도 부족함을 느낀다.

얼굴이 좋아 발달하여도 오래가지 못하고, 요절을 면하기도 어렵다.

을) 만약 경전이에 삼각안이나 조상미를 가진 사람이라면 하고 싶은 말의 절반만 말해야 할 것이다.

傾 기울 경

處 살 처 ▶ 사는 곳, 장소

但 다만 단

抱頭耳足衣食 포두이족의식

포두귀는 옷과 음식이 풍족하다.

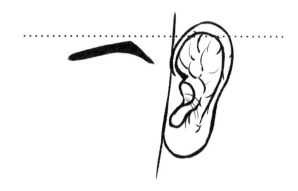

形狀 _ 輪收郭露 色白垂珠 靠緊抱頭孔大有毫(高居眉上)耳生退後是也.

형상   윤수곽로 색백수주 고긴포두공대유호(고거미상)이생퇴후시야.

休咎 _ (甲) 此耳主福祿壽階全 再眉眼淸秀者中上貴.

휴구   차이주복록수계전 재미안청수자중상귀.

(乙) 忌配眉勢向下 眼神混雜雖富亦勞苦.

기배미세향하 안신혼잡수부역노고.

(丙) 若鼻口再好者六親得力也.

약비구재호자육친득력야.

포두이는 귀 바퀴가 뒤집혀 있고, 수주는 흰색이며, 귀 머리는 안아서 감싸듯 기대어 있고 귓구멍은 크고 털이 있으며(귀가 눈썹 위에 달려 있음) 귀가 뒤로 물러나듯이 생겼다.

갑) 이러한 귀는 주로 복록이 있고 수명이 길어 한평생 온전하게 살 수 있으며, 또한 눈썹과 눈이 깨끗하고 빼어난 사람이라면 중, 상귀는 누릴 수 있다.

을) 아래로 힘 있게 내려오는 눈썹과 짝하면 안 되고, 눈빛이 혼잡하면 비록 부자일지라도 역시 노고를 면하기 어렵다.

병) 만약, 코, 입이 함께 잘생겼다면 육친의 조력을 받을 수 있다.

抱 안을 포 ▶ 품다   靠 기댈 고

緊 굳게 얽을 긴 ▶ 오그라지다. 감기다.

抱頭耳포두이 ▶ 만두귀 라고불리며후천적으로 레슬링, 격투기 선수 에게 많이 보임

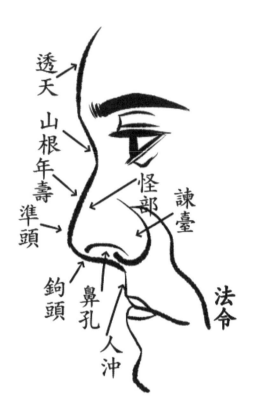

透天 → 山根 年壽 準頭 → 鉤頭 鼻孔 人沖 怪部 諫臺 法令

【코 주요부위 명칭】

- 透天투천 _ 이마
- 年壽연수 _ 콧등
- 諫臺난대 _ 콧방울 (좌)
- 諫 → ※ 원서에는 난(蘭) 연(練)으로 혼용하여 사용하고 있음
- 廷衛정위 _ 콧방울(우)
- 鼻孔비공 _ 콧구멍
- 怪部괴부 _ 콧대 옆

- 山根산근 _ 코 뿌리
- 準頭준두 _ 콧방울

- 人沖인충 _ 人中인중
- 法令법령 _ 팔자주름
- 鉤頭구두 _ 코(부리)

4장 4부

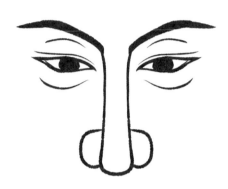

型狀 _ 山根高從透天 諫臺廷衛分明 準圓不露孔 勢如懸膽 正而不偏
형상   산근고종투천 연대정위분명 중원불로공 세여현담 정이불편

法命隱隱而藏 人沖正而明是也.
법령은은이장 인충정이명시야.

休咎 _ 此鼻主大貴. 非平常人能有也 應是人上之人 福綠壽統全 妻美有
휴구   차비주대귀. 비평상인능유야 응시인상지인 북록수통전 처미유

助 少年必遇奇力貴人吸引.
조 소년필우기력귀인흡인.

형상

산근은 높아 하늘(이마)과 통하여 이어져 있고, 콧방울 난대(좌) 콧방울 정위(우)는 분명하고. 준두는 둥글고 콧구멍이 드러나지 않았으며, 콧방울은 현담비와 같이 힘이 있으며, 반듯하고 기울어지지 않았고, 법령은 은은하게 숨어 있으며, 인충은 반듯하고 분명하게 생겼다.

길흉

이러한 코를 가진 사람은 대귀를 누린다.
사람의 도리를 다하고 능력이 있는 사람이므로 평범하지 않아 사람 위의 사람으로서 받아들이며, 복록과 수명을 온전하게 누릴 수 있고, 아름다운 부인의 내조를 받으며, 어려서부터 귀인을 끌어당겨 만나게 하는 묘한 힘이 있다

주요 한자

衛 지킬 위
膽 쓸개 담
吸 숨 들이쉴 흡

君子鼻 主美妻군자비 주미처

군자비는 아름다운 부인을 얻는다.

型狀 _ 樑高不露骨 準頭圓有收 山根寬而有勢 色潤不滯 是此.

형상 　량고불로골 준두원유수 산근관이유세 색윤불체 시야

休咎 _ 此鼻爲人正直 見强不怕 愚弱不期 必得賢美之妻

휴구 　차비위인정직 견강불파 우약불기 필득현미지처

六親有刀 乃富貴雙全 少年得志 中年大發之相.

육친유력 내부귀쌍전 소년득지 중년대발지상.

형상

코는 대들보처럼 튼튼하고 높게 있으나, 뼈는 드러나지 않으며, 준두는 둥글어 재물을 거두어들일 수 있도록 생겼고, 산근은 넓고 힘 있게 뻗었으며, 색은 밝고 윤기가 있어 막히지 않았다.

길흉

이러한 코는 사람이 정직하고 두려움이 없으며 강하게 보이며, 어리석고 약하다 하여 사람을 속이지 않는다.
반드시 아름다운 부인을 얻고 육친의 덕이 있어 부귀를 함께 누릴 수 있으며 어려서부터 뜻을 세워 중년에 크게 발달할 상(相)이다.

樑 들보 량

寬 너그러울 관

怕 두려워할 파

天膽鼻 敢做敢爲 천담비 감주감위

천담비는 과감하게 실행한다.

型狀 _ 山根見斷 年壽極爲高聳 諫臺廷衛微微內收 鼻大有氣是也.
형상　　산근견단 년수극위고용 난대정위미미내수 비대유기시야.

休咎 _ 此鼻主擔大過天 勇謀兩全 事業多處於凶險而得成功 少年創基
휴구　　차비주담대과천 용모양전 사업다처어흉험이득성공 소년창기

六親難靠 白手興家 妻子有尅 宜於武職.
육친난고 백수흥가 처자유극 의어무직.

형상

산근은 끊어지고, 년상과 수상은 지극히 높게 솟아 있으며, 난대 정위는 작게 안으로 오목하나, 코는 커서 기운이 있게 보인다.

길흉

이러한 코는 겁 없이 하늘을 찌르는 용기와 지략을 겸비하였다.
사업을 하면 흉험이 많은 어떤 곳에서도 성공할 것이다.
어려서 기반을 잡지만 육친에게 의지하기는 어렵다.
맨 손으로 가업을 일으키나, 부인과 자식을 극(尅)하니, 마땅히 무관의 직업을 가져지는 것이 옳다.

做 지을 주
聳 솟을 용
靠 기댈 고

守本鼻 主妻賢 _{수본비 주처현}

수본비는 어진 아내를 얻는다.

型狀 _ 鼻長略略有勢 山根不斷 廷衛分明 不露孔 型美可觀 色潤白是也.

형상　비장약약유세 산근부단 정위분명 불로공 형미가관 색윤백시야.

休咎 _ 此鼻主性溫柔 富而守財 貴而淸正 妻早有賢

휴구　차비주성온유 부이수재 귀이청정 처조유현

生平不出大凶 逢凶化吉 多得貴人提澂 中富中貴之相也.

생평불출대흉 봉흉화길 다득귀인제발 중부중귀지상야.

코는 길고 적당하게 힘 있게 생겼다.
산근은 끊어지지 않았으며, 정위는 분명하고, 콧구멍은 보이지 않으며, 아름답게 보이는 모양으로 색은 윤택하고 희다.

이러한 코는 성품이 온화하고 부드러우며, 부자라면 재물을 지킬 수 있고, 귀인이라면 깨끗하고 바르며, 새벽 일찍 일어나는 현명한 부인을 얻는다.
평생 큰 흉은 나타나지 않고, 흉을 만나도 길로 변하며, 많은 귀인이 도와 중부(中富) 중귀(中貴)의 상(相)이다.

早 새벽 조
柔 부드러울 유

無能鼻 破敗多淫 무능비 파패다음

무능비는 깨어지고 패하며, 매우 음란하다.

型狀 _ 山根無氣勢 準尖露孔 型短色滯是也.

형상　산근무기세 준첨로공 형단색체시야.

休咎 _ 此鼻主擔小無能 財不能守庫 事業多成多敗 主招不美之妻

휴구　차비주담소무능 재불능수고 사업다성다패 주초불미지처

　　　妻子亦剋 少年運滯 中年易帶內疾 如眼有神者中年有發.

　　　처자역극 소년운체 중년이대내질 여안유신자중년유발.

형상

산근은 기세가 없으며, 준두는 뾰족하고 콧구멍이 보인다.
모양은 짧고 색은 막혀 있다.

길흉

이러한 코는 담이 작고, 능력이 없으며 재물이 창고에 있어도 지키지 못한
다. 사업을 하면 실패가 많으며, 아름답지 못한 부인 불러들이고, 또한 부인
과 자식을 극(剋)한다.
어려서는 운이 막히고 중년에 쉽게 병에 걸려 고생하나, 눈빛이 좋으면 중
년에 발달한다.

주요
한자

擔 멜 담
疾 병 질

鷹嘴鼻 極爲險惡 응취비 극위험악

응취비는 지극히 흉험하고 악하다.

型狀 _ 如同鷹嘴之狀 年壽凸起 準頭尖而下鈎 廷衛內收 必配三角眼.

형상　여동응취지상 년수철기 준두첨이하구 정위내수 필배삼각안.

休咎 _ 此鼻之人心性極惡 陰毒自私 六親刑剋 中年大破敗 未無結果之

휴구　차비지인심성극악 음독자사 육친형극 중년대파패 말무결과지

相 雖有富貴不久也.

상　수유부귀불구야.

형상

매의 부리와 같이 생긴 상으로 년상과 수상이 돌출되어 있고, 준두는 뾰족하고 코끝 아래는 갈고리처럼 생겼다.
정위는 안으로 들어가 있으며 반드시 삼각안과 짝한다.

길흉

이러한 코를 가진 사람은 심성이 극악하다.
자기의 욕심을 채우기 위해서 보이지 않게 악하다.
육친과 형극이 있으며, 중년에 크게 패하며, 무슨 일을 하면 끝까지 결과를 보지 못하는 상(相)으로, 비록 부귀하다 하더라도 오래 유지하지 못한다.

孤峰鼻 多成多敗 고봉비 다성다패

고봉비는 많이 성공하고 많이 패한다.

型狀 _ 年壽略低 準頭極爲尖高 廷衛微微內收 不露孔是也.

형상　년수약저 준두극위첨고 정위미미내수 불로공시야.

休咎 _ 此鼻主六親無靠 須要獨立成家 妻子但遲 亦剋 中年大敗.

휴구　차비주육친무고 수요독립성가 처자단지 역극 중년대패.

　　　心性好淫 少年離鄕奔走 多學少成之相也.

　　　심성호음 소년이향분주 다학소성지상야.

형상

년상과 수상은 약간 낮고 준두는 매우 뾰족하고 높다.
정위는 안으로 오그라들어 보잘 것 없으며, 콧구멍은 보이지 않는다.

길흉

이러한 코를 가진 사람은 기댈 육친이 없으며, 홀로 가업을 이루고, 부인과
자식을 늦게 두지만, 역시 부인과 자식 덕이 없으며, 중년에 크게 패한다.
심성이 음란함을 좋아하고 어려서 부모 곁을 떠나 분주하게 살아가며 많이
배우고 작게 이루는 상(相)이다.

略 다스릴 약

遲 늦을 지

奔 달릴 분

三灣鼻 六親無靠 삼만비 육친무고

삼만비는 기댈 육친이 없다.

型狀 _ 山根低陷 年壽露骨 準頭又尖 左右彎曲是也.

형상   산근저함 년수로골 준두우첨 좌우만곡시야.

休咎 _ 此鼻少年多難多剋 中年多敗多險 半世無妻 縱有亦剋 一生辛苦

휴구   차비소년다난다극 중년다패다험 반세무처 종유역극 일생신고

　　　 勞碌 恐帶暗疾 亦主無子送終.

　　　 노록 공대암질 역주무자송종

　　　 書云 鼻梁露骨是反吟 曲轉些兒是伏吟 反吟相見是絶滅 伏吟相

　　　 서운 비량노골시반음 곡전사아시복음 반음상견시접멸 복음상

　　　 見 淚淋淋 是也.

　　　 견 누림림 시야.

형상

산근은 낮게 꺼져 있으며 년상과 수상의 뼈가 드러나 있다. 준두 위는 뾰족하게 튀어 나왔으며, 좌우가 활등처럼 굽어있다.

길흉

이러한 코를 가진 사람은 어려서부터 힘든 일을 많이 겪으며, 중년에는 패함과 흥함이 끊이지 않고, 반평생 부인도 없이 지내야 하며, 어려움이 계속 이어져 일생 쓴 고생을 하고, 질병이 따를까 염려되며 자식도 없이 인생의 마지막을 보내게 된다.

책에서 말하길, 콧대 뼈가 튀어나오면 반음 작용을 하는데, 굽어서 구르는 작은 어린아이 때부터 복음을 시작하며 만약, 반음상을 만난다면 없어진다. 복음상은 눈물이 마를 때가 없다.

🔍 **주요 한자**

灣 물굽이 만
碌 돌 모양 록
梁 기장 량

些 적을 사
淚 눈물 누
淋 물 뿌릴 림

伏吟(殺)복음살 ▶ 일주의 간지와 동일한 간지가 세(世)운에 만날 때 이를 복음살이라 하며 "엎드려 신음한다"하여 흉살로 본다.

怪性鼻 半世孤獨괴성비 반세고독

괴성비는 반평생을 고독하게 보낸다.

型狀 _ 山根豊滿 年壽突出 準頭內收 廷衛略弱 骨多肉小是也.

형상　산근풍만 년수돌출 준두내수 정위약약 골다육소시야.

休咎 _ 此鼻多爲破相 幼歲時家境優美 少年創基 中年仍爲孤宿 晚景微

휴구　차비다위파상 유세시가경우미 소년창기 중년잉위고숙 만경미

　　　見好轉. 宜就技術業類 此人性情 特別古怪. 亦爲好淫之相也.

　　　견호전. 의취기술업류 차인성정 특별고괴. 역위호음지상야.

형상

산근은 풍만하고 년상과 수상이 돌출되었다.
준두는 깎인 것처럼 안으로 오그라들어 있고 정위는 짧고 약하다. 뼈는 두껍고 살점은 적다.

길흉

이러한 코는 많이 깨어지게 되는 상(相)이지만, 어렸을 때는 가정환경이 좋았으면, 어려서 기반을 잡고, 중년에는 고독하게 잠을 자지만, 노후에는 조금 호전될 것이다.
마땅히 기술을 배우고 익혀야 하며, 이러한 사람의 성정은 특히 괴상하고 기이한 면이 있다.
역시, 음란함을 좋아하는 상이다.

주요 한자

怪 기이할 괴
突 갑자기 돌
仍 인할 잉

胡羊鼻 富貴雙全호양비 부귀쌍전

호양비는 부귀가 함께 있다.

型狀 _ 年壽骨豊不露 鼻大而正 準頭圓滿尖微下 諫臺廷衛分明 法令淸
형상 　 년수골풍불로 비대이정 준두원만첨미하 난대정위분명 법령청

而正 山浪微低有氣是也.
이정　산근미저유기시야.

休咎 _ 此鼻得眞者大富大貴 爲人精强能幹 白手大發 妻榮子貴 萬般達
휴구 　 차비득진자대부대귀 위인정강능간 백수대발 처영자귀 만반달

成. 應是先軍後政之相 少年創基 中年大發 老歲更旺於財也.
성.　응시선군후정지상 소년창기 중년대발 노세경왕어재야.

형상

년상과 수상은 풍만하여 뼈가 드러나지 않고, 코는 크고 반듯하며, 준두는 원만하고 아랫부분은 조금 뾰족하며, 난대 정위는 분명하고, 법령은 깨끗하고 바르며, 산근은 조금 낮은 것 같으나 기(氣)가 있어 보인다.

길흉

이러한 코는 진실 된 사람으로 대부대귀를 누릴 수 있으며, 인정이 많고 능력이 뛰어난 사람으로서, 빈손으로 시작해서 크게 발달한다.
부인을 얻어 영화를 누리고 귀한 자식을 두게 되며, 많은 일을 이루어낼 수 있다.
먼저 군에 입대한 후, 나라를 다스리는 정치가의 상(相)으로 어렸을 때부터 큰일을 할 수 있는 기틀을 마련하며, 중년에 크게 발달하여, 노년에 가서는 큰 재물을 얻게 된다.

胡 턱밑 살 호

應 응할 응

獅子鼻 大貴不得善終 사자비 대귀부득선종

사자비는 높은 신분을 갖지만, 끝이 좋지 못하다.

型狀 _ 山根細小低凹 型短或長而下大 年壽弓凸 或略平諫臺廷衛特大
형상   산근세소저요 형단혹장이하대 년수궁철 혹약평난대정위특대

而不露孔是也.
이불로공시야.

休咎 _ 此鼻有兩種.
휴구   차비유양종.

甲) 壽年弓凸型短子 爲石獅鼻 主武貴一品 但不善終.
수년궁철형단자 위석사비 주무귀일품 단불선종.

乙) 年壽略平 型長者 爲草獅鼻 主文貴 若獅形體者貴至一品
년수약평 형장자 위초사비 주문귀 약사형체자귀지일품

配他形者雖發不久此 亦爲不善終.
배타형자수발불구야 역위불선종.

산근이 가늘고 조금 낮아 凹모양으로 꺼져 있으며, 모양이 짧거나 혹 길며 아래가 크다.

년상과 수상이 활 모양으로 凸자처럼 돌출되거나 혹, 약간 평평하며 난대 정위가 특별히 크고 콧구멍은 노출되지 않았다.

이러한 코는 두 종류가 있다.

갑) 수상과 년상이 활 모양이나 凸자 모양으로 튀어 나오면서 짧게 생겨 석 사비라 하며, 주로 무관으로 일품의 벼슬까지 오르지만 단, 끝이 좋지 못하다.

을) 년상과 수상이 약간 평평하면서 모양이 긴 사람은 초사비라 하며 주로 문관의 신분을 갖는다.

만약, 체형이 사자형이면 벼슬이 일품에 이르고, 다른 체형으로 어우러 졌다면 비록 발달하드라도 오래가지 못하고 역시, 끝이 좋지 못하다.

凹 오목할 요
凸 볼록할 철

開風鼻 暴發一時개풍비 폭발일시

개풍비는 한순간에 폭발한다.

型狀 _ 山根年壽均爲高凸 孔大無收 內出豪毛.
형상　　산근년수균위고철 공대무수 내출호모.

　　書云『禾餘, 長槍』準頭肉少 鼻大毛長是也.
　　서운　화여, 장창　준두육소 비대모장시야.

休咎 _ 此鼻心性好勝 祖産豊足全破 少年得志 中年見發不久 末運大敗
휴구　　차비심성호승 조산풍족전파 소년득지 중년견발불구 말운대패

　　多成多敗 更不守財 擔大過人 六親有剋 時常過着窮生活也.
　　다성다패 경불수재 담대과인 육친유극 시상과착궁생활야.

형상

산근, 년상 , 수상이 균등하게 凸자 모양으로 높게 두드러졌으며, 콧구멍이 커서 거두어들일 수 있는 것이 없으며, 코털은 나와 보인다.

책에서 말하길 『화여, 장창』준두의 살은 적고 코는 커서 털이 길게 나와 보인다, 하였다.

길흉

이러한 코를 가진 사람의 심성은 이기는 것을 좋아하고, 조상이 남겨 놓은 유산은 많지만 모두 탕진해 버린다.

어려서 뜻을 세우고 중년에 발달하지만 오래가지 못하며 말년에는 크게 패하여, 많은 것을 이루고, 많이 실패한다.

고쳐 말하면 조상이 남겨준 유산은 있지만 지키지 못하며, 담이 지나치게 큰 사람으로서 육친을 극(剋)하고 항시 지나쳐 궁핍한 생활을 하게 된다.

주요
한자

豪 호걸 호

槍 창 창

塌弱鼻 一生奇窮 장약비 일생기궁

장약비는 일생불운하며 궁핍하다.

型狀 _ 山根年壽低弱無氣 準頭無肉 完全露孔無毛 刑短色滯是也.
형상   산근년수저약무기 준두무육 완전로공무모 형단색체시야.

休咎 _ 此鼻主心性狡猾 一生奇窮 萬事無成 奔波勞碌 必帶內疾 六親
휴구   차비주심성교활 일생기궁 만사무성 분파노록 필대내질 육친

無靠 若眼好者 中年有發不久 此人必無帶壽也.
무고 약안호자 중년유발불구 차인필무대수야.

형상

산근, 년상, 수상이 낮고 약하여 기(氣)가 없다.
준두는 살이 없고, 콧구멍은 완전히 노출되고 털도 없다.
모양은 짧고, 색은 막혀 있다.

길흉

이러한 코를 가진 사람은 심성이 교활하고, 일생 빈궁하고 만사 이루어놓은 것이 없으며, 노력해도 바쁘기만 하고, 속 병만 생긴다.
의지할 수 있는 육친이 없으며 만약, 좋은 눈을 가진 사람이 라면, 중년에 발달하나 오래가지 못하며, 수명도 길지 못하다.

場 마당 장

鹿鼻 富貴心善_{녹비 부귀심선}

녹비는 부귀하고 마음도 선하다.

型狀 _ 山根壽年略平 準頭豊滿圓明 準雖高而不尖 色潤不露孔.

형상　산근수년약평 준두풍만원명 준수고이불첨 색윤불로공.

休咎 _ 此鼻主人心性仁慈 好義 更是多情 必得美妻內助 亦生貴子 富

휴구　차비주인심성인자 호의 갱시다정 필득미처내조 역생귀자 부

而守財 貴而淸正 中年大發 老來大旺於財 逢凶化吉 高壽之相也.

이수재 귀이청정 중년대발 노래대왕어재 봉흉화길 고수지상야.

형상

산근, 년상, 수상은 조금 평평하고, 준두는 풍만하고 둥글며 밝다. 준두가 다소 높으나 뾰족하지 않으며, 색은 윤택하고 콧구멍은 보이지 않는다.

길흉

이러한 코를 가진 사람은 보통 심성이 인자하고, 호의 적이다. 다시 말해 정이 많다.
반드시 아름다운 부인의 내조를 받고 또한, 귀한 자식을 낳으며, 부자라면 재물을 지킬 수 있고, 귀하며 깨끗하고 바르므로 중년에 크게 발달하여 노년에는 재물은 더욱 많아지고 흉(凶)을 만나도 길(吉)로 변하는 장수할 상이다.

주요
한자

鹿 사슴 녹

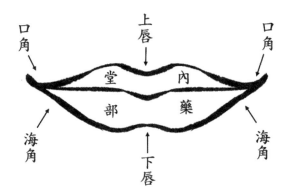

堂部

內藥

【입 주요부위 명칭】

• 口角구각

• 海角해각

• 上脣상순 _ 윗입술

• 下脣하순 _ 아랫입술

4장 5부

彎弓仰月口 白手富貴 만궁앙월구 백수부귀

활 등처럼 완만하게 굽고, 달을 우러러 보는 듯한 입 모양
으로 하는 일이 없어도 부귀를 누린다.

型狀 _ 彎弓向上 如仰月一般 齒白脣紅 女珠丹之美 上下脣較薄是也.
형상   만궁향상 여앙월일반 치백순홍 여주단지미 상하순교박시야.

休咎 _ 此口能講能說 主掌大權 一呼百答 性强好勝 聰明能幹
휴구   차구능강능설 주장대권 일호백답 성강호승 총명능간

必得美妻 子孫亦貴 乃富貴之相此.
필득미처 자손역귀 내부귀지상야.

윗입술은 활 등처럼 위로 휘어졌으며, 달을 우러러 보는 듯
하고, 치아는 희고 입술은 붉으며, 구슬과 같이 아름답고,
비교적 입술은 아래위가 얇다.

이러한 입을 가진 사람은 능히 배우고 익혀 말할 수 있으
며, 대권을 장악하고 하나를 물어보면 백 가지 답을 하고,
성품이 강하여 이기는 것을 좋아하며, 총명하여 일을 처리

하는 솜씨가 뛰어나고, 아름다운 부인을 얻고 자손 역시 귀히 되어 부귀에
이르는 상이다.

四子口 水牛牙大富貴 사자구 수우아대부귀

사(四)자 입모양에 소의 치아를 가지면 대 부귀를 누린다.

型狀 _ 上下脣厚而齊 口角略爲向上 型如四字之明 齒白整齊是也.

형상　상하순후이제　구각약위향상　형여사자지명　치백정제시야.

休咎 _ 此口一生福綠 富貴雙全 文學出衆 德明精幹 心實性和

휴구　차구일생복록　부귀쌍전　문학출중　총명정간　심실성화

　　　祖産有靠 子女得力 大壽之相也.

　　　조산유고　자녀득력　대수지상야.

상하의 입술은 두텁고 가지런하며, 구각은 조금위로 향하고, 입 모양은 사(四)자처럼 생겨 선명하며, 치아는 깨끗하고 가지런하게 생겼다.

이러한 입은 일생 복록이 있고 부귀가 함께하며, 문학에 뛰어나고 총명하며 야무지다. 마음은 견실하고 성품이 온화하며, 의지하고 기댈 수 있는 조상이 있고, 자녀가 덕이 있으며 장수할 상이다.

櫻桃口 富貴而聰明 앵도구 부귀이총명

앵두 모양의 입은 부귀하고 총명하다.

型狀 _ 口小脣紅 角弓向上 齒似榴子 多而密 型小脣湄是此.

형상　구소순홍 각궁향상 치사유자 다이밀 형소순난시야.

休咎 _ 此口主心性溫良 不多說話 多情重義 德明能幹 易遇貴人贊助

휴구　차구주심성온량 부다설화 다정중의 총명능간 이우귀인찬조

　　　中等富貴之相. 女人有此口者 定配大貴之夫也.

　　　중등부귀지상. 여인유차구자 정배대귀지부야.

입은 작고 입술은 붉으며, 입의 양쪽 끝이 활처럼 휘어져 위로 향해 있고, 치아는 석류 알처럼 생겨 개수가 많고 조밀하며, 입술은 작고 뜨겁게 생겼다.

이러한 입을 가진 사람은 심성이 온화하고 선량하며, 말은 많지 않고 다정하며 의롭고, 총명하고 뛰어나며, 쉽게 귀인을 만나 도움을 받으니 중등(中等) 부귀지상이다. 여자가 이러한 입을 가졌다면 대귀를 누리는 배우자를 만난다.

吹火口 貧賤而夭折 취화구 빈천이요절

불구멍에 바람을 불어넣는 입 모양은 빈천하고 요절한다.

型狀 _ 口尖如吹火之狀 兩角向下垂 脣薄紋皺 齒向外傾帶露 參差不整.
형상   구첨여취화지상 양각향하수 순박문추 치향외경대로 참차부정.

休咎 _ 此口心性極奸惡 喜說是非 亦爲貧賤夭折.
휴구   차구심성극간악 희설시비 역위빈천요절.

六親無力 祖産無以 刑妻剋子 老孤之相 如鼻好者亦有小發.
육친무력 조산무이 형처극자 노고지상 여비호자역유소발.

입은 뾰족하고 불구멍에 바람을 불어넣는 모양으로, 입의 양각은 아래로 처져있으며, 입술은 얇고 주름져 쪼그라들어 밉고, 치아는 바깥쪽으로 기울어 노출되고 어긋나 가지런하지 못하다.

이러한 입을 가진 사람은 심성이 매우 간사하고 악하며, 시비걸기를 좋아하고, 역시 가난하고 천하게 살다가 단명 한다. 육친은 능력이 없고, 조상에게는 물려받을 유산도 없으며, 처자를 형극(刑剋)하며 늙어서 고독한 상으로, 만약 코라도 잘생겼으면 조금은 발달한다.

方口 食祿千鍾 방구 식록천종

사방이 각이진 입은 식록이 천 가지 그릇에 이른다.

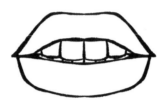

型狀 _ 脣厚角方潤紅 口大有收 齒大整齊 色白型正不偏 上下脣薺是也.

형상　순후각방윤홍　구대유수　치대정제　색백형정불편　상하순제시야.

休咎 _ 此口主心性忠實 祖産豊足 六親有力 妻榮子孝 食祿千種 乃富

휴구　차구주심성충실　조산풍족　육친유력　처영자효　식록천종　내부

　　　　貴榮華之相也.

　　　　귀영화지상야.

입술은 두텁고 사방은 모가 나고 붉게 윤가 돌며, 입은 커서 음식을 잘 먹을 수 있고, 치아는 크고 가지런하게 정돈되어 있으며, 색은 희고 기울어지지 않고 반듯하며, 입술 상하는 가지런하다.

이러한 입을 가진 사람은 주로 심성이 충실하고, 조상으로부터 받은 유산이 풍족하며, 육친의 덕이 있고 부인을 얻으면 영화를 누리고 자식에게 효도를 받으며, 식록이 천 가지 그릇과 같이 많아 부귀영화를 누릴 相이다.

猪口 性惡不善終저구 성악불선종

돼지 입 모양은 성질이 악하고 끝이 좋이 못하다.

型狀 _ 上脣長而肥大 下脣短而內縮 齒尖帶露 口尖不收 兩角垂下是也.

형상　　상순장이비대　하순단이내축　치첨대로　구첨불수　양각수하시야.

休咎 _ 此口爲人不善 心朦性暴 六親不靠 妻子俱遲 刑剋亦重 縱然小

휴구　　차구위인불선　심몽성폭　육친불고　처자구지　형극역중　종연소

富 定爲惡死也.

　　　　부　정위악사야.

윗입술은 크고 길며 두텁고, 아랫입술은 짧고 안쪽으로 오그라들어 있으며, 치아는 뾰족하게 드러나 있고, 입은 뾰족하여 음식을 먹을 수 없으며, 양쪽 구각은 아래로 늘어져 있다.

이러한 입을 가지면 사람됨이 지혜롭지 못하고, 마음이 흐려 성정이 포악하고, 의지할 육친이 없으며, 부인과 자식을 늦게 얻고, 역시 형극(刑剋)이 무거워 끝내 작은 부를 누리다 흉한 죽음을 맞는다.

牛口 富貴福壽 우구 부귀복수

소 입 모양은 부귀와 수명을 누린다.

型狀 _ 脣豊有收 齒齊而長 兩角弓上 開大合小 色鮮而明.

형상   순풍유수 치제이장 양각궁상 개대합소 색선이명

休咎 _ 此口爲人忠實 心直性强 富貴雙全 壽年亦高 但剋妻難免

휴구   차구위인충실 심직성강 부귀쌍전 수년역고 단극처난면

  子孫衆多有貴 逢凶化吉之相此.

  자손중다유귀 봉흉화길지상야

입술은 풍만하여 음식을 잘 먹을 수 있으며, 치아는 가지런 하고 길게 생겼으며, 입의 양각은 활처럼 위로 향하여 있으 며, 입을 열면 크고 다물면 작으며 색은 깨끗하고 분명하다.

이러한 입을 가지면 사람됨이 충실하며, 심성이 곧고 강직 하여, 부귀를 겸하고 수명도 길지만 단, 처의 극(剋)함은 면 하기 어려우며, 자손은 많고 귀한 신분으로 흉(凶)을 만나 도 길(吉)로 변하는 상이다.

羊口 兇貧虛度 양구 흉빈허도

양 모양의 입은 흉폭하고 가난하며, 허되게 세월만 보낸다.

型狀 _ 口小而尖 脣薄無鬚 兩角微向上 齒黃而稀少是也.

형상   구소이첨 순박무수 양각미향상 치황이희소시야.

休咎 _ 此口主招人嫌 貧賤多凶 祖産難靠.

휴구   차구주초인혐 빈천다흉 조산난고.

六親不和 刑妻剋子 半世孤獨 虛花夭折之相也.

육친불화 형처극자 반세고독 허화요절지상야.

입은 작고 뾰족하며, 입술은 얇고 승장에 수염이 없으며, 입 양쪽 끝이 살짝 위로 향하여 있으며, 치아는 황색으로 작으며 드물게 있다.

이러한 입을 가진 사람은 불평불만이 많은 사람을 불러들여 흉(凶)이 끊이지 않아 가난하고 천하며, 조상으로 부터 유산도 기대하기 어렵다. 육친이 화합하지 못하고, 처자를 형극(刑剋) 하며, 반평생 고독하게 지내다가 피어보지도 못하는 꽃으로 요절하는 상이다.

孤紋口 刑剋大凶 고문구 형극대흉

외롭게 보이는 주름이 있는 입은 형극대흉 하다.

型狀 _ 口小反脣 兩角向下 雙脣皺紋 氣慘色滯 齒稀參差 上脣包下是也.
형상　　구소반순 양각향하 쌍순추문 기참색체 치희참차 상순포하시야.

休咎 _ 此口主不得人和 妻子俱遲 常遇凶險之事 少年辛苦 中年微發卽
휴구　　차구주불득인화 처자구지 상우흉험지사 소년신고 중년미발즉

敗. 老來招凶 孤苦之相此 宜技術業類.
패. 노래초흉 고고지상야 의기술업류.

입은 작고 입술은 뒤집혀졌으며, 입 양쪽 끝은 아래로 향해 있고, 아래, 위 입술은 쭈글쭈글한 주름과, 색은 막혀 기운이 쇠잔하게 보이고 어긋난 치아가 드문드문 있으며, 윗입술이 아랫입술을 덮고 있다.

이러한 입을 가진 사람은 다른 사람들과 화합하지 못하며, 부인과 자식을 늦게 얻고, 항상 흉험한 일을 만나게 되며, 어렸을 때 고생이 심하고 중년에는 조금 발달하지만 실패한다. 늙어서도 흉(凶)을 불러들여 고독하고 고생하는 상(相)이니, 기술을 익힘이 마땅하다.

傾心口 破敗夭折 경심구 파패요절

삐뚤어진 입 모양은 하는 일마다 패하고 요절 한다.

型狀 _ 口包傾斜 大而無收 上下不齊 或皺紋或無紋 齒少尖稀是也.

형상　구포경사　대이무수　상하부제　혹추문혹무문　치소첨희시야.

休咎 _ 此口之人心惡多毒 中年大破 時常服藥 內疾不斷 六親難靠

휴구　　차구지인심악다독　중년대파　시상복약　내질부단　육친난고

　　　　妻不賢子不孝 雖見微發 亦是夭折之相此.

　　　　처불현자불효　수견미발　역시요절지상야.

한쪽으로 삐뚤어진 입은 크지만 음식을 먹기 힘들며, 입술 상하는 가지런하지 못하고 혹, 쭈글쭈글한 주름이 있거나 혹, 주름이 없거나하고, 치아는 작고 뾰족하며 드물게 있다.

이러한 입을 가진 사람의 마음은 악하고 매우 독하며, 중년에 재물을 크게 잃는다. 항시 약을 먹으며 질병이 끊이지 않고, 육친에게 의지하기 어려우며, 아내는 어질지 못하고 자식은 불효하며, 비록 조금은발달하겠지만, 역시 요절하는 상이다.

齒牙 치아

金石牙 富貴福祿 금석아 부귀복록

금강석과 같이 단단한 치아는 부귀복록이 따른다.

榴子牙 顯達聰明 류자아 현달총명

석류 알처럼 생긴 치아는 뛰어나게 총명하다.

魚牙 刑剋而勞碌 어아 형극이노록

물고기 이빨처럼 생긴 치아는 형극과 노록이 심하다.

短質牙 性猾夭貧 단질아 성활요빈

길이가 짧은 치아는 성품이 교활하고 가난하게 살다 요절 한다.

虎牙 貴而刑剋六親 호아 귀이형극육친

호랑이를 이빨처럼 생긴 치아는 귀하나 육친을 형극 한다.

外波牙 貧賤而大凶 외파아 빈천이대흉

밖으로 버러진 치아는 삶이 가난하고 천하며 크게 흉하다.

漏氣牙 破敗而夭折 누기아 파패요절

치아 사이가 넓어 기가 빠지는 이는 하는 일 마다 패하고 요절한다.

天壽牙 勞碌而長壽 천수아 노록이장수

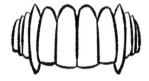

천수를 누리는 치아는 삶은 힘들지만 장수한다.

露根牙 離祖短壽 로근아 이조단수

치근이 보이는 이는 조상과 인연이 없고 단명한다.

鬼牙 貧賤夭折多凶 귀아 빈천요절다흉

귀신 이빨처럼 생긴 치아는 가난, 빈천하며 요절하니 매우 흉하다.

宮內牙 小算而食祿 궁내아 소산이식록

안으로 말려든 모양의 치아는 이빨 숫자가 작아도 식록이 있다.

狗牙 奸狡而多凶 구아 간교이다흉

개 이빨처럼 생긴 치아는 간교하고 매우 흉하다.

人沖인충

上尖下闊 多子壽高 상첨하활 다자수고

위가 좁고 아래가 넓은 인충은 자식은 많고 수명이 길다.

· 人沖四水總通路 인충사수총통로
  인충은 4개의 물결이 모여 흐르는 통로다

· 上尖下寬爲正圖 상첨하관위정도
  인충은 위가 좁고 아래가 넓은 것이 바른 모양이다.

· 深長明顯鬚不空 심장명현수불공
  깊고 길며 뚜렷하게 빈 공간이 없으며, 승장 수염이 보여야 한다.

· 壽高子多富貴夫 수고자다부귀부
  수명이 길고 자손이 다복하며 신분이 높은 남편을 맞는다.

上寬下尖 子小而惡 상관하첨 자소이악

위가 넓고 아래가 좁은 인충은 자식은 적고 악하다.

· 型如心桃淺又短 형여심도천우단

　인충의 모양이 짧고 또한 얕으며, 마음에 색정이 흐른다.

· 上大下小更不端 상대하소경부단

　위가 크고 아래가 작은 것은, 고쳐 말하면 단정하지 못하다.

· 此種之人心刁狡 차종지인심조교

　이러한 모습을 가진 사람은 마음이 바르지 못하고 교활하다.

· 子惡壽夭有百般 자악수요유백반

　자손은 수명이 짧고 수 없이 옮겨 다닌다.

위아래가 똑같이 넓은 인충은 수명은 길지만 자식을 극한다.

· 上下同寬最不宜 상하동관최불의
  인충의 모양이 위아래가 똑 같이 넓은 것은 최고로 좋지 못하다.

· 尅妻刑子心石欺 극처형자심석기
  마음을 돌 같이 단단히 속이니 자식을 형(刑)하고 처를 극(尅)한다.

· 雖然壽高也孤苦 수연수고야고고
  비록 수명은 길지만 외롭고 고단한 삶이다.

· 運轉老年第一奇 운전노년제일기
  노년에 운이 바뀌는 것은 참으로 기한 일이다.

上下尖中央大 性猾早子剋 상하첨중앙대 성활조자극

위아래가 좁고 가운데가 넓은 인충은 성품이 교활하며
자식을 일찍 극(剋) 한다.

· 上下尖小中央開 상하첨소중앙개

  인충의 모양이 위아래는 좁고 뾰족하며, 가운데가 열린 듯 넓다.

· 直紋從上沖下來 직문종상충하래

  직선 주름이 위에서 아래로 찌르듯이 이어져 있다.

· 早年生子多方死 조년생자다방사

  일찍 많은 자식을 두지만, 죽음이 곳곳에 있다.

· 四水不流末運敗 사수불류말운패

  사방에 물이 흐르지 못하니, 말년 운은 실패한다.

上下傾斜 刑剋多災 상하경사 형극다재

위아래가 비스듬히 기우려져 있는 인충은 형극으로 재앙이 많다.

· 人沖又曰是人中 인충우왈시인중

  인충은 또 다른 말로 인중이라 한다.

· 眞傳五十一人沖 진전오십일인충

  인충 얼굴의 중앙에 위치하고 51세에 해당한다.

· 偏斜刑剋災害有 편사형극재해유

  한쪽으로 기우려져 형극(刑剋)하니 재앙으로 손해가 있다.

· 五十上下更不同 오십상하경부동

  오십을 기준으로 상하가 같지 않으므로 운이 바뀐다.

型曲橫紋沖 勞碌主養假子 형곡횡문충 노록주양가자

굽은 모양에 가로줄이 있는 인충은 양자를 기르고 고생이 많다.

· 人沖眞位屬溝洫 인충진위속구혁

  인충의 위치는 적을 막는 성의 해자와 같으므로 매우 중요하다.

· 傾曲紋沖傷眞脈 경곡문충상진맥

  삐뚤고 굽은 모양의 인충은 혈맥을 상하게 한다.

· 心中無信多奸狡 심중무신다간교

  형곡횡문충 인충은 신의가 없으며 매우 간사하고 교활하다.

· 如不奇窮亦孤格 여불기궁역고격

  인충이 위와 같으면 극도로 가난하지 않으면 외롭다.

髮

鬢

髭

髥

鬚

鬍

髯

【주염 주요부위 명칭】

• 髮 터럭 발 ▶ 머리카락
• 鬢 살쩍 빈 ▶ 귀밑 털 ▶ 명문까지 내려온 머리카락
• 코밑수염 자
• 구레나룻 염 ▶ 턱 수염 ▶ 髯 속자
• 鬚 수염 수 ▶ 승장 수염
• 鬍 수염 호 ▶ 시골 수염

4장 6부

髮발

夫髮者爲血之餘乃是山林之草木 宜細軟潤長秀麗放香鳥黑過疎 方爲富
부발자위혈지여내시산림지초목 의세연윤장수려방향조흑과소 방위부

貴吉祥亦長壽快樂 若燥結枯黃乃山林氣滯不秀 必主貧苦多疾矣 夫髮不
귀길상역장수쾌락 약조결고황내산림기체불수 필주빈고다질의 부발불

宜粗硬枯濃 (土型人不忌濃) 尤忌壓閉日月角 主人愚頑刑剋六親少運欠
의조경고농 토형인불기농 우기압폐일월각 주인우완형극육친소운흠

順 少年白髮剋父母左剋父右剋母 少年落髮難見子 若是生男育女亦妨刑
순 소년백발극부모좌극부우극모 소년낙발난견자 약시생남육여역방형

老人增髮或黑髮或半白髮爲血氣 旺盛主壽也.
노인증발혹흑발혹반백발위혈기 왕성주수야.

詩曰 滿頭秀髮艶芬芳 烏黑細軟疎潤良 最怕枯黃硬白落 刑剋六親去他鄉.
시왈 만두수발염분방 오흑세연소윤량 최파고황경백락 형극육친거타향.

무릇 머리카락이라는 것은 혈액의 잔액으로 산림의 초목과 같다.

마땅히 가늘고 부드럽고 윤이 나며 길게 빼어나야하고, 아름다우며 향기가
나고, 검은 새(黑鳥)와 같다면, 어느 곳에서 이든지 부귀하며 유쾌하고 즐겁
게 장수할 수 있는 좋은 징조다.

만약, 말라서 누렇게 변해버린 산림과 같다면 기(氣)가 막혀 잘 자라지 못한
것으로, 반드시 질병이 많고 가난하여 고생하므로, 무릇 털도 거칠거나, 억
세거나, 마르거나, 짙으면 적당하지 못하다.(토(土)형인은 짙은 것을 싫어하지 않는
다) 더욱 나쁜 것은 이마의 일(日), 월(月)각을 눌러 막는 것으로 보통 이런 사

람은 우매하고 완고하여 육친을 형극(刑尅)하니, 젊어서는 운이 부족해 순조롭지 못하다.

젊어서 백발은 부모를 극(尅)하는데 좌(左)는 아버지요 우(右)는 어머니가 된다. 젊어서부터 머리가 빠지면 자식을 낳아도, 아들은 보기 어렵다. 단, 여자는 형(刑)작용을 받지 않는다.

그리고 노인이 머리카락이 더 많이 자라거나 혹, 더 검어지거나 혹, 반백이 되는 것은, 혈기가 왕성함으로 주로 수명과 이어져 장수한다.

시왈 머리는 잘생기고 빼어나며, 머리카락은 곱고 향기가 사방으로 퍼져지며, 까마귀 같이 검고 가늘고, 부드러우며 윤기가 나면 좋지 않겠는가! 단, 최고로 두려운 것은 말라서 누렇게 변하거나 또 하얗게 세어져 빠지는 것으로 육친을 형극(刑尅)하고 고향을 떠나는 타향살이를 하는 것이다.

주요 한자

髮 터럭 발 ▶ 머리카락   艶 고울 염

壓 누를 압   芬 향기로울 분

鬢髭鬚髯鬍 빈자수염호

夫鬢者位於兩耳門前乃命門 其氣上貫至髮頂 下貫於髯鬍 氣韶顧於眉鬚
부빈자위어양이문전내명문 기기상관지발정 하관어염호 기소고어미수

故眉鬢鬚最喜三濃 相會聚始能內通丹田外達華表 方爲食祿萬鍾之相也.
고미빈수최희상농 상회취시능내통단전외달화표 방위식록만종지상야.

若眉鬍粗濃而鬢獨空者或眉鬢粗濃髭鬚空者 均爲一空之格矣 主終身不
약미염조농이빈탁공자혹미빈조농자수공자 균위일공지격의 주종신불

達非吉相也.
달 비 길상야.

무릇 빈(鬢)발이라는 것은 양쪽 귀 명문 앞부분에 자란 것을 말 하는데, 그
기운은 위로는 통하여 정수리까지 이르고, 아래로는 턱수염, 시골 수염까지
이르며, 눈썹까지 아름답게 한다.

고로 눈썹과 빈발과 수염이 최고로 기쁘게 하는 것은 삼농(눈썹, 빈발, 수염 색
이 짙은 것)이 바람직하며, 이것 들이 모여 단전 안에서 밖으로 표출되는 이것
이 '식록만종' 상이라 한다.

만약 눈썹과 턱수염이 농탁하고 거친데 빈발이 없는 사람 또는, 눈썹과 빈
발은 거칠고 짙은데 코밑수염과 승장수염이 없는 사람은 똑같이 한 가지가
부족해 조화롭지 못한 격이니, 몸이 죽을 때까지 발달하지 못하므로 좋은
상(相)은 아니다.

夫髭者位於人沖 乃鼻孔之下 此爲四水總脈 血氣貫注丹田 主人精力充
부자지위어인충 내비공지하 차위사수총맥 혈기관주단전 주인정력충

倍 乃是威儀之表也. 兩邊尾部又稱爲綠倉 宜與鬚鬍鬚互配 若不貫連 不

배 내시위의지표야.　양변미부우칭위녹창　의여수염호호배　약불관연　불

困口 不枯黃 不燥結 不硬焦者 必主福綠富貴壽考也. 若有綠無髭『卽人

곤구　불고황　불조결　불경초자　필주복록부귀수고야　약유록무자　즉인

沖處無髭是此』定非功名之靠矣.

충처무자시야　정비공명지고의.

夫鬚者位於承漿卽下嘴唇下端 爲髭之副 爲鬍之主 爲鬚之助也.

부수자위어승장즉하취순하단　위자지부　위호지주　위염지조야.

宜黑如漆或赤光亮 而淸近者主富貴晚景極佳也.

의흑여칠혹적광량　이청근자주부귀만경극가야

무릇 코밑수염이라는 것은 콧구멍 아래 인충 내에 있는 것이며, 이것은 사수(눈_하독, 코_제독, 귀_강독, 입_회독)의 총맥으로 혈기를 단전에 통과시켜 주어 정력을 더욱 충족시켜주므로 예법에 맞는 몸가짐을 갖추게 한다.

코밑수염 양쪽 끝 꼬리 부분은 녹창이라 불리며, 마땅히 승장수염, 시골수염, 턱수염은 서로 잘 어울려야 한다.

또한, 겹치지 않게 연결되어야 입이 괴롭지 않으며, 누렇게 마르지 않고, 말라서 뭉치지 않고, 타서 굳지 않으면 반드시 복록이 있어 부귀하고 장수한다.

만약, 녹은 있는데 수염이 없으면(즉 인충 내의 콧수염을 말한다) 의지할 데가 없으니 공명도 사라진다.

무릇 승장수염은 승장 , 즉 입술 아래 있는 것으로, 코밑수염의 다음가는 수염이며, 시골턱수염은 주로 턱수염을 도와주는 것으로 마땅히 옻칠을 한 것처럼 검거나 혹 붉게 빛나는 것이 좋고, 맑을수록 부귀하며 노후가 아름답다.

夫鬚者位於地閣 名爲五木 最喜互照互顧 髭鬚鬍鬚鬢爲五美五秀 宜淸

부염자위어지각　명위오목　최희호조호고　자수염호빈위오미오수　의청

奇不黃濁 稀疎而不滯 根根見肉 秀軟兼長 光澤艶舒 主大富貴 其子孫
기불황탁 희소이불체 근근견육 수연겸장 광택염서 주대부귀 기자손
必百世榮昌 大吉之相. 若粗硬黃枯亂濁者 主人性奸 凶惡狼暴 非善相也.
필백세영창 대길지상. 약조경황고난탁자 주인성간 흉악랑폭 비선상야.
若粗硬黃枯亂濁者 主人性好 凶惡狼暴 非善相也.
약조경황고난탁자 주인성간 흉악랑폭 비선상야.

무릇 턱수염은 지각에서 자라는 것으로서 오목(木) 중 최고의 기쁨을 주는
것으로 서로 비추고 도우니 자(髭) 수(鬚) 염(髥) 호(鬍) 빈(鬢) 5개가 아름답게
빼어나고, 마땅히 맑고 누렇게 탁하지 않으며, 막히지 않고, 뿌리마다 살점
이 보이며 빼어나게 부드러우며 길고 윤택하고, 곱게 펼쳐져 빛나면 대부
대귀가 자손까지 이르러 백세까지 크게 길(吉)한 상이다.
만약, 거칠고 억세고 누렇게 말라 어지럽게 탁하면, 주인의 성품도 간교하
고 흉하고 악하여 이리처럼 사나우며 선(善)한 상이 아니다.

夫鬍者位於兩耳下端爲髭之副 宜細長烏黑光澤漂逸爲草木秀中 華表麗
부호자위어양이하단위자지부 의세장오흑광택표일위초목수중 화표려
面主富貴福綠 上吉之相也.
면주부귀복록 상길지상야.

무릇 시골(鬍)수염은 양쪽 귀밑 끝에 있는 것으로, 코밑수염 다음 가는 것으로,
가늘고 길며 검고 윤택한 빛으로 뛰어난 모양이면, 빼어난 초목(자(髭) 수(鬚)
염(髥) 호(鬍) 빈(鬢)) 중에서 화려한 장식으로 얼굴을 꾸며주는 것과 같이 부귀 복
록을 주관하는 가장 좋은 상(相)이다.

詩曰 紫面無鬚亦無鬢 眉輕髥少髭無成. 髮疎鬍隱三輕相大富 大貴作良臣.
시왈 자면무수역무빈 미경염소자무성. 발소호은삼경상대부 대귀작량신.

시왈, 자색 빛 얼굴에 승장에 수염이 없고, 빈발도 없으며, 눈썹과 턱수염은 적고, 코밑수염도 적으면 이루어 놓은 것이 없다.

머리털이 빽빽하지 않고, 시골(髥)수염이 은은하면 삼경상에 속하니 대부대 귀하고 선량한 신하다.

又詩曰 _ 焦黃濃濁最不良 燕尾羊髥必刑傷 淸奇光澤稀疎好 富貴榮華
우시왈 초황농탁최불량 연미양호필형상 청기광택희소호 부귀영화
是棟梁.
시동량.

한 번 더 시에서 가로대, 말라서 누렇게 진하고 탁한 것이 제일 나쁘며 제 비 꼬리와 양의 시골(髥)수염은 반드시 형(刑)으로 상하게 하므로, 맑은 가운 데 보통 이상으로 드물게 윤이 나고 빛나면, 부귀영화를 누리는데 중요한 역할을 한다.

髥 구레나룻 염 ▶ 턱 수염 ▶ 髯의 속자
韶 풍류 이름 소   聚 모일 취
威 위엄 위   嘴 부리 취
漆 옻 칠   焦 그을릴 초
澤 못 택 ▶ 윤이 나다

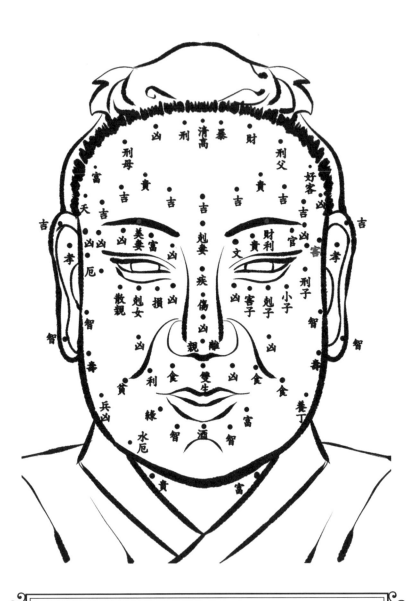

男面痣總圖 남면지총도

面痣_{면지}

夫面痣者如山峰之秀美 不可不高峻 若生在眉裏爲草木藏珠 主財主得美
부면지자여산봉지수미 불가불고준 약생재미리위초목장주 주재주득미

妻 痣大生毫毛爲山林之秀 在吉部位主富貴吉祥 若生凶部 位主凶惡加
처 지대생호모위산림지수 재길부위주부귀길상 약생흉부 위주흉악가

倍也.
배야.

痣大黑凸爲痣 平而不起色不黑者爲斑 色黑面積小而平者爲點. 痣有吉有
지대흑철위지 평이불기색불흑자위반 색흑면적소이평자위점. 지유길유

凶 但要以部位論斷 痣大光澤生於隱處者爲吉爲財爲富貴 痣生在顯處或
흉 단요이부위논단 지대광택생어은처자위길위재위부귀 지생재현처혹

面部眉以下者 多爲破運痣主凶矣 紅痣爲陰騭痣如大面光澤者.
면부미이하자 다위파운지주총의 홍지위음즐지여대면광택자.

不論生於何部位階爲吉痣也.
불론생어하부위계위길지야.

무릇 얼굴의 사마귀는 것은 산의 봉우리가 아름다운 것과 같이 산이 높지
않으면 가능하지 않다. 만약, 눈썹 속에 사마귀가 있다면 초목이 구슬을 감
추고 있는 것이므로 재물을 얻도록 주관하는 아름다운 사마귀고, 사마귀가
크고 털이 있으면 산림을 빼어나게 하는 것으로 길(吉)한 부위에 있으면 주
로 부귀할 운수로 좋은 징조요 만약, 흉한 부위에 있으면 흉함이 배로 늘어
날 것이다.

사마귀는 크고 검고 철(凸) 모양으로 도톰하면 좋은 사마귀이고, 도톰하게 일어나지 않고 평평하면 얼룩무늬에 색은 검고 얼굴에 작은 것이 고르게 쌓인 것은 그냥 점이 되는 것이다.

사마귀는 길(吉)한 것도 있고 흉(凶)한 것도 있으니 단, 중요한 것은 어느 부위에 있는 가이며 간단하게 말하면, 사마귀가 크고 광택이 나며, 은밀하게 숨어 있는 것은 부귀와 재물을 의미하는 길한 것이고, 사마귀가 나타나는 곳이 혹, 얼굴 중 눈썹 아래에 있는 것은 운을 깨뜨리는 것으로 흉한 사마귀이다.

만약, 얼굴에 붉은 사마귀가 크고 빛이 나면 복덕의 음즐 사마귀로 직위가 오르는 길(吉)한 사마귀이므로 어느 부위에 있든지 상관없다.

주요 한자

痣 사마귀 지

斑 얼룩 반

裏 속 리

祥 상서로울 상

386 / 면상비급

面斑면반

夫面最忌少年有斑若滿面生斑 不淫卽夭 亦主身體欠健康或多病及暗疾.
부면최기소년유반약만면생반 불음즉요 역주신체흠건강혹다병급암질.

但老人生斑爲之氣壯血旺爲壽斑 宜於五十歲以後爲壽斑.
단노인생반위지기장혈왕위수반 의어오십세이후위수반.

土形人體重身肥若有斑無害 皮白斑黑主腮明但極爲好色也.
토형인체중신비약유반무해 피백반흑주시명단극위호색야.

얼굴의 반점

무릇 얼굴에서 최고로 나쁜 것은 소년 얼굴에 생기는 반점으로서 만약, 얼굴 반점이 가득 차 있다면 음란하지 않으면 단명 한다. 또, 몸이 건강하지 않으면, 숨어있는 알지 못하는 질병이 많다.

단, 노인이 반점이 생기면 혈기 왕성한 것으로 반점은 수명이 되고, 당연히 50세 이후에 생겨난 반점이어야 한다.

토(土)형 인의 경우 살찐 몸에 반점이 있다면 해롭지는 않으나, 하얀 피부에 검은 반점이 시골에 선명하게 있는 경우는 보통 호색가이다.

주요 한자

斑 얼룩 반 ▶ 검버섯, 저승 꽃

面點_{면점}

夫面點者此數少而面積極小 點若不生在淚堂者不足爲道矣.

부면점자차수소이면적극소 점약불생재누당자부족위도의.

淚堂有點若顯明者亦主傷子女『淚堂位在眼下顴上是也』

누당유점약현명자역주상자녀　누당위재안하관상시야

詩云 痣主吉凶斑主淫 小小點故亦無因 凶痣大吉多斑驗 斑小無氣亦不靈

시운 지주길흉반주음 소소점고역무인 흉지대길다반험 반소무기역불령

얼굴의 점

얼굴에 점은 개수가 적어야 얼굴에서 비롯되는 흉한 일이 적다. 만약에 점이 있으면 안 되는 누당 자리에 점이 있다면 덕이 부족한 사람으로 누당에 있는 점이 밝게 나타나면 주로 자녀를 상(傷)하게 한다.

누당의 위치는 눈 밑 관골 위에 있다.

시에 이르길 사마귀는 주로 길(吉)하고, 얼룩진 무늬는 흉(凶)하며 주로 음란하다 하였다. 지극히 작은 점은 의미를 두지 않으며, 붉은 사마귀가 대길한 것은 여러 면에서 검증되었고, 어릴 때 반점(얼룩무늬)은 기운이 없는 것을 나타내므로 신령스럽지 못하다.

有骨有肉爲之奇 유골유육위지기

뼈에 살이 있으니 참으로 기이하고,

有骨無肉爲之孤 유골무육위지고

뼈는 있는데 살이 없으니 외롭구나.

玉枕奇骨圖옥침기골도

1.**雙珠骨**쌍주골 2.**品字骨**품자골 3.**根靈骨**근령골 4.**偃月骨**언월골
5.**仰月骨**앙월골 6.**百會骨**백회골 7.**柱神骨**주신골

1. 爲雙珠骨 主富貴壽

위쌍주골 주부귀수

쌍주골이라하며, 부와 귀 그리고 수명을 주관한다.

2. 同見爲品字骨 主大貴大富

동견위품자골 주대귀대부

보는 것과 같이 品자로 보이는 골격은 부와 귀를 주관한다.

3. 爲根靈骨 宜雙不宜單 雙者主壽逢凶化吉中老年發達.

위근령골 의쌍불의단 쌍자주수봉흉화길중노년발달.

單者雖發亦主孤苦勞綠.

단자수발역주고고노록.

근령골이라 하며, 마땅히 골격이 양쪽에 이루어져 있어야 하고
하나만 있는 것은 마땅하지 못하며, 양쪽으로 골격이 이루어지면
수명이 길고 흉을 만나도 길로 변하며 중, 노년에 발달한다.
하나만 있으면 비록 발달은 하더라도 역시 외롭고 고달프다.

4. 爲偃月骨 主總明富貴

위언월골 주총명부귀

언월골이라 하며, 총명과 부귀를 주관한다.

5. 爲仰月骨 主掌兵權易得橫財

위앙월골 주장병권이득횡재

앙월골이라 하며, 병권을 잡고 쉽게 횡재도 할 수 있다.

6. 爲百會骨 主聰明而白手興家

위백회골 주총명이백수흥가.

백회골이라 하며, 총명하여 빈손으로 집안을 일으킨다.

7. 爲柱神骨 主富貴此人心性多於反常

위주신골 주부귀차인심성다어반상.

주신골이라 하며, 부귀하나 이러한 사람은 비정상적인 성격을 갖고 있다.

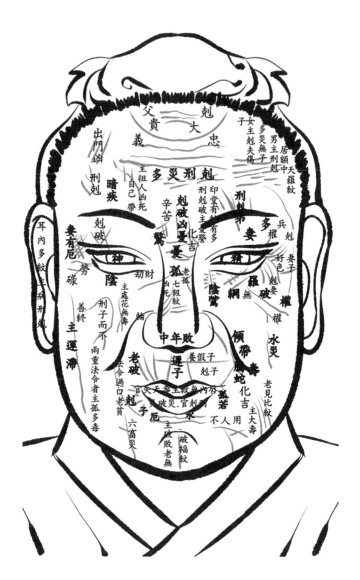

面部吉凶紋圖 면부길흉문도

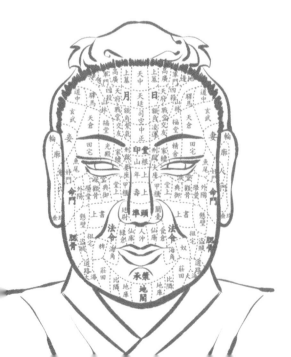

5장 詩訣
시 결

五星

天以五星垂象　地以五嶽定形　人以五官論貴　五星若有一星不明者　亦主
二十年滯運.
尤以火土兩星　更屬重要. 夫面上五行　亦有生剋之論　火能生土　而萬物
俱屬土中所生　土能生金　金能生水　水能生木　木能生火　此乃相生之理也
火能剋金　金能剋木　木能剋土　土能剋水　水能剋火　此內相剋之理也.

5장 1부

六親육친

六親者 男 父母 兄弟 姉妹 妻房 子女 是也.
육친자 남 부모 형제 자매 처방 자녀 시야.

女則 父母 兄弟 姉妹 夫 胎數 是也.
여즉 부모 형제 자매 부 태수 시야.

陽相 陽和 二例 中之陽差 孤陰之變陽 女陰錯 反爲陽.
양상 양화 이예 중지양차 고음지변양 여음착 반위양.

陰相 陰德 二例 中之陰錯 元陽之變陰 男陽差 反爲陰.
음상 음덕 이예 중지음착 원양지변음 남양차 반위음.

陽相 左屬父 屬兄弟 屬男兒 右屬母 屬姉妹 屬女兒.
양상 좌속부 속형제 속남아 우속모 속자매 속여아.

陰相 左屬母 屬姉妹 屬女兒. 右屬父 屬兄弟 屬男兒.
음상 좌속모 속자매 속여아. 우속부 속형제 속남아.

父母 骨爲父 肉爲母 神爲父 氣爲母 額爲主 日月 補角 天倉 是也.
부모 골위부 육위모 신위부 기위모 액위주 일월 보각 천창 시야.

鼻爲主 陽顴 兩腮 是也.
비위주 양관 양시 시야.

육친이라는 것은 남자는 부모, 형제, 자매, 처, 자녀를 말하고,
여자는 부모, 형제, 자매, 남편, 아기를 갖는 횟수를 말한다.
양상이란 화창한 기운의 상인데, 2가지 예 중, 하나는 양(남자) 가운데 어긋
난 양(陽)이 변하는 것인데, 양(陽)이 변하여 외로운 음(陰)이 되는 것이고, 여
자 음착은 반대로 양(陽)이 된 것이다.

음상(여자)은 음덕의 기운으로, 2가지 예 중, 음(陰) 가운데 어긋난 음(陰)이 변하여 최고의 양(陽)이 되는 것이고, 남자 양차는 반대로 음(陰)이 된 것이다.

양상(남자) 좌(左)에 속하는 것은 아버지, 형제, 아들이며 우(右)에 속하는 것은 어머니 자매, 딸이 된다.

음상(여자) 좌(左)에 속하는 것은 어머니, 자매, 딸이 되며, 우(右)에 속하는 것은 아버지, 형제, 아들이 된다.

부모는, 뼈는 아버지를 닮고, 살은 어머니를 닮으며, 신(神)은 아버지를 닮고, 기(氣)는 어머니를 닮으며, 이마가 중심이 되는 것은 일월, 보각, 천창이고, 코가 중심이 되는 것은 양쪽 관골과 양쪽 볼이다.

十四歲前 印堂平滿 兩眉淸秀 雨耳輪廓分明 堅實瑩淨 頸壯而直

십사세전 인당평만 양미청수 양이윤곽분명 견실형정 경장이직

乃骨肉有氣 主父健全 如兩耳軟薄 輪缺廓反 耳尖色暗 髮生入耳

내골육유기 주부건전 여양이연박 윤결곽반 이첨색암 발생입이

髮重壓眉 乃神昏氣 濁陽乘陰戾 父母有損.

발중압미 내신혼기 탁양승음려 부모유손.

14세 이전을 볼 때, 인당은 평평하고 꽉차있어야 하며, 양쪽 눈썹은 맑고 빼어나며, 양쪽 귀의 윤곽은 분명하고, 견실하며 맑고 깨끗하여야하며, 목은 굳고 곧아야 한다. 이렇게 생기면 골육에 기(氣)가 있다고 할 수 있으며 주로 아버지가 건강하고 온전하다.

그러나 양쪽 귀가 부드럽고 얇으며 윤곽에 결함이 있고 뒤집어져있으며, 귀모양이 뾰족하고 색깔은 어두우며, 머리카락이 귓구멍까지 자라고, 머리카락이 눈썹을 무겁게 누르면, 신(神)의 어두운 기운 가운데 탁한 양(陽)의 기운이 올라와 음(陰)의 기운에 횡포를 부려 부모의 덕이 회손 된다.

陽相 左敗 尅父 右敗 尅母.

양상 좌패 극부 우패 극모.

陰相 左敗 尅母 右敗 尅父 項斜頂尖 不論陰陽.

음상 좌패 극모 우패 극부 항사정첨 불론음양.

左斜尅父 右斜尅母 此乃神不足 而骨孤 骨枯 氣有邪 而筋軟 肉軟也.

좌사극부 우사극모 차내신부족 이골고 골고 기유사 이근연 육연야.

양상(남자) 좌(左)측에 손상이 있으면 아버지를 극하고, 우(右)측이 손상이 있으면 어머니를 극한다.

음상(여자) 좌(左)측에 손상이 있으면 어머니를 극하고, 우(右)측이 손상이 있으면 아버지를 극한다. 목이 한쪽으로 기울거나 정수리가 뾰족한 것은 남자, 여자를 구분하지 않는다.

좌(左)측이 기울면 아버지를 극하고, 우(右)측으로 기울면 어머니를 극한 것으로, 신(神)이 부족하여 뼈만 남고 골수가 말라 기운이 어긋나 체력이 약해지고 근력이 약해서이다.

十五歲後 額高而平 額圓貫頂 日月有骨 輔角有勢 天倉飽滿 父母健全

십오세후 액고이평 액원관정 일월유골 보각유세 천창포만 부모건전

此神足 骨成也.

차신족 골성야.

15세 후를 볼 때, 이마는 높고 평평하며, 둥글고 기운은 정수리로 통하여야 한다. 일각과 월각은 뼈가 있어야 하고, 보각은 힘이 있어야 하며, 천창은 꽉 차야 부모가 건강하고 온전하다. 이렇게 생기면 신(神)이 족한 골격을 이룬 것이다.

如額骨削後 印堂凹陷 日月無角 輔勢不起 髮際壓眉 而眉壓眼 天倉失陷
여액골삭후 인당요함 일월무각 보세불기 발제압미 이미압안 천창실함
神昏氣濁 不論陰陽 必先損父. 如額多寒毛 髮際參差 尖而沖印 肉軟色暗
신혼기탁 불론음양 필선손부. 여액다한모 발제참차 첨이충인 육연색암
必先剋母. 如額眉有偏 高低不均 陽相 左偏 左低 剋父 右則剋母.
필선극모. 여액미유편 고저불균 양상 좌편 좌저 극부 우즉극모.

이마의 골격이 깎여서 인당은 凹자처럼 꺼졌거나, 일각과 월각이 없거나,
보각이 일어나지 않아 힘이 없거나, 발제 부분이 눈썹을 누르거나, 눈썹이
눈을 누르거나, 천창이 꺼져있으면 신(神)은 어둡고 기(氣)가 탁한 상태로 음
(여자), 양(남자)을 구분할 필요 없이 반드시 아버지에게 해가 있다.
이마에 쭈뼛 쭈뼛 서있는 머리카락 많거나, 발제 부분이 들쭉날쭉하여 뾰
족한 부분이 인당을 찌르며, 살은 매우 연약하고 색이 어두우면 반드시 어
머니를 극한다, 또한, 눈썹과 이마가 한쪽으로 기울어졌거나 높낮이가 고
르지 못하고, 좌(左)측으로 기울거나 좌(左)측이 낮으면 아버지를 극하고 우
(右)측은 어머니를 극한다.

二十九歲前 十九歲入眉 眉爲神釆 印堂爲神舍 眼爲神光 印滿 眉淸
이십구세전 십구세입미 미위신변 인당위신사 안위신광 인만 미청
眼秀 額圓 父母建在.
안수 액원 부모건재.

19세부터 29세전까지는 눈썹으로 들어오는 신(神)의 기운을 구별하여야한
다. 인당은 신(神)이 모이는 곳이 되고, 눈은 신의 기운이 빛나며, 인당은 풍
만하고, 눈썹은 청수하며, 눈은 빼어나고, 이마가 둥글면 부모는 여전히 건
재하다.

如額成坑 印堂無靈 印失陷 兩眉無情 雖日月角不失 無疵 兩眼掩蔽
여액성갱 인당무영 인실함 양미무정 수일월각부실 무자 양안엄폐
陽光 父母有損矣.
양광 부모유손의.

이마가 구덩이처럼 꺼져 인당에 영기가 서리지 못하거나, 인당이 함몰되어
기운을 잃어버리고 양쪽 눈썹이 결함이 있으면, 비록 일, 월각이 살아 있고,
흉터가 없고, 양쪽 눈이 잘 가려져 빛이 좋아도 부모에게 해가 있다.

三十歲後 專重鬚眉 額不正 則眉吐氣 無地閣顴不起 則眉無托權之用
삼십세후 전중수미 액부정 즉미토기 무지각관불기 즉미무탁권지용
況無眉采 故顴骨失陷 額偏 額骨不起者 父母有傷.
황무미변 고관골실함 액편 액골불기자 부모유상.

30세 후에는 승장(아랫입술 밑에 자란 수염)수염과 눈썹이 중요하다.
이마가 반듯하지 못한 경우 즉, 눈썹이 지저분하게 자라고 지각이 없으며
관골이 솟아 있지 않는 것은 곧, 눈썹이 밀어주지 못하면 사용할 수 있는 권
력이 없는 것과 같으며 또한, 분별할 눈썹이 없거나, 관골이 함몰되어 없거
나, 이마가 기울어졌거나, 이마가 솟아있지 않은 사람은 부모의 은덕이 없는
것이다.

四十五歲後 鼻直豊起 山根有勢 顴起朝拱 兩腮相照 此骨氣有神 父母
사십오세후 비직풍기 산근유세 관기조공 양시상조 차골기유신 부모
無傷 如有一失 應父母有尅.
무상 여유일실 응부모유극.

45세 이후를 볼 때는 코는 곧고 풍만하게 일어나 있어야 하며, 산근은 힘이

있고, 관골은 일어나 조공을 받을 수 있어야 하며, 양쪽 시골이 서로 밝게 비추면 이러한 골격은 기(氣)와 신(神)이 있어 부모에게 해가 없다. 단, 어느 것 한 가지라도 결함이 있으면 그 만큼 부모를 극(剋)한다.

五十四歲前 專重鬚脣及齒 此爲精神氣血之相應 故無敗者 父母雙全
오십사세전 전중수순급치 차위정신기혈지상응 고무패자 부모쌍전
敗齒剋父 敗鬚剋母.
패치극부 패수극모.

54세 전을 볼 때는 승장수염, 입술, 치아가 중요하다. 이것은 정신과 기혈이 서로 응하여 통하면 패하는 사람이 없으므로 부모가 온전하며, 치아가 나쁘면 아버지를 극하고 승장수염이 나쁘면 어머니를 극하게 된다.

五十五歲以後 以筋骨爲父 以氣色爲母 故筋骨壯 父壽 氣色正而壽母.
오십오세이후 이근골위부 이기색위모 고근골장 부수 기색정이수모.
關於父母者 尚有食指屬父 中指屬母 取其圓直秀孅 主父母無傷 偏曲
관어부모자 상유식지속부 중지속모 취기원직수섬 주부모무상 편곡
斬傷 必有妨剋. 食指三十歲前 中指 五十五歲前也.
참상 필유방극. 식지삼십세전 중지 오십오세전야.

55세 이후를 볼 때는 근육과 뼈는 아버지가 되고, 기(氣), 색(色)은 어머니가 된다. 고로 근육과 뼈가 튼튼하면 아버지의 수명이 길고, 기색이 단정하면 어머니가 장수한다.
손가락에 비교해 부모를 말하자면, 식지는 아버지가 되고, 중지는 어머니가 되니 손가락이 원만하고 곧고 섬세하고 빼어나면 부모님이 건강하고 한쪽으로 굽었거나 베여 상처가 있으면 반드시 극하게 된다.
식지는 30세 전이고, 중지는 55세 전이다.

以上各條 皆以陽相 左父 右母 陰相 左母 右父 參於流年行運

이상각조 개이양상 좌부 우모 음상 좌모 우부 참어유년행운

及五官各部 詳皆參看.

급모관각부 상개참간.

이상의 각 조건이 갖추어지면 남자는 좌(左)가 아버지가 되고, 우(右)는 어머니가 되며, 여자는 좌(左)가 어머니가 되고, 우(右)는 아버지가 된다. 세월에 따라 흐르는 운은 각 부분의 오관을 참고하여 상세히 보기 바란다.

兄弟형제

兄弟眉爲主 印堂山根眉上是也. 顴爲主 鼻上兩耳兩腮是也.
형제미위주 인당산근미상시야. 관위주 비상양이양시시야.

凡關於兄弟姉妹刑剋 不論男女陰陽相. 槪以左屬兄弟 右屬姉妹.
범관어형제자매형극 불론남녀음양상. 개이좌속형제 우속자매.

因以父母左右而爲男女陰陽本義 卽從父一定之原則耳.
인이부모좌우이위남여음양본의 즉종부일정지원즉이.

형제는 볼 때는 눈썹이 중심이 되고, 인당, 산근 눈썹 위가 된다.
관골은 주로 코의 윗부분과 양쪽 귀, 양쪽 볼(시골)에 해당한다.
일반적으로 형제자매의 형극에 관하여 남녀, 음양 상으로 논하지 않는다.
보통 좌(左)측은 형제에 속하고 우(右)측은 자매에 속한다.
부모를 좌우에 나누는 것은 남녀 음양에 본래의 뜻이고 즉, 아버지 쪽을 따르는 것은 일정한 원칙일 뿐이다.

論兄弟姉妹 槪以父爲主 而不以母爲憑者 因肉朽而骨尙存 父骨 母肉
논형제자매 개이부위주 이불이모위빙자 인육후이골상존 부골 모육

卽父精 母血 從性於父 而爲姓氏正統耳 應以父爲主也
즉부정 모혈 종성어부 이위성씨정통이 응이부위주야.

형제자매에 대해 논할 때 보통 아버지를 중심으로 하는 것은, 살은 썩어도 뼈는 남듯, 아버지는 뼈, 어머니는 살 즉, 어머니는 의지할 수 없는 존재로 여기기 때문이다. 즉, 부(父)정과 모(母)혈에서 아버지의 성씨를 따르므로 응당 정통성은 아버지를 기준으로 하는 것이다.

眉若與目齊 兄弟本二個 顴起眼眉秀 印浮變三倍.
미약여목제　형제본이개　관기안미수　인부변삼배.

만약, 눈썹이 눈과 함께 가지런하면, 기본적으로 형제는 2명이 되고, 관골이 일어나고 눈과 눈썹이 빼어나며, 인당이 부풀어 오르면 형제의 수가 3배가 된다.

眉目若同等 兄弟有一二 印滿山根起 顴美變三雙.
미목약동등　형제유일이　인만산근기　관미변삼쌍.

만약 눈썹과 눈의 길이가 같다면 1, 2 명의 형제가 있고, 인당이 풍만하고 산근이 일어나며, 관골이 아름답게 변하면 3쌍은 둘 수 있다.

眉型微見灣 兄弟有二三 大灣六七開 氣散亦孤單.
미형미견만　형제유이삼　대만육칠개　기산역고단.

만약에 눈썹의 모양이 조금 굽어 보인다면 2, 3명의 형제가 있고, 많이 굽어 보인다면 6, 7형제가 있으며, 눈썹의 기운이 산만하게 흩어져 있다면 역시 홀로 외롭다.

眉若與目齊 兄弟一二個 面色昏孤獨 華色正二個.
미약여목제　형제일이개　면색혼고독　화색정이개.

만약, 눈썹이 눈과 함께 가지런하게 생겼다면 1, 2명의 형제가 있고, 얼굴색이 어두우면 고독하고, 환하게 빛나면 아버지가 같은 형제가 2명 더 있다.

眉目若平均 兄弟二個人 顴印山根起 五桂親上親.

미목약평균 형제이개인 관인산근기 오계친상친

만약, 눈썹과 눈이 고르고 평평하면 형제가 2명이 있고, 관골과 인당, 산근이 살아 있으면 5촌(寸) 이상과 친함이 있다.

眉毛生過目 兄弟有五六 濃粗印堂鎖 兄弟變孤獨.

미모생과목 형제유오육 농조인당쇄 형제변고독.

눈썹이 눈보다 길면 5, 6명의 형제가 있고, 눈썹이 진하며 거칠고 쇠사슬처럼 구불거리며 인당까지 자라면 형제궁이 변하여 고독하다.

眉毛生過目 兄弟本五六 顴印一處敗 折半情侷促.

미모생과목 형제본오육 관인일처패 절반정국촉

눈썹이 눈보다 길면 본래 5, 6명의 형제가 있는데, 관골이나 인당 어느 것 하나라도 모자라면 자식을 다그치고 재촉하여 반은 없다.

眉毛生過目 兄弟有五六 顴印眉眼秀 兄弟八個足.

미모생과목 형제유오육 관인미안수 형제팔개족.

눈썹이 눈보다 길면 5, 6명의 형제가 있고, 관골, 인당, 눈썹, 눈이 빼어나다면 형제가 8명은 족히 된다.

眉毛生過目 兄弟有五六 眉散少同心 異眉不同腹.

미모생과목 형제유오육 미산소동심 이미부동복.

눈썹이 눈보다 길면 5, 6명의 형제가 있고, 눈썹이 흩어져 있으면 마음이 맞지 않고, 좌 우 눈썹이 다르게 생겼으면 어머니가 다른 형제가 있다.

眉毛生過目 五六親手足 眉散顴印敗 兩個不相服.

미모생과목 오육친수족 미산관인패 양개불상복.

눈썹이 눈보다 길면 5, 6명의 형제가 수족처럼 친밀하고, 눈썹이 흩어지고 관골과 인당이 못 생겼으면 아래 위가 맞지 않은 옷을 입듯이 따로 논다.

眉毛相同 兄弟一雙 印顴有勢 五桂飄香 纖手向上 兄弟七八.

미모상동 형제일쌍 인관유세 오계표향 섬수향상 형제칠팔.

양쪽 눈썹이 같게 생겼으면 한 쌍의 형제를 두고, 인당과 관골에 힘이 있으면 5촌(寸)이상과 관계가 좋으며, 그 향기가 손 끝 위를 향하며 7, 8명의 형제를 두게 된다.

眉毛過目 兄弟五六 眉毛濃秀 變成八九 顴印有勢 兄弟加倍.

미모과목 형제오육 미모농수 변성팔구 관인유세 형제가배.

눈썹이 눈보다 길면 5, 6명의 형제가 있고, 눈썹이 진하면서도 빼어나게 생겼다면 8, 9명의 형제를 이루고, 만약에 관골과 인당에 힘이 있다면 형제의 수는 배로 불어날 것이다.

眉如箒帚 兄弟八九 眉疏尾散 難堪一半 顴印再失 兄弟孤單.
미여추추 형제팔구 미소미산 난감일반 관인재실 형제고단.

빗자루 모양의 눈썹은 8, 9명의 형제가 있으나, 눈썹이 듬성듬성 자랐거나 끝이 흐트러져 있다면 한명은 고사하고 절반도 견디기 어려우며, 또한 관골과 인당이 없으면, 형제들이 고단하고 어렵다.

眉如箒帚 兄弟八九 印闊顴起 兄弟十四 面暗孤介 忽變自己.
미여추추 형제팔구 인활관기 형제십사 면암고개 홀변자기.

빗자루 모양의 눈썹은 8, 9명의 형제가 있으며, 인당이 넓고 관골이 일어나 있으면 형제가 14명까지도 가능하나, 얼굴이 어둡게 그늘져 있으면, 돌연 자기 자신만 남게 된다.

眉粗眉疏 兄弟孤苦 粗枝見肉 眉結束疏 秀而平闊 兄弟五虎.
미조미소 형제고고 조지견육 미결속소 수이평활 형제오호.

눈썹이 거칠거나 듬성듬성 자라면 형제 없이 고독하고, 거칠어도 눈썹 사이로 살이 보이며, 눈썹이 띠처럼 묶여져 모양을 이루거나 넓고 평평하게 빼어나면, 용맹스러운 호랑이 같은 형제 다섯이 있다.

眉不蓋目 兄弟孤獨 淸秀有顴 兄弟兩員 眼長印起 增加一半.
미불개목 형제고독 청수유관 형제양원 안장인기 증가일반.

눈썹이 눈을 덮지 못하면 형제 없이 고독하고, 눈썹이 깨끗하게 잘생기고 관골이 있으며, 눈이 길고 인당이 일어나 있으면 양쪽 형제 수 절반이 더 많아진다.

眉秀型帶直 兄弟本六七 目昏耳色暗 反爲是孤獨.

미수형대직 형제본육칠 목혼이색암 반위시고독.

눈썹이 곧고 모양이 빼어나면 본래 6, 7명의 형제가 있고, 눈빛이 혼탁하고 귀 색이 어두우면 반대로 고독하다.

眉毛間斷 兄弟不全 全者異母 多少分層 一層二技 感情各般.

미모간단 형제부전 전자이모 다소분층 일층이지 감정각반.

눈썹 사이가 끊어져 있으면 형제가 온전하지 못하고, 어머니가 있어도 전부 다르며, 형제 수가 많든 적던 구분을 짓는다.
하나의 눈썹이 두 갈래로 나누어져 있으면 다중인격이다.

眉毛異樣 兄弟異娘 眉毛疏散 感情爲難 多少論形 依訣可斷.

미모이양 형제이낭 미모소산 감정위난 다소논형 의결가단.

눈썹의 모양이 다르면 형제간에 어머니가 다르고, 눈썹이 듬성듬성 거칠고 흩어지면 감정이 복잡하니, 눈썹이 많고 적음으로 모양을 구분하고 판단함이 옳다.

眉鎖印堂 感情疏空 粗濃相鬪 出嗣異宗 疏鎖印堂 螟蛉無傷.

미쇄인당 감정소공 조농상투 출사이종 소쇄인당 명령무상

눈썹이 쇠사슬 모양으로 인당을 침범하면 감정이 들쭉날쭉하고, 눈썹이 진하면서 서로 싸우는 모양이면 다른 집안의 대를 잇고, 눈썹이 듬성하게 꼬여 인당을 침범하면, 양자로 가면 액을 면한다.

【螟蛉 _ 양자】

眉頭濃密 眉尾疏散 兄弟多少 只有一半 頭散尾密 老來團圓.

미두농밀 미미소산 형제다소 지유일반 두산미밀 노래단원

눈썹 머리가 진하며 촘촘하고, 끝 부분이 듬성듬성 흩어져 있으면 형제가 많은 것 같아도 적으며, 있어도 반으로 줄고, 눈썹 머리가 흐트러지고 끝 부분이 촘촘한 사람은 노년이 되면 원만해 진다.

眉尾開叉 兄弟異家 開叉異眉 血統蹺蹊 飛斷無情 兄弟相鬪.

미미개차 형제이가 개차이미 혈통교혜 비단무정 형제상투.

눈썹 끝 부분이 버러지고 엇갈리면, 형제 중 다른 집안의 사람이 있으며, 버러지고 엇갈린 눈썹이 양쪽이 다르면 빠르게 일어나 발돋움하는 혈통으로 잘 되면 무정하게 연을 끊고 형제간에 서로 싸운다.

有顴無眉 兄弟東西 有眉無顴 兄弟不來 無眉無顴 兄弟相害.

유관무미 형제동서 유미무관 형제불래 무미무관 형제상해.

관골은 있는데 눈썹이 없으면 형제가 동, 서로 떨어져 살고, 눈썹은 있는데 관골이 없으면 형제가 왕래가 없으며, 눈썹도 없고 관골도 없으면 형제들이 서로에게 해를 끼친다.

有顴無印 兄弟不親 有眉無鼻 兄弟外人 眉秀嶺折 易怒易嗔.

유관무인 형제불친 유미무비 형제외인 미수령절 이노이진.

관골이 있는데 인당이 없으면 형제간에 친밀함이 없고, 눈썹은 있는데 코가 없으면 형제가 남과 같으며, 눈썹은 잘 생겼지만 윗부분이 절단되어 있으면 쉽게 노하고 쉽게 성질을 부린다.

有眉無顴 兄弟無歡 有顴無眉 兄仇弟冤 面色暗淡 兄弟小緣.
유미무관 형제무환 유관무미 형구제원 면색암담 형제소연.

눈썹이 있는데 관골이 없으면 기뻐해 줄 형제가 없고, 관골은 있는데 눈썹이 없으면 원수 같은 형에 원통해하는 동생 있고, 얼굴 색이 묽고 어두우면 형제와 인연이 적다.

眉毛亂生 兄弟無情 眉不顧目 同道異行 眉目相照 是兄是弟.
미모난생 형제무정 미불고목 동도이행 미목상조 시형시제.

눈썹이 산만하게 자라면 형제 간에 정이 없고, 눈썹이 눈을 보호하지 못하면 같은 길을 함께 걸어도 목적지가 다르다. 눈썹과 눈이 서로 밝게 비추며 균형을 이룰 때 형다운 형이고 동생다운 동생이다.

關於兄弟者 掌上第四指長者 兄弟不親 灣曲偏傷者 兄弟如仇.
관어형제자 장상제사지장자 형제불친 만곡편상자 형제여구.

第二指與第四指相稱者 兄友弟恭 第四指比第二指較短者 貪奪祖業.
제이지여제사지상칭자 형우제공 제사지비제이지교단자 탐탈조업.

형제를 손가락과 비교해 말하자면, 4번째 손가락이 긴 사람은 형제와의 친함이 없고, 한쪽으로 굽거나, 상처가 났거나 하면 형제가 원수와 같으며, 2번째 손가락과 4번째 손가락이 고르게 잘 생긴 사람은 형제간에 우애가 있고 공손하고, 4번째 손가락을 2번째 손가락과 비교하여 짧으면, 조상의 가업을 탐하여 빼앗는다.

關於面上腮骨不起 兄弟散離 腮骨太露兄弟相苦 橫紋破顴 刑傷兄弟
관어면상시골불기 형제산리 시골태로형제상고 횡분파관 형상형제

疤痕占顴 兄弟痼疾 以下參照五官 雖不中 但亦不遠矣.
파흔점관 형제고질 이하참조오관 수불중 단역불원의.

형제를 얼굴과 관련지어 말하자면, 시골이 일어나지 않으면 형제가 흩어져
떠나고, 시골이 지나치게 노출되면 형제가 서로 고통스러우며 관골에 횡
문(주름)이 있으면 형제가 깨어지고 형벌과 손상이 있으며, 관골에 점, 흉터
가 있으면 형제에게 고질병이 있다.
이하는 오관을 참고하여 대조하면 비록 이 가운데 없는 것이 있을지라도
결코 멀리 있지 않다.

憑 기댈 빙
侷 죄어칠 국
飄 회오리바람 표
桂 계수나무 계 ▶ 촌(寸)
纖 가늘 섬
箒 비 추 帚 비 추 ▶ 쓰는 비
疏 트일 소 ▶ 듬성듬성
堪 견딜 감
螟 마디충 명 蛉 잠자리 령 ※ 螟蛉 명령 → 양자

忽 소홀히 할 홀
娘 아가씨 낭 ▶ 어머니
叉 깍지 낄 차
蹺 발돋움할 교
蹊 지름길 혜
冤 원통할 원
奪 빼앗을 탈

妻宮 처궁

妻宮奸門爲主 眉目鬢鬚是也. 山根爲主 鼻臀腹部是也.

처궁간문위주 미목수빈시야. 산근위주 비둔복부시야.

論妻宮 尙有掌上紋理可據 以外身上各部參照.

논처궁 상유장상문리가거 이외신상각부참조.

奸門魚尾爲妻宮 眉眼爲緣份 爲感情 鬢鬚爲助緣 爲榮祿 好門平滿

간문어미위처궁 미안위연분 위감정 수빈위조연 위영록 간문평만

眉淸眼秀 定配賢淑之婦.

미청안수 정배현숙지부.

山根豊直 腹圓 臀豊 必享閨房之福 好門闊者 妻賢 妾美.

산근풍직 복원 둔풍 필향규방지북 간문활자 처현 첩미.

魚尾夾者 妾潑 妻悍 魚尾不平纏綿病妻 奸門凹陷 幾度新郞.

어미협자 첩발 처한 어미불평전면병처 간문요함 기도신랑.

魚尾亂紋 剋妻疊疊.

어미난문 극처첩첩

山根紋痣 妻災重重.

산근문지 처재중중

奸門什色 倡優爲婦.

간문십색 창우위부

魚尾亂紋 家醜外聞.

어미난문 가추외문.

奸門夾陷 眉尾垂 妻妾死別 屢更新.

간문협함 미미수 처첩사별 누경신.

應鼻露骨 眼尾垂 新妻舊妾 病纏綿.

응비로골 안미수 신처분첩 병전면.

奸門夾者 妻量小 魚尾寬時妾量寬.

간문협자 처량소 어미관시첩량관.

奸門生毛 妻心如蝎 魚尾黑痕 妻心如蛇.

간문생모 처심여할 어미흑흔 처심여사.

以上奸門 魚尾位要例.

이상간문 어미위요례.

처궁은 간문이 라고하며, 눈썹에서 명문까지 털이자라는 곳을(빈발)말하고, 산근은 코와 둔부, 복부를 주관한다.

처궁을 논할 때는 손바닥 주름(손금)에 의거하는 것이 옳으며, 이 외의 몸의 각 부분도 참고하여 대조할 수 있다.

처궁은 간문과 어미에 이르고, 눈썹과 눈의 연분의 감정으로, 명문까지 자란 털이(빈발) 도와주어 영화롭게 하며, 간문이 평평하게 꽉 차고 눈썹이 깨끗하고 눈이 빼어나면 어질고 정숙한 아내를 맞는다.

산근이 곧고 풍만하면, 배가 둥글게 풍만하고, 볼기도 두터워 풍만하여 반드시 규방의 복을 누리며, 간문이 넓은 사람은 현숙한 처와 아름다운 첩을 얻는다.

어미가 좁은 사람은 첩이 눈물을 흘리고, 처는 거칠며, 어미가 고르지 않아 실에 얽혀있는 것처럼 어지러운 사람은 부인이 병이 있으며, 간문이 凹자처럼 푹 꺼졌다면 신랑이 여러 번 바뀌는 조짐이다.

어미의 주름이 어지러우면 거듭 처를 극(剋) 한다.

산근에 주름이나 사마귀가 있으면 처(妻)의 재난이 무겁다.

간문에 여러 가지의 색깔이 있으면 노래하고 춤추는 광대 부인이다.

어미에 주름이 산란하면 집 밖에서 들리는 소문이 좋지 못하다.

간문이 좁고 꺼지고, 눈썹 끝 부분이 처졌다면 부인과 사별하고, 여러 번 새로운 부인을 맞는다.

매부리코에 뼈가 드러나고, 눈 꼬리가 처지면 새신부가 첩에 치를 떨며 실이 엉키듯 병이 든다.

간문이 좁은 사람은 부인을 이해하는 마음이 작으니, 어미가 넓은 첩을 볼 때 관대하게 헤아릴 줄 안다.

간문에 털이 자라면 처의 마음이 굼벵이와 같고, 어미에 검은 흉터가 있으면 처의 마음이 사나운 뱀과 같다.

이상 간문과 어미의 중요한 부분에 대하여 예를 들어 보았다.

주요
한자

鬚 수염 수 鬢 귀밑 털 빈 ▶ 명문까지 털이 자라는 곳 ※ 421p 참조

臀 볼기 둔   醜 추할 추

據 의거할 거   屢 창 누

享 누릴 향   奮 떨칠 분

纏 얽힐 전   纏 얽힐 전

疊 겹쳐질 첩   蝎 나무좀 갈 ▶ 굼벵이

痣 사마귀 지

剋夫剋妻 극부극처

眉間斷者 夫妻相妨 眼神短漫 妻操夫權.

미간단자 부처상방 안신단만 처조부권.

眉如鬪鷄 妻傷妾剋 眼如癡醉 苦妾累妻 眉逆生者 夫妻反目.

미여투계 처상첩극 안여치취 고첩누처 미역생자 부처반목.

鬢禿者 感情皆疏 眉毛垂下 多有妾 眼尾雙垂 娶三妻 眉長灣下 妻情好

빈독자 감정개소 미모수하 다유첩 안미쌍수 취삼처 미장만하 처정호

眉短蹻上 妻悍潑 眉不生者 妻心反覆 眉毛散者 妻情冷淡 眉稜骨露 幾

미단교상 처한발 미불생자 처심반복 미모산자 처정냉담 미릉골로 기

露新郎 眉上亂紋 憂傷妻妾.

로신랑 미상난문 우상처첩.

눈썹사이가 끊어진 사람은 남편과 부인이 서로에게 방해만 되고, 눈빛이 부족하고 흐트러지면, 부인이 남편의 권한을 잡는다.

눈썹이 싸우는 닭과 같이 생겼다면 처를 상하게 하고 첩을 극한다.

술에 취한 어리석은 눈빛은 첩(妾)으로 인해 처(妻)에게 동여매는 고통을 주고, 눈썹이 거꾸로 자라면 남편과 부인이 서로 반목한다.

눈썹이 벗겨진 사람은 감정표현이 서투르고, 눈썹이 아래로 처져 있으면 첩(妾)을 많이 두게 되고, 눈 꼬리가 쌍으로 겹쳐서 처져 있으면 3번 부인을 얻으며, 눈썹이 길고 완만하게 아래로 향하면 부인과 정이 좋고, 눈썹이 짧게 위로 치켜져 있으면 부인에게 폭력적이다.

눈썹이 생겨나지 않은 사람은 부인의 마음이 뒤집기를 반복하며, 눈썹이 흩어진 사람은 부인에게 냉담하며, 눈썹 뼈가 불거져 노출되어 있으면 여

러 번 장가를 가고, 눈썹 위의 어지러운 주름은 걱정 근심으로 처첩(妻妾)을 상하게 한다.

有鼻無顴剋妻難免 有顴無鼻妾代夫權. 鼻秀眼秀配美婦 掀鼻邪眼 少美
유비무관극처난면 유관무비첩대부권. 비수안수배미부 흔비사안 소미

妻 鼻梁露骨多妨妻 山根橫紋感情疎 山根斷切多剋妻 印堂 凹陷多反感.
처 비량노골다방처 산근횡문감정소 산근단절다극처 인당 요함다반감.

鬚逆生者 夫妻反目 鬢稀禿者 每受妻苦 鬢禿鬚粗 受妻累 印失鼻腫妻
수역생자 부처반목 빈희독자 매수처고 빈독수조 수처루 인실비종처

蕩産.
탕산.

코가 있는데 관골이 없으면 처(妻)의 극(剋)을 면하기 어렵고, 관골은 있는데 코가 없으면 첩(妾)이 남편의 권리를 대신한다.

코와 눈이 잘생기면 아름다운 부인을 얻고, 코가 치켜 들리고 간사한 눈은 처가 아름답지 못하며, 뼈가 들어난 코는 처로 인해 장애가 많다.

산근에 주름이 있으면 감정이 서투르고, 산근이 단절되어 있으면 처를 극하며, 인당이 凹자처럼 함몰되어있으면 반항심이 많다.

승장수염이 거꾸로 자란 사람은 부부간에 반목하고, 명문까지 내려온 털이 듬성 듬성 자라면 매사 처로 인해 고통을 받으며, 명문까지 내려온 털이 없고 승장 수염이 거칠면 처에게 잡혀 꼼짝 못하고, 인당이 꺼지거나 코에 종기가 있으면 처가 마음대로 아이를 낳는다.

肥人無臀少妻福 老人無臀受孤栖 聲焦者 妻受累 腹弔者 妻饑寒. 掌相
비인무둔소처복 노인무둔수고서 성초자 처수루 복조자 처기한. 장상

家風紋(卽婚姻文是也) 散亂 妻心反覆起風波 家風紋入天紋內 死別與
가풍문(즉혼인문시야) 산란 처심반복기풍파 가풍문입천문내 사별여

生離 天紋清 感情深 天紋斷 感情惡 紋斷妻緣斷 多紋多妻斷.

생이 천문청 감정심 천문단 감정악 문단처연단 다문다처단.

以下各部參照 一目了然矣 剋妻照流年部位參合各部.

이하각부참조 일목요연의 극처조류년부위참합각부

살찐 사람이 엉덩이에 살이 없으면 처복이 적고, 노인이 엉덩이가 없듯이 살이 말라 붙어있으면 외롭고, 목소리가 애태우듯 소리 나면 처에게 꼼짝 못하고 붙잡히며, 배가 많이 나온 사람은 부인을 굶주림과 추위에 떨게 한다.

손바닥에 혼인선이 어지러우면, 처의 마음이 뒤집기를 반복하여 풍파가 일어나고, 손금(천문) 가풍에 주름이 있으며 사별은 생이별과 다르지 않으니, 천문이 깨끗하면 정이 깊고, 천문이 잘렸으면 정이 좋지 못하며, 주름(손금_혼인선)이 잘리면 처와의 인연도 잘리고, 주름(혼인선 주변에 잔금)이 많으면 처와 걸림돌도 많다.

이하 각 부분을 참고하여 대조하면. 한 번에 훤히 알 수 있으며, 극 처에 대해서 더 알도 싶으면 유년부위를 해당 부위에 대조하여 살펴 보면 된다.

子息以眼爲主 山根兩眉是也.

자식이안위주 산근양미시야.

以人沖爲主 髭聲當耳是也.

이인충위주 자순치이시야

以乳爲主 臍腹腰臀是也 子息關於掌相者 動脈紋淸而深明者 多子.

이유위주 제북요둔시야 자식관어장상자 동맥문청이심명자 다자.

紋入掌內或斷續者 多流産或應夭損.

문입장내혹단속자 다류산혹응요손.

眉淸目秀 淚堂平滿 山根起而人沖深明者 多子. 男女同論

미청목수 루당평만 산근기이인충심명자 다자. 남녀동론

자식은 눈을 중심으로 산근과 양쪽 눈썹을 본다.

인충이 주가 될 때는 콧수염, 입술, 치아, 귀를 함께 본다.

유방이 주가 될 때는 배꼽 배, 허리, 엉덩이를 함께 본다.

자식을 손바닥과 관련지어 볼 때는 동맥주름이 맑고 깊고 밝으면 자식이 많다. 손금이 끊어졌다 이어졌다 하면, 유산을 많이 하거나 혹, 요절하기도 한다.

눈썹은 맑고 눈은 수려하고, 누당은 평평하고 꽉 차며, 산근이 일어나 있고 인충이 깊고 밝은 사람은 자식이 많으며, 남녀가 같다.

鼻與山根起 而印堂平滿者 有子德明. 人沖橫紋有兄必剋.

비여산근기 이인당평만자 유자총명. 인충횡문유형필극.

人沖豎紋須螟蛉. 人沖平短難言子息.

인충수문수명령. 인충평단난언자식.

人沖淺而淚堂深有子須過房 人沖深而淚堂陷 有子多災.

인충천이루당심유자수과방 인충심이루당함 유자다재

코의 산근이 일어나고 인당이 평평하고 꽉 찬 사람은 총명한 자식을 둔다. 인충에 가로 주름이 있으면 형(兄)을 반드시 극(剋)한다. 인충에 세로 주름이 있으면 양자(螟蛉)를 맞아들여야 한다. 인충이 평평하고 짧으면 자식을 말하기 어렵다. 인충이 얕고 누당이 깊으면 자식이 있어도 양자로 들여야 하고, 인충이 깊고 누당이 함몰되어 있으면 자식이 있어도 재난이 많다.

有顴無眉缺子 目眶太深剋兒 眼下疤痕必剋子 眼下斜紋亂紋剋兒 眉毛

유관무미결자 목광태심극아 안하파흔필극자 안하사문난문극아 미모

疎禿子緣必薄 淚堂深陷那有兒郎.

소독자연필박 누당심함나유아랑.

관골이 있는데 눈썹이 없으면 결함이 있는 자식이 있으며, 눈자위가 많이 깊으면 아이를 극하고, 눈 밑에 흉터가 있으면 반드시 자식으로 인해 힘들고, 눈 아래 사선의 주름이 어지럽게 있으면 아이를 극한다. 눈썹이 듬성듬성 나고, 민머리이면 자식과의 인연이 반드시 박하고, 누당이 깊게 꺼져 있으면 어찌 아이가 남자가 되겠는가.

脣上褶紋老來無子 髭分燕尾長子緩居 雷公嘴者 無子 吹火嘴者 無兒

순상습문노래무자 자분연미장자완거 뇌공취자 무자 취화취자 무아

人沖上夾下闊者 多兒. 人沖上闊下夾多生少成. 布袋嘴者 無子.

인충상협하활자 다아. 인충상활하협다생소성. 포대취자 무자.

兎脣嘴者 缺兒. 人沖泛泛孤子成半 溝底不平五一變亂不利.

토순취자 결아. 인충범범고자성반 구저불평오일변란불리.

입술 위에 주름이 있으면 늙도록 자식이 없으며, 콧수염이 제비 꼬리처럼 나누어져 있으면 장자를 늦게 두게 되고, 새 부리처럼 생긴 입에서 천둥과 같은 소리를 낸다면 자식이 없으며, 입 주둥이가 불구멍에 바람을 부는 것처럼 생긴 사람은 젖먹이도 없으며, 인충 위가 좁고 아래가 넓은 사람은 어린이이가 많다.

인충 위가 넓고 아래가 좁은 사람은 자식은 많이 낳으나 키우기 어렵다.

입술이 포대자루나 새 부리처럼 생긴 사람은 자식이 없다.

토끼 입술에 새 부리처럼 뾰족한 사람은 갓난아이에게 결함이 있다.

인충 골 바닥이 평평하게 고르지 못하면, 자식 커서 반은 데면데면하고 외로우며, 51세가 되면 변란으로 이롭지 못하다.

山根斷切 子須晚居 耳薄小者 無兒. 聲亮有救 耳垂珠有兒.

산근단절 자수만거 이박소자 무아. 성량유구 이주주유아

耳小而黑無子 露眼無眉者缺兒.

이소이흑무자 로안무미자결아.

산근이 끊어지면 자식을 늦게 두고, 귀가 얇고 작은 사람은 어린아이도 없다. 음성이 좋으면 자식이 있고, 귀에 수주(귓불)가 있어도 어린 아이가 있다. 귀가 작고 검으면 자식이 없고, 눈이 튀어 나오고 눈썹이 없는 사람은 결함 있는 어린아이를 낳는다.

臍深腹圓而臀平者 有子多能. 乳頭大而堅黑向上者 多生健兒 乳頭小而

제심복원이둔평자 유자다능. 유두대이견흑향상자 다생건아 유두소이

弱白向下者 豈能傳嗣. 乳白而陷 難養育 乳小而縮 難受胎 臍凸臍淺防

약백향하자 기능전사. 유백이함 난양육 유소이축 난수태 제철제천방

産危 腰折臀寒 不受胎 肩寒臀削難成孕 宿腹蹻臀老無兒 顔容凶惡兒女

산위 요절둔한 불수태 견한둔삭난성잉 속복교둔노무아 안용융악아여

多淫多刑. 怒目焦聲 何嘗有子.

다음다형. 노목초성 하상유자.

배꼽이 깊고 배가 둥글고 엉덩이가 평평하면 자식을 낳는 능력이 좋다.

젖꼭지가 크고 단단하고 검으면서 위로 향해 있으면 건강한 아이를 많이 낳고, 젖꼭지가 작고 약하면서 하얀 것이 아래로 향해 있으면 어찌 대(代)를 이을 수 있겠는가.

젖꼭지가 하얗거나 함몰되면 자식을 낳아 기르기 어렵고, 젖꼭지가 작고 오그라들면 임신하기 어려우며, 배꼽이 凸자 모양으로 돌출되었거나 배꼽이 얕으면 산액을 예방하여야 하고, 허리가 꺾이거나 엉덩이에 살이 없으면 임신을 못하며, 어깨가 차고, 엉덩이가 깎인 듯 말라있으면 임신하기 어려우며, 잠을 잘 때 배만 올라오고 엉덩이가 노인과 같으면 아이가 없고, 음욕이 지나치고 형벌이 심한 여자는 얼굴이 흉악한 아이를 낳으며, 성난 눈에 애타는 목소리는 어찌 자식을 두는 그 맛을 알겠는가.

脣暗耳小流産屢屢 脣白眼陷墜胎重重 小指斬傷多生少活 肉多勝骨

순암이소유산루루 순백안함추태중중 소지참상다생소활 육다승골

卵巢故障 小指灣曲子不同居 脈動紋(即手經紋是也)入掌流産宜防.

난소고장 소지만곡자부동거 맥동문(즉수경문시야)입장유산의방.

입술이 어둡고 귀가 작으면 수레로 씨를 뿌린다 하여도 아이가 죽어서 나오기가 다반사이다.

입술이 희고 눈이 함몰되면 태아가 계속해서 떨어지며, 새끼손가락이 베인

상처가 있으면 아이를 많이 낳아도 살리기 어려우며, 비만으로 뼈를 누르면 난소가 막히며, 새끼손가락이 굽었거나 꼬부라졌으면 자식과 함께 살기 어려우며, 맥이 움직이는 주름이(수경문_손목의 가로선)손바닥 안에 있으면 유산이 염려되므로 마땅히 예방하여야 한다.

脣薄而白 血枯不孕 頭大無乳豈能成胎 脣暗曲薄子宮屈後 脣薄縮卵巢
순박이백 혈고불잉 두대무유기능성태 순암곡박자궁굴휴 순박축난소
有病 顔客陰鬱有女無男 形態逼迫 難獲男兒 眼露顴露聲粗 剋子 胸陷
유병 안용음울유녀무남 형태핍박 난획남아 안로관로성조 극자 흉함
腹陷聲細 無兒.
복함성세 무아.
右子息雖男女合論 然語意因男女有別也.
우자식수남녀합론 연어의인남녀유별야.
夫星以印堂爲主 鼻顴額上是也 以眼爲主 眉鬢髮聲是也.
부성이인당위주 비관액상시야 이안위주 미빈발성시야
關於夫星尙有掌紋 刑剋夫星須依流年部位及氣色部份參明.
관어부성상유장문 형극부성수의유년부위급기색부분참명.

입술이 얇고 희면 피가 말라서 임신하기가 어렵고, 젓꼭지가 크고 유방이 없으면 어찌 능히 아이를 가질 수 있겠는가.
입술이 어둡고 휘어지고 얇으면 자궁이 굽어 기능이 떨어지고, 입술이 얇고 쭈글쭈글하게 오그라들어 있으면 난소에 병이 있으며, 얼굴에 그늘이 드리워져 막혀 있으면 여(女)아는 있어도 남(男)아는 없으며, 형태가 쪼그라들어 있으면 어렵게 남자 아이를 얻는다.
눈과 관골이 도출되고 목소가 거칠면 자식을 극하고, 가슴과 배가 함몰되거나 음성이 가늘면 아이를 가질 수 없다.
오른쪽에 열거한 자식에 대한 것은 남녀를 합하여 말했으나, 말의 의미에

따라 남녀를 구분해야 한다.

무릇 성(星_相)에서 인당을 중심으로 하는 것은 코와 관골, 이마 위가 해당되며, 눈을 중심으로 하는 것은 눈썹, 머리카락, 목소리이다.

관련된 이러한 상(星_相)은 오히려 손금에 잘 나타나 있고, 무릇 상(星_相)의 형극에 해당하는 것은 유년의 각 부위와 기색을 참고하기 바란다.

子息자식 II

子息 陣稀夷先生曰 有形者 人相之相 無形者 鬼神之相 是相有 形無形
자식 진희이선생왈 유형자 인상지상 무형자 귀신지상 시상유 형무형
則形將何定. 達摩祖師曰 相者意也 心在形先 貌居心後 是形隨心而定也.
즉형장하정. 달마조사왈 상자의야 심죄형선 모거심후 시형수심이정야.

진희이 선생님 말씀에 자식은 모양이 있는 것은 사람의 상이요, 모양이 없는
것은 귀신의 상이다. 상에는 모양이 있는 것과 모양이 없는 것으로 구분 할 수
있다. 그렇다면 모양은 어떻게 결정할 수 있는가. 달마조사 말씀에 상이 있는
것은 의미가 있다. 모양에 앞서 마음이 있고, 마음이 있은 후, 일정하게 모양
이 갖춰지는 것이므로, 마음이 다스리는 대로 모양이 결정되는 것이다.

有相 無心相隨心滅 有心無相相從心生 是相隨心而變心 有神而無形也.
유상 무심상수심멸 유심무상상종심생 시상수심이변심 유신이무형야.
故五官六府取義於 人事政敎無非示人謹愼 以俾修養.
고오관육부취의어 인사정교무비시인근신 이비수양.

상은 있는 것은, 마음이 사라지면 상을 따르는 마음도 없어지며, 상이 일어
나면 마음도 생겨나니 상은 없어도 마음은 있다. 상은 마음을 따르지만 마
음은 변한다. 그러므로 신(神)은 있어도 형(形)은 없는 것이다.
고로 오관과 육부가 취하는 뜻은, 인간사에 벌어지는 정치, 종교가 사람에
게 말과 행동을 삼가하고 조심함을 가르치지 않는 것이 없으니, 몸과 마음
을 닦아야 할 것이다.

故出納官而曰海 收支計算於禍福也. 其上曰審辨官辨其正不正 又曰濟水
고출납관이왈해 수지계산어화복야. 기상왈심변관변기정부정 우왈제수
濟其不足 節其有餘功過之間. 而印綬爲子息也.
제기부족 절기유여공과지간. 이인수위자식야.

고로 출납관(입)을 바다(수성)라 하고, 수입과 지출의 계산은 화복의 기준이
된다(출납관). 더하여 말하면 심변관(코)은 계산이 맞는지 아닌지 구별하고,
어려움(물)을 건널 때 부족한 것은 구제하여야 하며, 공로와 과오는 사이는
매듭을 지어야 하므로 인수(부모)에게 자식이 된다.

能善惡有分果報不爽 故陰騭必居臨察之前 陰隲淚堂同位. 異名又爲子息也.
능선오유분과보불상 고음즐될거임찰지전 음즐누당동위. 이명우위자식야.
其他從優生學而定 爲子息者.
기타종우생학이정 위자식자.

능히 착하고 나쁜 것을 나눈 과보(전생(前生)에 지은 선악(善惡)에 따라 현재
(現在)의 행(幸)과 불행(不幸)이 있는 것이 틀리지 않으니 이러한 연고로 음즐
이 반드시 있어야 하는 것으로 감찰관(눈)을 보기 전에 먼저 살펴야 하며, 음
즐과 누당은 같은 위치에 함께 있다. 또한 누당은 자식궁의 다른 이름이다.
그 외에 따르는 것은 넉넉하게 키우고 가르치면 정해지는 것이 자식이다.

皆屬有形 唯從心神而定 爲子息者 皆屬無形 有形無形互爲體用 故子息
개속유형 유종심신이정 위자식자 개속무형 유형무형호위체용 고자식
多少 庶有定焉 然心可修 而形可變 觀子息變化則思過半矣.
다소 서유정언 연심가수 이형가변 관자식변화즉사과반의.

형(形)이 있는 것은 함께 속하여, 오직 심신을 따라서 정하여지고 그것이 자식이 되는 것이다. 형(形)이 없는 것도 함께 속하여, 형(形)이 있든지 형(刑)이 없든지 서로 서로 체(體)와 용(用)으로 자식을 많이 또는 적게 두는데 어찌 한계를 정할 수 있으리오. 마음을 닦는 것이 옳다고 하겠다.

그러므로 형(刑)은 변하는 것으로, 자식을 볼 때도 변하여 화하는 것이 자식인즉 생각하여 깨닫게 하는 바가 많다고 할 수 있다.

子息定形從兄弟 加減乘除止淚堂 接濟來源觀過脈 身後倚靠有榮嘗.
자식정형종형제 가감승제지누당 접제래원관과맥 신후의고유영상.
子息之定形語眉 眉我之兄弟也.
자식지정형어미 미아지형제야
我之兄弟猶我父之兄 我之望兄猶我父之望我兄弟也.
아지형제유아부지형 아지망형유아부지망아형제야.

자식은 형제의 도리를 좇아 이루어지므로 더하고 빼고 곱하고 나누는 이치가 누당(음덕)에 모여 이어져 온 것으로, 지난 일들의 원인을 잘 살펴 앞으로 발생한 일을 잘 헤쳐나갈 수 있도록 어려운 처지에 빠진 사람을 도와주면 훗날 서로 등을 의지하며 영화 누릴 수 있는지 잘 살펴야한다.
자식은 눈썹의 모양에 의해 정해진다고 말하며, 눈썹은 나의 형제이기도 하고, 나의 형제는 아버지의 형제이기도 하다. 마치 나는 멀리 있는 형의 모습으로서 아버지가 보기에는 멀리 있는 형제와 나와 같은 것이다.

然我兄弟之多少有顴骨印堂爲之增減 我兒之多少則有印緩淚堂爲 之主
연아형제지다소유관골인당위지증감 아아지다소즉유인수누당위 지주
宰 蓋枝幹之隱語也.
재 개지간지은어야.

그런 연유로 내 형제가 많고 적음은 관골과 인당에 있으니 더하고 빼면 되는 것이고, 내 아이가 많고 적음은 인수, 누당이 중심이 되는 것이다. 이모든 것을 나무의 줄기와 가지에 비유하여 말하였다.

我兒之兒繫於耳目 耳目之精華 氣魄表於兩眉 故稱而曰裔孫耳
아아지아계어이목 이목지정화 기백표어양미 고칭이왈예손이

孫耳備倍也. 眉爲一面之豊釆 故稱得大志而曰揚眉吐氣.
손이유의야. 미위일면지풍변 고칭득대지이왈양미토기.

내 아이의 아이는 귀와 눈에 달려 있고, 귀와 눈은 가장 순수하고 빛나며, 기상은 양쪽 눈썹에 나타난다. 고로 귀(耳)를 자손이라 칭하고, 먼 자손까지도 귀에 의지하고 있으니 마치 자손이 귀에 의지하고 있는 것과 같다.
얼굴을 구별해 보면 풍성하게 장식하는 것은 눈썹이라, 고로 큰 뜻을 가지고 기(氣)를 내뿜는 것이라 말한다.

眉形與目齊 問子答一個 結束印堂格 一對可成家.
미형여목제 문자답일개 결속인당격 일대가성가.

눈썹의 모양이 눈과 함께 가지런한 사람이 혼자 와서 자식에 대해 묻거든, 인당에 그 사람의 격이 합해져 있으면 결혼하여 가정을 이루라, 하는 것이 한 가지 옳은 답이다.

眉齊與目調 入格兩無憂 清秀聲再亮 修身免絕代.
미제여목조 입격양무우 청수성재량 수신면절대.

눈썹이 가지런하며 눈도 아름다운 사람이 시험에 합격하고, 또한 근심이 없으며, 맑고 빼어난 음성에 울림이 있으면 오래전부터 끊임없이 자신을 수련해온 사람이다.

眉形不蓋目 問子亦孤獨 印堂成格局 眉靑變五福.

미형불개목 문자역고독 인당성격국 미청변오복.

눈썹 모양이 눈을 덮지 못한 사람이 자식에 대해서 물거든 역시 고독하다고 아니할 수가 없으며, 인당이 격국을 이루었다면 눈썹이 깨끗하게 변할 때 오복이 갖추어질 것이 답하라.

眉毛與目齊 堂印有蹊蹺 秀淸聲雅嘹 修身方無憂.

미모여목제 당인유혜교 수청성아량 수신방무우.

눈썹이 눈과 더불어 가지런하면서, 발전할 수 있는 지혜를 담은 인당과, 빼어나게 맑은 음성과 고운 울림을 갖고 있다면, 몸을 잘 수련하여 어디 있어도 근심이 없는 사람이다.

眉形多蓋目 問子應云六 眉散堂凹陷 空印成寂寞.

미형다개목 문자응운육 미산당요함 공인성적막.

눈썹이 많아 눈을 덮은 사람이 자식을 묻는다면 6명이라 답하고, 눈썹이 흩어지고 인당이 凹자 모양으로 꺼졌다면, 적막함으로 함몰된 인당을 채워야 된다고 답하라.

眉形已過目 定形子有六 堂印眉眼秀 聲嘹十個足.

미형이과목 정형자유육 당인미안수 성량십개족

눈썹이 눈을 지날 정도로 길면 자식이 6명이 되고, 기운이 모이는 인당과 눈썹, 눈이 빼어나고 울리는 음성이면 10명도 족히 둘 수 있다.

眉形已過目 嶺斬堂陷落 多生定少成 兒緣答之薄.

미형이과목 영참당함락 다생정소성 아연답지박

눈썹이 눈을 지나 눈썹이 꺾이는 고개를 침범하고, 인당이 푹 꺼져 있으면 자식을 많이 낳아서 적게 키우니 아이와 인연이 박하다고 답하라.

過目眉云長 堂印又吉昌 來脈失減半 齊全各一鄉.

과목미운장 당인우길창 내맥실감반 제전각일향.

눈을 지나 눈썹이 길게 뻗어있고 인당에 좋은 기운이 함께 있으면 내려오는 맥이 반으로 덜어져도, 가지런하고 온전한 한 곳이 있다.

過目淸秀眉 堂吉堂蹺蹊 脣鬚若無敗 三子應晚期.

과목청수미 당길당교혜 순수약무패 삼자응만기.

눈을 지난 눈썹이 맑고 빼어나면, 인당에 좋은 기운이 모여 빨리 발전하는 지름길이 있으니, 입술과 수염이 만약 못생기지 않았다면 자식을 늦게라도 3명은 둘 수 있다.

眉毛生過目 有彩少子六 聲曉子孤貴 最忌心行剝.

미모생과목 유채소자육 성효자고귀 최기심행박.

눈썹이 눈을 지나 자라고 고운 빛깔이 있으면 적어도 자식 6명은 두며, 맑은 음성의 자식은 고독하나 높은 신분으로 오르니 가장 꺼리는 것은 마음과 행동을 어지럽게 하는 것이다.

眉毛怕疎散 兒心最堪嘆 多子多勞業 老運心未安.

미모파소산 아심최감탄 다자다노업 노운심미안.

가장 좋지 않는 눈썹은 덤성덤성 흩어지는 것으로, 아이를 볼 때 가장 견디기 어려운 심정은, 자식이 많으면 많은 노력과 일을 해야 한다는 것이다. 그러나 말년에는 마음이 편안해질 것이다.

眉粗要有彩 無彩子息敗 有彩子孫榮 長壽子有財.

미조요유채 무채자식패 유채자손영 장수자유재.

눈썹이 거칠면 고운 빛깔이 있어야 하며, 고운 빛깔이 없다면 자식이 성공하지 못하고 실패할 것이다, 고운 빛깔이 있어야 자식이 영화롭고 오래 장수하며 자식에게도 재물이 있는 것이다.

眉毛鎖印堂 印緩又怕空 嶺斬定無子 多勞少成功.

미모쇄인당 인수우파공 영참정무자 다노소성공.

눈썹이 쇠사슬처럼 꼬이고 인당까지 자랐으면 도와주는 인수(부모)가 없어 두렵고, 눈썹이 이어지는 고개가 (칼 자국)베어져 있으면 자식이 없으니, 많은 노력에도 이루는 것이 작다.

鬚眉本陰陽 鎖眉犯孤孀 燕尾鬚孤陰 山根脈要雄.

수미본음양 쇄미범고상 연미수고음 산근맥요웅.

수염과 눈썹은 본래 음양으로, 여자의 눈썹이 쇠사슬처럼 꼬여 범하면 외로운 과부상이요, 남자의 수염이 제비 꼬리처럼 갈라져 있으면 음(陰)이 없어 외로우니, 산근의 맥이 매우 중요하다.

眉毛爲掃帚 問子多有九 堂印眉脈吉 添五添貴壽.
미모위소추 문자다유구 당인미맥길 첨오첨귀수

소추미(빗자루 모양의 눈썹)눈썹을 가진 사람이 자식을 묻는다면 많이 9명을
둘 수 있으니, 인당과 눈썹의 이어지는 맥이 아름답다면 보태어 5명은 더
둘 수 있으며 더하여 귀하고 장수할 것이다.

眉毛如掃帚 子息稱八九 眉粗尾疎散 折半印堂守.
미모여소추 자식칭팔구 미조미소산 절반인당수.

눈썹이 빗자루 모양과 같이 생긴 사람은 자식이 8, 9명 된다고 말할 수 있
으며, 눈썹이 거칠고 끝 부분이 덤성덤성 흩어졌으면 절반으로 줄어드니
인당을 잘 관리해야 할 것이다.

眉毛婦人形 問子多半成 陰盛多生女 補救看天庭.
미모부인형 문자다반성 음성다생녀 보구건천정.

눈썹이 여자의 눈썹처럼 생긴 사람이 자식을 물어온다면 많은 가운데 반은
성공하는데, 음(陰)이 성하면 딸을 많이 낳으니 천정(이마)을 잘 살펴 보호해
야 한다, 답하라.

婦眉男子形 問子無半成 女多男不孝 多病亦凋零.
부미남자형 문자무반성 여다남불효 다병역조령.

여자의 눈썹이 남자 눈썹처럼 생긴 사람이 자식을 물어온다면 반도 이루지
못하며 딸보다 아들이 많아도 불효하며 여러 가지 질병으로 이슬이 내리듯
슬프다, 답하라.

眉毛生過目 六子不成局 嶺折減一半 嶺豊加二足.

미모생과목 육자불성국 영절감일반 영풍가이족.

눈썹이 눈을 지나 길게 자랐는데 6명의 자식을 두지 못하는 것은, 눈썹이
이어지는 고개가 끊기어 전체에서 반으로 줄어들었기 때문이다. 눈썹이 이
어지는 고개가 풍성해지면 족히 2명은 가질 수 있다.

眉長眼亦長 堂印聲再喨 七子皆賢孝 男女同此祥.

미장안역장 당인성재량 칠자개현효 남녀동차상.

눈썹은 길고 눈도 역시 길며, 음성의 울림이 좋으면 7명의 자식을 두더라
도 모두 어질고 효성스러우니, 딸 아들이 똑같이 복이 있다.

貌 얼굴 모   繫 맬 계

俾 더할 비   裔 후손 예

婦相 _{부상}

印灣鼻秀眉眼淸秀 定配貴夫 鼻直形厚額顴厚必配富婿. 鼻秀夫秀 印陷
인만비수미안청수 정배귀부 비직형후액관후필배부서. 비수부수 인함

者婿無情 鼻小顴高者夫婿多難 鼻凹嶺斷定受夫欺 有顴有鼻印堂滿夫妻
자서무정 비소관고자부서다난 비요령단정수부기 유관유비인당만부처

同職. 年壽平而準豊者 夫妻異志 額上成溝 被夫遺棄 顴骨不起夫財難聚
동직. 년수평이준풍자 부처이지 액상성구 피부유기 관골불기부재난취

顴露骨者 夫壽不永 鼻露骨者 夫福難永.
관로골자 부수불영 비로골자 부복난영.

額凹印陷累夫失志 鼻仰嶺折夫有囚難. 面橫鼻小者 無理欺夫 被夫遺棄.
액요인함누부실지 비앙령절부유수난. 면횡비소자 무리기부 피부유기.

眉高顴高執拗誤夫 夫受官刑.
미고관고집요오부 부수관형.

인당은 꽉 차고 코가 곧게 빼어나며, 눈썹과 눈이 깨끗하게 잘생기면 귀한
남편의 배필이 되고, 곧은 코에 이마는 두텁고, 관골도 두터우면 반드시 부
자 남편을 맞는다.

여자의 코가 잘생겼으면 남편의 코도 잘 생겼고, 여자의 인당이 함몰되면
남편이 무정하고, 코가 작고 관골이 높으면 어려움이 많은 남편이며, 오목
하고 끊어진 코는 남편에게 업신여김을 당하고, 관골이 있고 코가 살아 있
으며 인당이 꽉차있으면 부부가 같은 신분이다.

여자 코가 년상, 수상이 고르고 준두가 풍만하며, 이마의 주름이 붓 도랑을
이루고 잘 생겼으며 남편과 아내의 뜻이 다르다.

남편이 유업을 계승하지 않고 버리는 것은, 관골이 일어나지 않아 재물을 모으는데 어려움이 따르기 때문이고, 관골이 드러나면 남편의 수명이 길지 못하고, 코뼈가 드러나면 남편 복이 오래가기가 어렵다.

여자의 이마가 凹자 모양이고 또한 인당이 함몰되어 있으면, 남편의 뜻을 저버리고, 코가 덜리고 코의 마디가 끊어지면 남편이 죄인이 되어 감옥에 갇히는 어려움을 겪게 되며, 얼굴이 가로로 넓은데 코가 작으면 남편이 이유 없이 업신여기고 버림받게 된다.

눈썹이 높고 관골이 높으면 집요하게 괴롭혀 남편이 잘못되어 관청으로부터 형벌을 받는다.

陰鬱面者 夫婿不揚 眉油 滑面者 夫主多失志.
음울면자 부서불양 미유 활면자 부주다실지.

眉重聲粗夫婿無權 眉淸眼秀能成夫權夫福.
미중성조부서무권 미청안수능성부권부복.

髮靑黑 眉長秀 夫必聰明 髮焦赤 眉稀黃 夫婿無能.
발청흑 마장수 부필총명 발초적 미희황 부서무능.

奸門陷 眉毛少 夫然必薄. 奸門凸起 眼光流射 夫壽早折.
간문함 미모소 부연필박. 간문철기 안광류사 부수조절.

頭短鼻小 夫多外寵. 顴高聲破夫緣難言.
두단비소 부다외총. 관고성파부연난언.

眼露聲粗難誇抗儷 眉黃脣紫夫多納妾 山根斷而印失者 夫情反覆.
안로성조난과항려 미황순자부다납첩 산근단이인실자 부정반복.

鼻凹而額高者 夫緣已斷 無事眼淚汪汪 不久斷緣 形容時現慘淡.
비요이액고자 부연이단 무사안루왕왕 불구단연 형용시현참담.

閨中獨影 眼胞虛瞳 夫婿畏避 鼻上黑氣失命有損 髮汗惡臭 閨情冷淡
규중독영 안포허동 부서외피 비상흑기실명유손 발한악취 규정냉담

腋臭油面被夫輕棄. 婦相關於天星部位 有婦相及各部總結參照 苟熟習
액취유면피부경기. 부상관어천성부위 유부상급각부총결참조 가숙습
所究擇婦則不難 而獲賢妻良母矣.
연구택부즉불난 이획현처량모의.

여자의 얼굴이 음울하게 생기면 남편을 출세시키지 못하며, 눈썹에 기름
끼가 끼여 있고, 매끄러운 얼굴은 남편의 뜻을 많이 잃게 한다.
눈썹이 두껍고 음성이 거칠면 남편이 권력이 없고, 아름다운 눈썹과 빼어
난 눈은 남편을 권련을 자진 사람으로 만들 수 있는 복이 있다.
머리카락이 검푸르고, 눈썹이 길게 잘생기면 남편이 반드시 총명하고, 머
리카락이 그을린 것처럼 붉고 적기가 나타나며, 눈썹이 누렇게 드문드문
자라있으면 남편이 능력이 없다.
간문이 함몰되어 있거나, 눈썹 털이 적으면 남편과 반듯이 인연이 희박하다.
간문이 돌출되었고 눈빛이 쏘듯이 흐르면 남편의 수명이 짧다.
머리는 짧고 코가 작으면 겉으로만 사랑하고, 관골이 높고 깨어지는 음성
은 남편과 인연의 어려움을 말로 다할 수 없다.
드러난 눈과 거친 목소리의 배우자는 자랑하기 어렵고, 눈썹이 황색이고
입술이 자색이면 남편이 많은 첩을 들이며, 산근이 끊어지고 인당이 없으
면, 남편의 정이 있었다, 없었다 반복한다.
여자의 코가 오목하게 꺼지고 이마가 높으면 남편과의 인연은 이미 끝났으
며, 아무 일이 없는데도 눈에 눈물이 가득하면, 인연이 오래가지 못하고 끝
나며, 때때로 얼굴에 참담함이 나타난다.
부녀자의 방에 홀로 비치는 그림자와 허공을 감싸는 눈동자는 남편이 두
려워 피하고, 코 윗부분이 검은 기운은 생명을 해치며, 털에서 나는 악취는
부부 침실의 정을 싸늘해지게 하고, 겨드랑이에서 냄새가 나고 얼굴에 기
름기가 번들거리면 남편이 쉽게 외면한다.

부녀자의 상에 관련해서는 상(天星)의 각 부위에 있으며, 총결 편에 부녀자의 상을 참고하고 대조하여 열심히 연구하고 익혀서 살피면 부녀자를 가리는데 어렵지 않을 것이므로, 현처양모를 얻기 바란다.

주요
한자

婿 사위 서 夫婿 ▶ 남편

拗 꺾을 요

鬱 막힐 울

寵 괼 총 ▶ 사랑하다.

儷 짝 려

避 피할 피

汗 땀 한

腋臭 액취 ▶ 겨드랑이 냄새

棄 버릴 기 ▶ 꺼리다.

5장 2부

氣色訣기색결

氣色者有分二之說也 一說由五臟和精骨中透出.
기색자유분이지설야 일설유오장화정골중투출.

微見於外 乍見如有 久視似無 藏於脈內者 謂之氣.
미견어외 사견여유 구시사무 장어맥내자 위지기.

一說浮於皮外 見而明之 形如物中塵垢 亦似蛋內紙皮 微微離肉者 謂之色.
일설부어피외 견이명지 형여물중진구 역사단내지피 미미이육지 위지색.

觀察分二 論斷合一 見氣無色 此吉凶未過 察其來勢和部位 再按此五行
관찰분이 논단합일 견기무색 차길흉미과 찰기내세화부위 재안차오행

及氣節 推斷未來所應之事也.
급기절 추단미래소응지사야.

欲見此色顯浮於外 見而有形者 主此吉凶大部已過矣 察其部位.
욕견차색현부어외 견이유형자 주차길흉대부이과의 찰기부위.

觀其來勢 卽可知其吉凶禍福.
관기내세 즉가지기길흉화복.

色者易見 氣勢難察 推斷禍楊 不可差之毫厘 爲恐誤人大事 學者宜多加
색자이견 기세난찰 추단화복 불가차지호리 위공오인대사 학자의다가

留意也. 氣色者有多種之分也 有五行之氣 有部位之氣 有滿面之氣.
유의야. 기색자유다종지분야 유오행지기 유부위지기 유만면지기.

五行之氣卽是紅黃黑靑白是此. 但其中仍有區分
오행지기즉시홍황흑청백시야. 단기중잉유구분

例如 紅赤紫三者均爲不同之論 此三色相化一色 最爲難辨. 赤色爲禍
예여 홍적자삼자균위부동지론 차삼색상사일색 최위난변. 적색위화

紅色爲吉 紫色爲福.

홍색위길 자색위복.

기색을 두 부분으로 나누어 설명하면, 일설에는 오장과 골수에서 나타난다고 한다. 겉으로는 희미하게 보이고, 언뜻 보면 존재하는 것처럼 보이지만, 오랜 시간이 지나면 없어져 보이는 것을 맥(脈) 속에 숨어 있는 기(氣)라고 한다.

또, 한 가지 설은 피부 바깥에 노출되어 눈으로 보면 뚜렷이 보이는 것이 사물 속에 티끌과 같고 또, 피부와 살이 분리되어 있는 것처럼 마치 알 속의 얇은 종이 껍질과 같기도 하다, 이것을 색이라 한다.

두 가지로 나눈 것을 자세히 살펴서 하나로 합쳐 잘라 말하면, 기(氣)가 무색이라는 것은 행운 또는 불운이 아직 지나가지 않았음을 의미하고, 그 방향과 위치를 관찰한 다음 오행(五行)과 기(氣)를 이용하여 미래에 무슨 일이 일어날지 추론하는 것이다.

외부로 노출되어 나타나는 색을 보기 원한다면 대부분의 행운과 불운이 지나갔다는 뜻이다. 그 부위를 잘 관찰 하면 알 수 있다.

즉, 미래의 세(勢)를 보면, 길흉화복을 알 수 있다.

색(色)은 보기 쉽지만, 기세(氣勢)는 감지하기 어렵다. 화복을 추론하는 데 있어 미세한 부분까지 실수는 어쩔 수 없다.

그러나 중요한 사건에 대해 사람들이 오해하지 않도록 학자들이 더 많은 관심을 기울여야 한다.

기색(氣色)은 여러 가지로 구분하는데, 오행의 기(氣), 얼굴 부위별 기(氣), 얼굴 전체에 가득한 기(氣)가 있다.

오행의 기(氣)는 즉 홍(紅), 황(黃), 흑(黑), 청(靑), 백(白)이며 다만, 그 중에서 한 번 더 구분한다. 예를 들면 홍, 적, 자색은 같으면서도 다르게 구분하지만, 이 3가지를 한 가지 색으로, 비슷한 색으로 나누기가 어렵다.

적색은 화(禍)가 되고, 홍색은 길(吉)이 되고 자색은 복(福)이 된다.

赤色 _ 內紅色微見黑氣加朦 內枯外滯水火不容 多出於某部者 謂之赤.

적색   내홍색미견흑기가몽 내고외체수화불용 다출어모부자 위지적.

紅色 _ 滿面氣活 內透外鮮 微見光彩是也.

홍색   만면기활 내투외선 미견광채시야.

紫色 _ 內透外潤 紅黃射目 鮮明神彩 微微放光 內外明活不滯是也.

자색   내투외윤 홍황사목 선명신채 미미방광 내외명활부체시야.

此三色者 赤色爲最忌之色 紅色爲守爲平中吉色 紫色者爲大利之色

차삼색자 적색위최기지색 홍색위수위평중길색 자색자위대리지색

此爲陰騭之色也.

차위음즐지색야.

적색은, 아주 미세한 홍색과 흑기에 흐릿함이 더하여져 보이는 색으로 안에서는 마르고, 밖으로 막혀 수(水)와 화(火)를 받아들이지 못하여 어떤 부분에 많이 나타나는가에 따라 이것을 적색이라 한다.

홍색은, 얼굴 가득 활기찬 기운으로 안에서 밖으로 투과하는 선한 색으로 연하게 보이는 광채가 있다.

자색은, 안에서 투과하는 기운이 밖으로 윤택하게 나타나, 눈에서 비추는 홍(紅), 황(黃)의 색이 선명하며, 아주 작은 빛을 발하여 안과 밖으로 밝고 활기차 막히는 것이 없다. 이 3가지 색 중 적색이 제일 좋지 않다.
홍색은 고르게 나타나면 중길의 색이니 관리를 잘 하여야 되고, 자색은 크게 이로움이 되는 색으로서 음즐을 나타내는 색이다.

滿面之氣者. _ 例如 滿面黑暗或全赤或滯黃或枯白是也.

만면지기자. _ 예여 만면흑암혹전적혹체황혹고백시야.

而非某一部有者 此爲五行生剋之氣也.

이비모일부유자 차위오행생극지기야.

此種氣色有凶有吉 春見靑重 雖先憂而後定爲大吉 不爲凶色此.

차종기색유흉유길 춘견청중 수선우이휴정위대길 불위흉색야.

夏見赤要分 南北 北方水地反禍爲祥 西方大忌.

하견적요분 남북 북방수지반화위상 서방대기.

秋見黑 發光者 相生也 不出其凶是爲吉色.

추견흑 발광자 상생야 불출기흉시위길색.

冬見白 不枯而潤明者 金生水 雖冬令較有不順 至春者大吉也.

동견백 불고이윤명지 금생수 수동령교유불순 지춘자대길야.

此五行之氣 亦宜配觀身型五行而定論.

차오행지기 역의배관신형오행이정론.

如體肥面黑之人爲水重 宜在南方火地 必能大發 此爲五行相制也.

여체비면흑지인위수중 의재남방화지 필능대발 차위오행상제야.

凶氣之中也有吉色 如黑重發光者 不出大凶 反禍爲吉.

흉기지중야유길색 여흑중발광자 불출대흉 반화위길.

赤中微微見黃光者 因禍得利.

적중미미견황광자 인화득리.

滿面全黑 只一兩處透白光者 爲久困一開乃吉祥之兆.

만면전흑 지일양처투백광자 위구곤일개내길상지조.

滿面光彩 眼神帶露者 爲全開之色 非爲吉祥之氣 凶事將臨矣

만면광채 안신대로자 위전개지색 비위길상지기 흉사장임의

其中奧理 宜細心體會也.

기중오리 의세심체회야.

얼굴에 기(氣)가 가득한 사람이라는 것은 예를 들면, 얼굴 가득 어두운 흑(黑), 전체가 적(赤), 막힌 황(黃), 혹 메마른 백(白)의 기(氣)가 어느 한 부분이라도 있으면 안 되는 것으로, 오행 생극(生剋)의 기(氣) 되는 것이다.

이러한 종류의 기색에는 길(吉)과 흉(凶)도 있으니, **봄**에 진한 청색이 보이면 비록 먼저는 근심이 생겨도 후(後)에 대길하니 흉한 색으로 판단하지 않는다. **여름**에 적(赤)색이 있으면, 남북으로 나누고, 북쪽은 수(水)의 자리로 나쁜 기운은 반대로 좋게 되고, 서쪽은 매우 나쁘다. **가을**에 흑(黑)색 빛이 나타나면 상생하므로, 흉(凶)이 나타나지 않으니 길(吉)한 색이 된다. **겨울**에 나타난 백(白)색은 메마르지 않고 밝고 윤택하면 금생수(金生水)로서 비록 겨울이 비교적 순조롭지 않더라도 봄이 되면 대길 할 것이다.

오행의 기(氣)라는 것은 신체의 형(型)의 오행과 비교해 관찰하는 것이 당연하다. 예를 들면 몸은 비대하고 얼굴이 검은 사람은 수(水)의 기운이 무거우므로, 마땅히 남방의 화(火)의 지역에 살면 반드시 크게 발전할 것이다. 이것이 바로 오행상제의 이치이다.

흉기(凶氣) 가운데 길한 색이 있으니, 진한 흑(黑)색에 빛이 나는 사람은 대흉이 나타나지 않고, 반대로 화(禍)가 길(吉)이 된다.

적(赤)색 가운데 약한 황(黃)기가 빛나 보이는 사람은 화(禍)로 인하여 이익을 얻는다. 얼굴 전체가 흑(黑)색이 가득한 사람이 어느 한 부분이 백(白)색으로 빛나면, 오랫동안 힘들었다가 좋은 운이 조금씩 열리는 조짐이다. 얼굴 전체가 광채가 나고, 눈빛은 빛나며, 얼굴전체가 열려 있는 색(色)이 되면, 길상의 기운이 아니고, 당장 흉(凶)한 일이 생기려는 하는 것이다. 이러한 가운데 오묘한 이치가 있으니 마땅히 혼신을 다해 이치를 깨달아야할 것이다.

塵 티끌 진

蛋 새알 단

陰騭음즐 ▶ 자비로움

黑氣吉凶흑기길흉 I

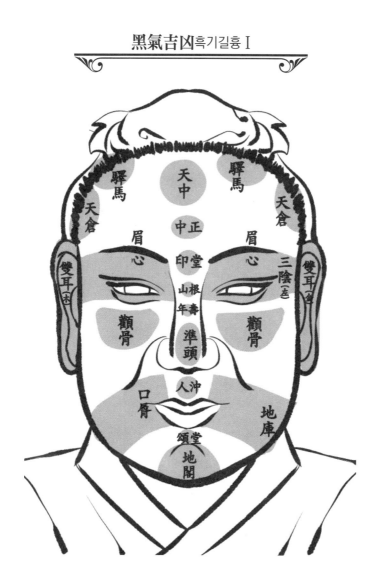

右左同論우좌동론

1.天中 천충 2.中正 중정 3.驛馬 역마 4.眉心 미심 5.天倉 천창

6.三陰 삼음 7.雙耳 쌍이 8.顴骨 관골 9.地庫 지고 10.地閣 지각

11.頌堂 송당 12.人沖 인충 13.準頭 준두 14.年壽 년수 15.山根 산근

16.印堂 인당 17.口脣 구순

1. 天中 천충
現黑氣者 主官災及意外之禍 爲官者妨失直 庶人亦主 是非及不利.
현흑기자 주관재급의외지화 위관자방실직 서인역주 시비급불리.

천중에 흑기가 나타나면, 일반적으로 생각 밖의 화(禍)로 관재가 발생할 수도 있고, 공직자는 주변의 방해로 실직의 우려가 있으며, 일반인은 주로 불리한 시비에 휘말릴 수 있다.

2. 中正 중정
現黑氣者 主謀事不遂 百日內見破敗及意外之災 爲官者最忌.
현흑기자 주모사불수 백일내견파패급의외지재 위관자최기.

중정에 흑기가 나타나면, 보통 계획하는 일이 잘 풀리지 않고, 100일 안에 생각 밖의 재난으로 재물이 없어지고, 공직자가 에게 제일 나쁘다.

3. 驛馬 역마
現黑氣者 左主左內疾 右主右內疾 亦爲破敗及疾災 見此色重者 主水危
현흑기자 좌주좌내질 우주우내질 역위파패급질재 견차색중자 주수위

官訟不宜出行 如中間微見透光者 主動則可進行 新事業 出行亦宜.
관송불의출행 여중간미견투광자 주동즉가진행 신사업 출행역의.

역마에 흑기가 나타나면, 왼쪽은 주로 좌측에 내부의 질병, 오른쪽은 우측에 내부의 질병이 염려되고, 역시 질병과 재난으로 인하여 재물이 없어지고, 색이 진하게 나타나면 주로 수(水)로 인한 위험으로, 관재 소송이 있을 때에는 당연히 출행을 하지 말아야 하며, 중간에 아주 약한 빛이 나타난 것이 보이면 새로운 사업을 진행을 위해 움직여도 좋으며, 출행도 역시 괜찮다.

4. 眉心 미심

現黑氣者 主兄弟期友和家運不祥 見此色者不宜交期友作保.

현흑기자 주형제붕우화가운불상 견차색자불의교붕우작보

미심에 흑기가 나타나면, 주로 형제, 친구와 화합, 가정의 운이 좋지 못하니, 이러한 색깔이 나타나면 친구와 교류하는 것을 멈추고 지켜보는 것이 좋다.

5. 天倉 천창

現黑氣者 主見水驚及道路不吉之事 亦主祖人不祥.

현흑기자 주견수경급도로불길지사 역주조인불상.

천창에 흑기가 나타나면, 주로 길에서 불길한 일이 발생하거나, 수(水)액으로 놀라고, 또한 보통 조상에게 이롭지 못하다.

6. 三陰 삼음

左爲『三陽』現黑氣者 主此人心性惡 多爲從事不道德 女主極淫 男主

좌위 삼양 현흑기자 주차인심성악 다위종사부도덕 여주극음 남주

破家 有內疾者半論 見此色妨小人 及不利陰人 卽女人 是也 宜修心積德.

파가 유내질자반론 견차색방소인 급불리음인 즉여인 시야 의수심적덕.

좌측 삼양에 흑기가 나타나면, 일반적으로 심성이 악한 사람으로, 부도덕한 일이 많이 따른다. 여자는 지극히 음란하고 남성은 일반적으로 가정을 깨뜨리지만, 질병이 있는 사람은 절반으로 줄어든다는 말이 있다. 또, 이러한 색깔이 보이면 나쁜 사람(소인)이 방해하므로 즉, 여자에게 불리하니, 마땅히 마음을 닦고 덕을 쌓아야 할 것이다.

7. 雙耳 쌍이

左耳金星 右耳木星 最要潤明 若現黑氣者 或塵垢者 均主久困之人 家
좌이금성 우이목성 최요윤명 약현흑기자 혹진구자 균주구곤지인 가

運更爲不美也.
운경위불미야.

좌측 귀는 금성이고 우측 귀는 목성이니, 제일 중요한 것은 밝고 윤기가 있어야 한다. 그런데 만약에 흑기가 나타나거나 혹, 때가 끼어 지저분한 사람은 오랫동안 빈곤으로 가정의 운이 좋지 못하다.

8. 顴骨 관골

現黑氣如雲者 主家運不遂 爲官者妨失官失權 及牢獄之災 天中不暗減
현흑기여운자 주가운불수 위관자방실관실권 급뢰옥지재 천중불암감

半 四十天後應.
반 사십천휴응.

관골에 구름과 같이 흑기가 나타나면, 일반적으로 가정의 운이 좋지 못하고, 공직자는 훼방꾼이 생겨 권력을 잃거나 관직을 잃게 되고 혹, 감옥에 가는 재난을 당할 수도 있다. 천중이 어둡지 않다면 절반으로 줄며 40일 후에 발생한다.

9. 地庫 지고

起黑氣人口者 主車船受驚之事或服藥口舌之禍 百日內應 夏天大忌此色
기흑기입구자 주차선수경지사혹복약구설지화 백일내응 하천대기차색

冬秋次之.
동추차지.

입 주위에 흑기가 생겨나면, 주로 수례(차), 배로 인하여 놀라고 약물복용, 구설로 100일 내에 재앙을 당할 수 있으며, 이러한 색은 여름에 발생하는 것이 가장 나쁘며 가을, 겨울로 이어진다.

10. 地閣 지각
現黑氣者 主口舌是非水危車馬之憂 準頭再暗災禍至矣. 準頭明 此色生
현흑기자 주구설시비수위차마지우 준두재암재화지의. 준두명 차색생

於秋冬者 無妨大事也.
어추동자 무방대사야.

지각에 흑기가 나타나면, 일반적으로 구설시비, 수(水), 수례(차)로 인한 근심이 발생하며, 준두에 재차 어둡게 나타면 재난이 곧 발생한다. 이러한 색은 가을, 겨울에 나타는데, 준두가 밝다면 큰 일을 진행해도 괜찮다.

11. 頌堂 송당
現黑氣者 主家運不遂 水路不利 或因食酒而致禍 六十天內應.
현흑기자 주가운불수 수로불리 혹인식주이치화 육십천내응.

송당에 흑기가 나타나면, 가정에 운(運)이 따르지 않으며, 물(水)길로 이동하는 것이 불리하고, 혹 음식, 술로 인하여 60일 안에 화(禍)를 당할 수 있다.

12. 人沖 인충

現黑氣者 主自身及子女有不測之災 見此色者 病人服 藥及食物須謹愼
현흑기자 주자신급자녀유불측지재 견차색자 병인복 약급식물수근신

近日應.
근일응.

인충에 흑기가 나타나면, 일반적으로 자녀의 재난이 자신에게 까지 미치게 되는데, 이러한 색이 보이는 사람이 환자일 경우 약물 복용이나 음식을 조심해야 된다. 가까일 시일에 당하게 된다.

13. 準頭 준두

現黑氣型如梅花者 主當日及將來之災禍 印堂不暗 眼神不帶殺者減半.
현흑기형여매화자 주당일급장래지재화 인당불암 안신부대살자감반.

見此色者 凡事宜守舊 否則大爲破敗也.
견차색자 범사의수구 부즉대위파패야.

준두에 흑기가 매화꽃을 찍어 놓은 모양으로 나타나면, 주로 재화(災禍)가 당일에 막 발생하려고, 인당은 어둡지 않고 눈빛이 살기를 띠지 않는 사람은 재화(災禍)가 반으로 줄어든다. 이러한 색이 나타난 사람은 모든 일에 오래된 관습을 지켰기 때문에 현재의 사항을 부정하여 크게 패하고 깨어진다.

14. 年壽 년수

現黑氣者 主家中或自已見病 散者主助財 如黑似班點者 自身長久有內疾.
현흑기자 주가중혹자이견병 산자주겁재 여흑사반점자 자신장구유내질.

년수에 흑기가 나타나면, 주로 가족이나 혹, 자신도 이미 병에 감염되어 있으며, 일반적으로 재물을 잃거나 흩어지며, 흑기가 반점과 같이 비슷하게 생겼다면, 이미 자신도 병을 오래 앓고 있다.

15. 山根 산근

現黑氣者 主時運不遂 及身帶久疾 亦妨孝服將臨 或有妻室不利之事也.
현흑기자 주시운불수 급신대구질 역방효복장임 혹유처실불리지사야.

산근에 흑기가 나타나면, 일반적으로 시(詩)운이 따르지 않으며, 오래된 병을 몸에 두르고 또는, 상복을 입을 일이 생기고 혹, 처의 주변에 이롭지 못한 일이 생길 수 있다.

16. 人堂 인당

現黑暗氣者 主有非常之憂 如黑氣透天者 大禍將至矣. 若準再暗者應妨
현흑암기자 주유비상지우 여흑기투천자 대화장지의. 약준재암자응방

不測之災即日應.
불측지재즉일응.

인당에 흑기가 어둡게 나타나면, 일반적으로 심각한 걱정이 있으며, 흑기가 이마 전체에 나타나면 큰 화(禍)가 막 발생하려한다. 만약, 재차 준두까지 어두지면 방해꾼을 예측하지 못해 당일 재앙을 당한다.

17. 口脣 구순

現黑氣者 主見邪症 或難醫之症. 如眼神再斜視者 定爲瘋子及神精之類.
현흑기자 주견사증 혹난의지증. 여안신재사시자 정위풍자급신정지류.

目神正者乃內疾之類 或處於貧困之運也.

목신정자급내질지류 혹처어빈곤지운야.

입 주변에 흑기가 나타나면, 일반적으로 미친증세로 의사가 고치기 어려운 병이다. 거듭 눈빛의 초점이 없는 사람은 정신에 이상이 생긴 것이다. 만약, 눈빛이 정상인 경우 내부에 질병이 있거나 혹, 사는 곳에서 빈곤을 벗어나기 힘든 운(運)이다.

주요 한자

邪症 사증 ▶ 보통 때는 멀쩡한 사람이 가끔 미친 듯이 행동하는 증세

塵 티끌 진   症 증세 증

垢 때 구   準 수준기 준 ▶ 준두(코)

牢 우리 뢰 ▶ 감옥

瘋 두풍 풍 ▶ 간질, 미치광이

黑氣吉凶흑기길흉 Ⅱ

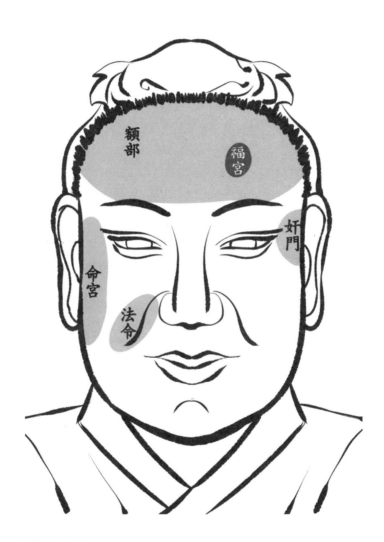

右左同論우좌동론

1.**福堂** 복당 2.**額富** 액부 3.**命門** 명문 4.**法令** 법령 5.**奸門** 간문

1. 福堂 복당

現黑氣者 主官災或孝服之憂 重者事應近 輕者事應遠.

현흑기자 주관재혹효복지우 중자사응근 경자사응원.

복당에 흑기가 나타나면, 보통 관재나 부모상에게 근심이 생기는데 색이 진하면 가까운 시일 내에 발생하고, 색이 가벼우면 먼 날에 발생한다.

2. 額富 액부

全現黑暗氣者 主大凶 色在外形如班者 凶事多半已過 若見微微透明者

전현흑암기자 주대흉 색재외형여반자 흉사다반이과 약견미미투명자

乃轉運之象矣 外不見明色 細觀的藏 暗聲如淺雲一般 大禍將臨 病人卽 死也.

내전운지상의 외불견명색 세관내장 암체여천운일반 대화장임 병인즉 사야.

액부 전체에 어두운 흑기가 나타나면, 일반적으로 크게 흉(凶)하다.
외부로 나타난 모양이 반점과 같이 생겼으면 흉사가 이미 절반은 지나갔으며 만약, 밝은 빛이 아주 약하게 감돈다면 곧 운이 바뀐다.
밝은 색은 외부로 나타나지 않고, 일반적으로 막힌 듯 어두운 기운이 엷게 숨겨져 은밀하게 보이면 큰 화가 곧 닥치고, 환자는 즉시 사망한다.

3. 命門 명문

現黑氣者 主時運滯塞 多爲不順也.

현흑기자 주시운체색 다위불습야.

명문에 흑기가 나타나면, 일반적으로 시(時)운이 막히고, 쌓여 많은 일이 순조롭지 못하다.

4. 法令 법령

現黑氣如錢者 主損壽元或用人不忠及作惡之事.

현흑기여전자 주손수원혹용인불충급작악지사

법령에 흑기가 엽전 모양처럼 나타나면, 보통 수명을 줄어드는 원인이 되거나 혹, 고용인이 진실하지 못하여 악한 일을 저지를 수 있다.

5. 奸門 간문

現黑氣而透顴者 主妻室不吉 與女人交往不利 亦不得人信任.

현흑기이투관자 주처실불길 여여인교왕불리 역부득인신임.

간문에 흑기가 관골을 통과하여 나타나면, 보통 처가 불길하고, 여자와 사귀면 이롭지 못하고 또한, 일을 믿고 맡길 사람을 얻지 못한다.

赤氣吉凶적기길흉

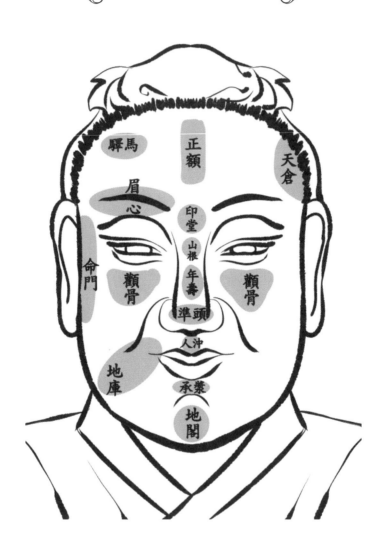

右左同論우좌동론

1.正額 정액 2.印堂 인당 3.山根 산근 4.天倉 천창 5.顴骨 관골

6.人沖 인충 7.承漿 승장 8.地閣 지각 9.地庫 지고 10.準頭 준두

11.命門 명문 12.年壽 년수 13.眉心 미심 14.驛馬 역마

1. 正額 정액
現赤色直至髮際者 主公難及焦急兵傷之事 四十天後應.
현적색직지발제자 주공난급초급병상지사 사십천후응.

정액에 나타난 적기가 머리가 자라는 부분까지 나타나면, 보통 공적인 일로 어려워지거나, 급하게 전쟁터에 나가 다치는 일이 40일 후에 발생한다.

2. 印堂 인당
現赤氣型如油餠者 主口舌是及火災 百日內應.
현적기형여유병자 주구설시급화재 백일내응.

인당에 나타난 적기가 기름과자 같은 모양으로 생기면, 일반적으로 구설시비 및 화재로 인한 재앙이 100일 안에 발생한다.

3. 山根 산근
現赤氣者 主膿血官訟火危及産驚之事 日限以氣色輕重而定.
현적기자 주농혈관송화위급산경지사 일한이기색경중이정.

산근에 적기가 나타나면, 주로 피고름, 관재소송, 화재, 산액으로 놀라게 되는데, 그 날에 기색이 무거운가, 가벼운가에 따라 정해진다.

4. 天倉 천창
現赤氣者 主口舌出門不利官訟敗 火驚之事也.
현적기자 주구설출문불리관송패 화경지사야.

천창에 적기가 나타나면, 집밖으로 나가면 구설로 인해 불리하고, 관재 소송에는 패하고, 화재로 인해 놀랄 일이 발생한다.

5. 顴骨 관골

現赤氣 型如蝴蝶羽者 此爲最忌之色 大禍將至矣 須妨官災死亡 不測之
현적기 형여호접우자 차위최기지색 대화장지의 수방관재사망 불측지

禍也 輕者亦主憂愁破財之事.
화야 경자역주우수파재지사.

관골에 나비 날개의 모양으로 적기가 나타나면, 제일 꺼리는 색으로 큰 재난이 곧 닥치게 되고, 매사에 방해의 요인이 되어 생각하지 못한 화(禍)가 발생하여 관재, 사망에 이르고, 화(禍)가 가벼우면 재물로 인한 손실로 근심 걱정하게 된다.

6. 人沖 인충

現赤氣者 重則驚愁 輕則急愁 亦主色憂及口舌之事.
현적기자 중즉경수 경즉급수 역주색우급구설지사.

인충에 적기가 무겁게 나타나면, 뜻밖의 일로 놀라 시름하게 되고, 가볍게 나타나는 사람은 급하게 서둘러야할 걱정할 일이 발생한다. 또, 보통 구설로 인해 근심되는 일이 발생하는 색이다.

7. 承漿 승장

現赤氣者 主小人弄作生非之事 多於憂悶也.
현적기자 주소인농작생비지사 다어우민야.

승장에 적기가 나타나면, 일반적으로 질 나쁜 사람의 농락으로 일이 안 풀이고, 근심이 많아지고 번민하게 된다.

8. 地閣 지각
現赤氣者 主口舌劫財運滯之事.

현적기자 주구설겁재운체지사.

지각에 적기가 나타나면, 일반적으로 운(運)이 막혀 구설로 재물을 잃은 일
이 발생한다.

9. 地庫 지고
現赤氣者 主火驚官訟敗業之事 亦主膿血之災.

현적기자 주화경관송패업지사 역주농혈지재.

지고에 적기가 나타나면, 보통 화재로 놀라고 관재소송으로 패업하는 일이
생기며 또한, 주로 피고름과 같은 재난이 발생한다.

10. 準頭 준두
現赤氣者 此爲火燒中堂 大忌之色也 主家破人亡 赤氣侵顴者 小敗無妨

현적기자 차위화소중당 대기지색야 주가파인망 적기침관자 소패무방

大事矣.

대사의.

준두에 적기가 나타나면, 집이 화재로 소실되는 가장 꺼리는 색이다. 일반
적으로 가정이 깨어지고 사람이 죽으며, 적기가 관골을 침범하면 작은 일
에 패하나, 큰일은 괜찮다.

11. 命門 명문
現赤氣者 主破財與他人暗鬪之事.
현 적 기 자 주 파 재 여 타 인 암 투 지 사 .

명문에 적기가 나타나면, 보통 타인과 겉으로 드러나지 않은 싸움으로 인해 재물과 일이 깨어진다.

12. 年壽 년수
現赤氣者 主血光之災及火危或是非之事.
현 적 기 자 주 혈 광 지 재 급 화 위 혹 시 비 지 사 .

년수에 적기가 나타나면, 피를 부르는 재난, 화재의 위험 혹, 시비꺼리가 발생한다.

13. 眉心 미심
現赤氣者 主兄第親戚明友爭鬪憂愁之事.
현 적 기 자 주 형 제 친 척 붕 우 쟁 투 우 수 지 사 .

미심에 적기가 나타나면, 일반적으로 형제, 친척, 친구와의 다툼으로 인해 근심으로 시름한다.

주요 한자

弄 희롱할 농

燒 사를 소

14. 驛馬 역마

現赤氣者 主出外遇災是非不吉之事 亦妨水路之驚.

현적기자 주출외우재시비불길지사 역방수로지경.

역마에 적기가 나타나면, 주로 밖에서 재난이나 시비로 불길한 일을 만나고, 수(水)로를 이용하면 방해로 놀랄 일이 발생한다.

靑氣吉凶청기길흉

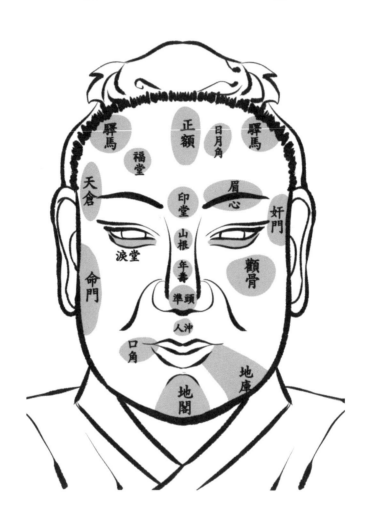

右左同論우좌동론

1.正額 정액 2.一月角 일월각 3.驛馬 역마 4.印堂 인당 5.眉心 미심

6.山根 산근 7.奸門 간문 8.顴骨 관골 9.年壽 년수 10.人沖 인충

11.地庫 지고 12.地閣 지각 13.口角 구각 14.準頭 준두 15.命門 명문

16.淚當 누당 17.天倉 천창 18.福堂 복당

1. 正額 정액
現靑氣者 主非常憂驚 爲官者最忌主失職及牢獄之禍此.
현청기자 주비상우경 위관자최기주실직급뢰옥지화야

정액에 청기가 나타나면, 보통 갑작스럽게 놀라거나 근심이 생기고, 공직자에게는 가장 나쁜 색으로 실직을 하거나 감옥에 구금되는 화(禍)를 당하게 된다.

2. 一月角 일월각
現靑氣者 主口舌是非憂驚重病之事.
현청기자 주구설시비우경중병지사

일월각에 청기가 나타나면, 일반적으로 구설시비로 놀라거나 근심이 생겨 중병을 얻을 수 있다.

3. 驛馬 역마
現靑氣者 主出行受非常之憂驚 或在途中見病難也.
현청기자 주출행수비상지우경 혹재도중견병난야.

역마에 청기가 나타나면, 보통 출행 중 상(喪)으로 놀라거나 근심이 생기고 혹, 길에서 병을 만나 힘들게 된다.

4. 印堂 인당
現靑氣者 主敗業疾病車馬之災等事 卽日應.
현청기자 주패업질병차마지재등사 즉일응.

인당에 청기가 나타나면, 일반적으로 사업은 실패하고 질병과 교통사고 등의 재난이 당일에 발생한다.

5. 眉心 미심
現靑氣者 主時運滯塞 兄弟姉妹見災.
현청기자 주시운체색 형제자매견재

미심에 재청기가 나타나면, 일반적으로 시(時)운이 막히고 형제자매의 재난을 보게 된다.

6. 山根 산근
現靑氣者 主憂悶久病之難也.
현청기자 주우민구병지난야.

산근에 청기가 나타나면, 보통 오래된 병으로 인한 근심과 번민으로 어렵게 된다.

7. 奸門 간문
現靑氣者 主水災或妻室不利及産危 亦主自己病災.
현청기자 주수재혹처실불리급산위 역주자기병재

간문에 청기가 나타나면, 일반적으로 수(水)재로 인한 재액이나 산액으로 아내에게 이롭지 못하며 또한, 본인도 질병으로 인한 재앙에 주의해야 한다.

8. 顴骨 관골
現靑氣者 主家運不遂及牢獄之災 用人不忠 作保不利.
현청기자 주가운불수급뢰옥지재 용인불충 작보불리.

관골에 청기가 나타나면, 주로 가정의 운이 나쁘고 감옥에 갇히는 재난과, 주인이 진실하지 못하니 보증을 서는 것은 이롭지 못하다.

9. 年壽 년수

現靑氣者 主大敗事業 災禍疾病 萬事不遂矣

현청기자 주대패사업 재화질병 만사불수의

년수에 청기가 나타나면, 보통 사업을 크게 실패하고, 재화나 질병 등 만사가 운이 따르지 않는다.

10. 人沖 인충

現靑氣者 主因食物服藥 色慾不利或不測之災也.

현청기자 주인식물복약 색욕불리혹불측지재야.

인충에 청기가 나타나면, 일반적으로 약, 음식물, 색욕으로 인하여 예측하지 못한 재난으로 이롭지 못하다.

11. 地庫 지고

現靑氣者 主水路受驚 或道路災害 亦主破敗及六畜用人不利.

현청기자 주수로수경 혹도로재해 역주파패급육축용인불리.

지고에 청기가 나타나면, 보통 수(水)로에서 놀라고, 혹 도로에서는 갑작스런 재난으로 해(害)를 입으며, 또한 일반적으로 재물이 깨어지고 집에서 기르는 가축이나 직원에게 이롭지 못하다.

12. 地閣 지각

現靑氣者 主時災敗業 六畜有損 亦主與他人合業不利.

현청기자 주시재패업 육축유손 역주여타인합업불리.

지각에 청기가 나타나면, 일반적으로 재난으로 폐업하고 기르던 집에서 기르는 가축에 손실이 있고 또한, 타인과 함께 사업을 하면 불리하다.

13. 口角 구각
『乃海口是也』現靑氣者 主服毒災危 亦主水路不利也.
내 해 구 시 야   현 청 기 자   주 복 독 재 위   역 주 수 로 불 리 야.

'입을 바다라 한다.' 구각에 청기가 나타나면, 일반적으로 독(毒)으로 당할 재액이 두렵고 또한, 수(水)로는 불리하다.

14. 準頭 준두
現靑氣者 主大禍來臨 重者病死 輕者見驚及破敗.
현 청 기 자   주 대 화 래 임   중 자 병 사   경 자 견 경 급 파 패.

준두에 청기가 나타나면, 일반적으로 큰 화가 오는 것으로, 색이 진하면 병으로 사망할 수 있으며, 준두에 청기가 가벼우면 놀라거나 재물이 깨어지고 패한다.

15. 命門 명문
現靑氣者 主時運不遂 疾病劫財 多於憂困也.
현 청 기 자   주 시 운 불 수   질 병 겁 재   다 어 우 곤 야.

명문에 청기가 나타나면, 보통 시(時)운이 따르지 않고 질병과 재물의 손실로 많은 근심과 괴로움이 따른다.

16. 淚當 누당
現靑氣枯者 主處境有小人壞事 遷移之憂 及病患 若色潤明者 主有生育
현 청 기 고 자   주 처 경 유 소 인 괴 사   천 이 지 우   급 병 환   약 색 윤 명 자   주 유 생 육

之慶 左生男 右生女 宜配合印堂觀察.

지경 좌생남 우생녀 의배합인당관찰.

누당에 청기가 메마르게 나타나면, 보통 머무는 장소마다 질 나쁜 사람들의
방해로 일이 무너지고, 장소를 옮겨도 근심이 떠나지 않아 질병이 발생한다.
만약, 누당에 색이 밝고 윤택하면 낳고 기르는 경사스러운 일이 있다. 왼쪽
은 남자 아이를, 오른쪽은 여자 아이를 낳을 수 있는데, 마땅히 인당과 함께
관찰해야 할 것이다.

17. 天倉 천창
現靑氣者 主見不測憂驚 或家宅不吉之事及病患等.

현청기자 주견불측우경 혹가택불길지사급병환등.

천장에 청기가 나타나면, 일반적으로 예측하지 못한 일로 걱정하거나 놀라
며 혹, 갑작스러운 병으로 환자가 생기는 등 집에 불길한 일이 발생한다.

18. 福堂 복당
現靑氣者 主小人謀害 爲官失權 或破財病患等.

현청기자 주소인모해 위관실권 혹파재병환등.

복당에 청기가 나타나면, 보통 사람의 모사로 해를 당하며, 관직에 있는 사
람이라면 권력을 잃게 되고 혹, 병환 등으로 인하여 재물도 깨어진다.

六畜육축 ▶ 집에서 기르는 대표적인 여섯 가지 가축
돼지, 소, 말, 양, 닭, 개

白氣吉凶백기길흉

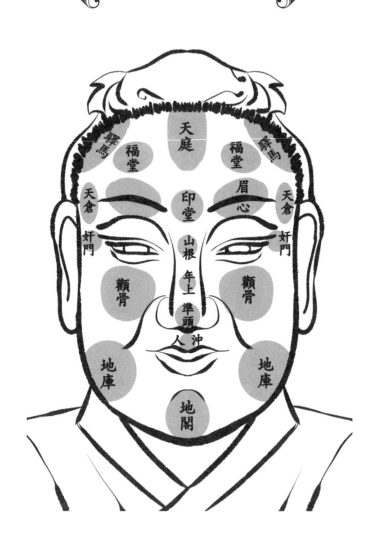

右左同論우좌동론

1.天庭 천정 2.驛馬 역마 3.印堂 인당 4.眉心 미심 5.天倉 천창

6.奸門 간문 7.顴骨 관골 8.地庫 지고 9.地閣 지각 10.人沖 인충

11.準頭 준두 12.年上 년상 13.山根 산근 14.福堂 복당

1. 天庭 천정
現白氣者 主劫財刑剋.

현백기자 주겁재형극

천정에 백기가 나타나면, 보통 재물을 빼앗기고 형극을 당한다.

2. 驛馬 역마
現白氣者 主出行車馬及用人不利.

현백기자 주출행차마급용인불리.

역마에 백기가 나타나면, 보통 출행을 하면 교통사고가 따르고 사람을 쓰면 불리하다.

3. 印堂 인당
現白氣者 主刑剋六親 見孝服.

현백기자 주형극육친 견효복

인당에 백기가 나타나면, 보통 육친이 형극을 당하고, 부모의 상으로 상복을 입게 된다.

4. 眉心 미심
現白氣者 主因朋友至是非及刑剋

현백기자 주인붕우지시비급형극

미심에 백기가 나타나면, 보통 친구로 인한 시비로 형극을 당한다.

5. 天倉 천창

現白氣者 主劫財及災病.

현백기자 주겁재급재병.

천창에 백기가 나타나면, 보통 재난과 질병으로 인해 재물을 잃는다.

6. 奸門 간문

現白氣者 主妻室小人不利之事及刑剋.

현백기자 주처실소인불리지사급형극.

간문에 백기가 나타나면, 보통 아내에게 질 나쁜 사람으로 인해 좋지 못한 일로 형극이 미칠 수 있다.

7. 顴骨 관골

現白氣者 主破敗及孝服.

현백기자 주파패급효복.

관골에 백기가 나타나면, 보통 재물이 깨어지고, 부모상으로 상복을 입는 일이 발생한다.

8. 地庫 지고

現白氣者 主暗耗及用人不利.

현백기자 주암모급용인불리.

지고에 백기가 나타나면, 보통 자신도 모르게 물건이 없어지고 사람을 쓰면 불리하다.

9. 地閣 지각
現白氣者 主家運不遂 『枯者驗』

현백기자 주가운불수 고자험

지각에 백기가 나타나면, 보통 가정에 운이 따르지 않는다.
『감정이 메마른 자라는 것을 증거로 삼을 만하다.』

10. 人沖 인충
現白氣者 主疾病及剋子

현백기자 주질병급극자

인충에 백기가 나타나면, 보통 질병에 걸리거나 자식을 극(剋)한다.

11. 準頭 준두
現白氣者 主大破敗孝服至 『枯者驗』

현백기자 주대파패효복지 고자험

준두에 백기가 나타나면, 보통 크게 깨어지고 패하며 부모상으로 상복을
입게 된다.『감정이 메마른 자라는 것을 증거로 삼을 만하다.』

12. 年上 년상
現白氣如錢者 主病劫財 『枯者驗』

현백기여전자 주병겁재 고자험

년상에 백기가 엽전 모양으로 나타나면, 보통 병으로 인하여 재물이 없어
진다.『감정이 메마른 자라는 것을 증거로 삼을 만하다.』

13. 山根 산근

現白氣者 主剋妻刑子及意外之傷害.

현백기자 주극처형자급의외지상해

산근에 백기가 나타나면, 보통 처를 극(剋)하고, 자식을 형(刑)하며 뜻밖의
상해를 당한다.

14. 福堂 복당

現白氣者 主孝服或不測是非之事也.

현백기자 주효복혹불측시비지사야

복당에 백기가 나타나면, 보통 부모상으로 상복을 입거나 혹, 생각하지도
못한 시비를 가리는 일이 발생한다.

重要部位吉氣訣圖중요부위길기결도

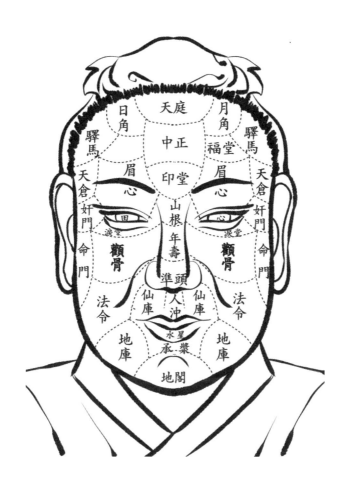

1.天庭 천정 2.中正 중정 3.印堂 인당 4.日角 일각 5.月角 월각

6.驛馬 역마 7.福堂 복당 8.眉心 미심 9.天倉 천창 10.奸門 간문

11.山根 산근 12.年壽 년수 13.準頭 준두 14.淚當 누당 15.顴骨 관골

16.命門 명문 17.法令 법령 18.人沖 인충 19.仙庫 선고 20.水星 수성

21.承漿 승장 22.地庫 지고 23.地閣 지각

1. 天庭 천정
現紅黃紫氣者 百日內 見財見喜 爲官者進級 庶民運通.
현홍황자기자 백일내 견재견희 위관자진급 서민운통

천정에 홍, 황, 자색이 나타나면, 100일 안에 재물이 생기고 기쁜 일이 있으며, 공직자는 진급을 하고, 일반인은 운(運)이 열린다.

2. 中正 중정
現紅黃紫氣者 主四十天後大發其祥 百事如意宜求官求財.
현홍황자기자 주사십천후대발기상 백사여의의구관구재

중정에 홍, 황, 자기색이 나타나면, 보통 40일 이후에 크게 발전하는 상서로운 기운으로 100가지 일이 뜻대로 이루어지고, 재물을 구하고자 하면 재물이 생기고 관직을 구하고자 하면 관직을 얻을 것이다.

3. 印堂 인당
現紅黃紫氣者 主家運亨通用兵得勝 見財見喜.
현홍황자기자 주가운형통용병득승 견재견희

인당에 홍, 황, 자색이 나타나면, 보통 가정 운이 잘 풀리고, 전장에 용병으로 나가도 이기고 돌아오며, 재물과 기쁨이 함께 한다.

4. 日角 일각
現紅黃紫氣者 主逢長輩之人相助 及有力貴人 吉祥之兆
현홍황자기자 주봉장배지인상조 급유력귀인 길상지조

일각에 홍, 황, 자기색이 나타나면, 일반적으로 무리의 대장격인 귀인을 만나 도움 받을 좋은 징조이다.

5. 月角 월각
現紅黃者氣者 主遇女人及平輩之人相助 亦主身體健康.
현홍황자기자　주우여인급평배지인상조　역주신체건강.

월각에 홍, 황, 자색이 나타나면, 보통 평범한 여인을 만나 함께 짝을 이루고 서로 도우며 또한, 몸도 건강하다.

6. 驛馬 역마
現紅黃紫氣者 主有新事業發展大吉 動則多利 守反不吉.
현홍황자기자　주유신사업발전대길　동즉다리　수반불길.

역마에 홍, 황, 자색이 나타나면, 새로운 사업을 하면 크게 발전하고, 움직일수록 많은 이익을 얻으며, 반대로 움직이지 않으면 불길하다.

7. 福堂 복당
現紅黃紫氣者 主逢凶化吉 財喜重重 此乃是陰騭氣也.
현홍황자기자　주봉흉화길　재희중중　차내시음즐기야.

복당에 홍, 황, 자색이 나타나면, 보통 흉이 길로 변하고, 재물이 들어오니 기쁨이 배가된다, 이런 것을 바로 음즐(陰騭)의 기이라 한다.

8. 眉心 미심
現紅黃紫氣者 主得財喜添人進口 亦主貴人相逢大吉.
현홍황자기자　주득재희첨인진구　역주귀인상봉대길.

미심에 홍, 황, 자기색이 나타나면, 보통 재물의 기쁨이 있고, 더하여 입 쪽
으로 색이 나아가면 귀인을 만나 대길해진다.

9. 天倉 천창
現紅黃紫氣者 主謀事有成 時運通達 見財見喜.
현홍황자기자 주모사유성 시운통달 견재견희

천창에 홍, 황, 자기색이 나타나면, 보통 계획하는 일이 성공하고, 시운이
열려 발달하며 재물과 기쁨을 보게 된다.

10. 奸門 간문
現紅黃紫氣者 主妻室平安大吉 與女人相交得利.
현홍황자기자 주처실평안대길 여여인상교득리.

간문에 홍, 황, 자색이 나타나면, 보통 처(妻)가 평안대길하며, 만나는 여자
로부터 이익을 얻는다.

11. 山根 산근
現紅黃紫氣者 主時運亨通 百事大吉 身體健康
현홍황자기자 주시운형통 백사대길 신체건강

산근에 홍, 황, 자기색이 나타나면, 일반적으로 시운에 잘 풀려 백가지 일이
길(吉)하며 몸도 건강하다.

12. 年壽 년수
現紅黃光者 主名利通達 事業成功 家宅平安
현자황광자 주명리통달 사업성공 가택평안

년수에 홍색, 황색이 빛나면, 보통 이름을 알리는 운(運)이 열리며, 사업은 성공하고, 가택은 평안하다.

13. 準頭 준두
現黃白光者 主得偏財橫財 百般順理大吉.
현황백광자 주득편재횡재 백반순리대길.

준두에 황색, 백색이 빛나면, 일반적으로 뜻밖에 큰 재물을 얻게 되고, 백가지의 일이 순리대로 잘 풀린다.

14. 淚當 누당
現紅黃紫氣者 主生産順利 此爲陰騭氣也 必生男兒.
현홍황자기자 주생산순리 차위음즐기야 필생남아.

누당에 홍, 황, 자색이 나타나면, 보통 아이를 순산하고 이런 기운을 음즐(陰騭)이라 하며, 반드시 아들을 낳는다.

15. 顴骨 관골
現紅黃紫氣者 主家運亨通 謀事大吉 用兵有利.
현홍황자기자 주가운형통 모사대길 용병유리

관골에 홍, 황, 자색이 나타나면, 주로 집안 일이 잘 풀리고, 계획하는 일도 크게 좋으며, 군사를 움직여도 유리하다.

16. 命門 명문
現紅黃紫氣者 主作事如意 財利通達 好人相逢.
현홍황자기자 주작사여의 재리통달 호인상봉.

명문에 홍, 황, 자색이 나타나면, 보통 계획한 일이 의도대로 이루어지고, 이익을 보는 일도 잘 풀리며, 좋은 사람을 만나게 된다.

17. 法令 법령
現紅黃紫氣者 主身體健康 用人得利 財運順遂.
현홍황자기자 주신체건강 용인득리 재운순수.

법령에 홍, 황, 자기색이 나타나면, 일반적으로 신체가 건강하고 사람을 쓰면 이익을 얻고, 재물운도 순리대로 따라온다.

18. 人冲 인충
現潤黃紫光者 主身體强建 時運順遂 心性快樂.
현윤황자광자 주신체강건 시운순수 심성쾌락.

인충에 황색, 자색이 윤기 있게 빛나면, 보통 몸이 튼튼하고 강하며, 시(時)운이 순리대로 따르고, 심성은 즐겁고 쾌활하다.

19. 仙庫 선고
現紅黃紫氣者 主名利通順 得人信用謀事成.
현홍황자기자 주명리통순 득인신용모사성

선고에 홍, 황, 자색이 나타나면, 보통 이익과 명성이 순리대로 잘 풀리고, 믿을 수 있는 사람을 얻어 계획하는 일을 이루어진다.

20. 水星 수성
『卽上下脣是也』現鮮紅色者 主大運通達 紫者不吉.
즉상하순시야 현선홍색자 주대운통달 자자불길.

'상하 입술을 말한다.' 수성에 깨끗한 홍색으로 나타나면, 보통 큰 운이 열리고, 자색은 불길하다.

21. 承漿 승장
現潤紅氣者 主財利順遂 貴人相遇 過紅者主口舌.
현윤홍기자　주재리순수　귀인상우　과홍자주구설.

승장에 윤기 나는 홍색이 나타나면, 보통 재물이 순리적으로 따르고, 귀인을 만나며, 홍색이 지나치면 보통 구설이 따른다.

22. 地庫 지고
現紫黃氣者 主升官發財 諸事如意 用人得利.
현자황기자　주승관발재　제사여의　용인득리.

지고에 황색이나 자색의 기운이 나타나면, 보통 관직이 오르고 재물이 발달하며, 의도한 일이 이루어지고, 사람을 고용해도 이익이 있다.

23. 地閣 지각
現紅黃紫氣者 六畜大旺 財喜重重 貴人相逢
현홍황자기자　육축대왕　재희중중　귀인상봉

지각에 홍, 황, 자색이 나타나면, 집에서 기르는 가축이 잘 크고, 재물이 들어오니 기쁨이 배가되며, 귀인을 만난다.

天干地十二月令起色凶吉道천간지십이월령기색흉길도

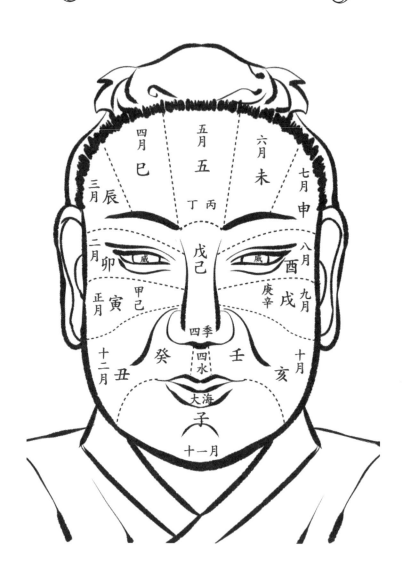

• 春 춘

屬木 氣宜靑微赤 起於三陽者 爲財爲喜亦宜遠行 地閣黑不忌 忌白黃

속목 기의청미적 기어삼양자 위재위희역의원행 지각흑불기 기백황

大凶也.

대흉야.

봄은 목(木)에 속하고, 푸른 기운에 연한 적기가 마땅하며, 삼양에서 일어나며, 먼 길을 떠나더라도 재물과 기쁨이 따라오고, 지각의 흑기는 나쁘지 않으며, 백기, 황기는 나쁘고 크게 흉하다.

• 夏 하

屬火 氣宜赤紫黃 起於火星者 必見財喜 不忌微靑 大忌黑白 主病災破敗.

속화 기의적자황 기어화성자 필견재희 불기미청 대기흑백 주병재파패.

여름은 화(火)에 속하며, 적기, 자기, 황기가 마땅하며, 화성에서 일어나며, 반드시 재물과 기쁨이 함께 하고, 약한 푸른빛이 감도는 것은 나쁘지 않으며, 흑기, 백기는 크게 나쁘고, 보통 질병과 재난으로 재물이 깨어진다.

• 秋 추

屬金 氣宜白黑 白起鼻黑起地閣 財源廣進 諸事如意 微黃不忌 靑赤現

속금 기의백흑 백기비흑기지각 재원광진 제사여의 미황불기 청적현

於額鼻者大忌.

어액비자대기.

가을은 금(金)에 속하니 백기와 흑기가 마땅하다. 코는 백기로 일어나고 지각은 흑기로 일어나며, 재물이 멀리서 가까이 오고, 모든 일이 하고자 하는 대로 이루어진다. 아주 약한 황기는 나쁘지 않으며, 청기와 적기가 이마와 코께 나타나는 것은 매우 좋지 않다.

- **冬** 동

屬水 氣宜黑帶靑 起於地閣者 大運亨通 見白者更宜 主諸事稱心

속수 기의흑대청 기어지각자 대운형통 견백자경의 주제사칭심

赤黃滿面者大凶之色也.

적황만면자대흉지색야

겨울은 수(水)에 속하니, 마땅히 흑기에 청기를 띠어야 하고, 지각에서 부터 일어나며, 운이 크게 좋아 모든 일이 뜻대로 이루어지고, 백기가 보여도 괜찮으며, 보통 모든 일이 마음에 맞는다.
적기와 황기가 얼굴에 가득하면 크게 흉한 색이다.

- **黃** 황

屬土 此乃四季基氣 宜潤明透光 如枯滯或黃過重者亦忌

속토 차내사계기기 의윤명투광 여고체혹황과중자역기

尤忌於春冬兩季也.

우기어춘동양계야.

황은 토(土)에 속하며, 사계절의 기운이 황기에서 비롯되니. 밝고 윤택하게 빛나야 마땅하며, 마르고 막히거나 혹, 황기가 지나쳐 진한 것은 나쁘며, 봄, 겨울 두 계절에 더 좋지 못하다.

• 正月 정월

看寅宮 喜靑白潤明 主見財喜 忌黑黃赤滯 主劫財不順 靑白成點者

간인궁 희청백윤명 주견재희 기흑황적체 주겁재불순 청백성점자

亦爲不宜.

역위불의.

정월은 인(寅)궁을 살피고, 청, 백기가 윤택하고 밝으면 주로 재물의 기쁨이 있고 혹, 황, 적기는 막히는 것을 싫어하고, 보통 재물의 탈재가 있어 순조롭지 못하며, 얼굴에 청, 백색의 점이 있으면 좋지 못하다.

• 二月 이월

看卯宮 喜紅紫帶靑 爲利爲財 忌白赤黑黃枯 主災禍也.

간묘궁 희홍자대청 위리위재 기백적흑황고 주재화야.

2월은 묘(卯)궁을 살피고 홍, 자색에 청기를 띠면 기쁨이 있고, 원활하게 재물의 이익을 얻으며, 마른 백, 적, 흑, 황기를 싫어하며, 보통 재앙과 화난이 있다.

• 三月 삼월

看辰宮 喜紅黃透光 主百般順遂 忌黑白赤重靑 主劫財口苦.

간진궁 희홍황투광 주백반순수 기흑백적중청 주겁재구설.

3월은 진(辰)궁을 살피고 홍, 황기에 윤기가 통하여 빛나면 기쁨이 있고, 백 가지 일이 순조롭게 따르고, 흑, 백, 적기에 진한 청기를 꺼리며, 보통 재물의 손실과 구설이 따른다.

• 四月 사월
看巳宮 喜紅紫潤明 主貴人相逢 時運通達 忌黃黑白靑暗滯.

간사궁 희홍자윤명 주귀인상봉 시운통달 기황흑백청암체.

主不利出行及病患.

주불리출행급병환.

4월은 사(巳)궁을 살피고, 홍, 자기가 윤이 나고 밝으면 기쁨이 있고, 주로 귀인을 만나며, 시운이 열리고, 황, 흑, 백, 청기가 체하여 어두워지는 것을 꺼리며, 멀리 출행을 하면 이롭지 못하고 병환을 얻게 된다.

• 五月 오월
看午宮 喜紅紫微赤 主得奇人相助 謀事達成 大忌靑黑或白 主破敗大凶.

간오궁 희홍자미적 주득기인상조 모사달성 대기청흑혹백 주파패대흉.

5월은 오(午)궁을 살피고 홍, 자기는 약한 적기가 좋으며, 주로 기인의 도움을 받아 계획한 일을 이루어지고, 청, 흑, 혹, 백기는 매우 싫어하며, 주로 깨어지고 패하니 매우 흉하다.

• 六月 유월
看未宮 喜紫黃潤明 主求謀得利 異姓相助 忌黑兼枯 主求謀不遂

간미궁 희자황윤명 주구모득리 이성상조 기흑겸고 주구모불수

進退維谷 微赤不忌.

진퇴유곡 미적불기.

6월은 미(未)궁을 살피고 자, 황기에 윤이 나고 밝으면, 주로 다른 성씨로부

터 도움을 받아 꾀하여 구하고자 하는 일에서 이익을 얻으며, 흑기는 마른 것을 겸하는 것을 싫어하여, 꾀하여 구하는 일을 이룰 수 없으니 진퇴유곡이나, 약한 적기는 싫어하지 않는다.

• 七月 칠월

看申宮 喜黃白透光 主財利雙全 忌赤黑帶靑 主破敗劫財.

간신궁 희황백투광 주재리쌍전 기적흑대청 주파패겁재.

7월은 신(申)궁을 살피고 황, 백기에 빛이 통하는 것을 기뻐하며, 재물과 이익이 함께 온전해지고, 적, 흑기에 청기를 띠는 것을 싫어하니, 주로 깨어지고 패하여 재물에 손실이 발생한다.

• 八月 팔월

看酉宮 喜黃白潤明 主家宅平安 妻室多利 忌黑赤帶靑 主運不遂

간유궁 희황백윤명 주가택평안 처실다리 기흑적대청 주운불수

白色過重者亦忌也.

백색과중자역기야.

8월은 유(酉)궁을 살피고 황, 백기가 윤이 나서 밝은 것을 기뻐하니, 주로 가택이 평안하고 처의 내조로 많은 이익을 얻으며, 흑기와 적기에 청기를 띠면 보통 운이 따르지 않고, 백색이 지나치게 진한 것도 역시 싫어한다.

• 九月 구월

看戌宮 喜紅黃潤釋 主時運通達 忌靑赤黑滯 主家運不遂 憂困劫財或官非.

간술궁 희홍황윤역 주시운통달 기청적흑체 주가운불수 우곤겁재혹관비.

9월은 술(戌)궁을 살피고 홍, 황기가 윤택한 것을 기뻐하며, 시(時)운이 통달하고, 청, 적 , 흑기로 막히는 것을 싫어하며, 주로 가운(家運)이 따르지 않아 관의 시비나 재물의 손실로 어렵게 되어 근심과 걱정이 있다.

• 十月 십월
看亥宮 喜白潤透光 主大運亨通 忌靑黃赤黑主病破之患.
간해궁 희백윤투광 주대운형통 기청황적흑주병파지환.

10월은 해(亥)궁을 살피고, 백기가 투명하게 윤이 나고 빛나는 것을 기뻐하며, 대운이 열려 모든 일이 뜻대로 이루어지고, 얼굴에 청, 황, 적, 흑기는 보통 우환이 따르고 병으로 깨어지므로 싫어한다.

• 十一月 십일월
看子宮 喜白浮外 黑宜成片 主白事順遂 忌黃赤黑白成點 主意外之災或
간자궁 희백부외 흑의성편 주백사순수 기황적흑백성점 주의외지재혹

敗業.
패업

11월은 자(子)궁을 살피고 외부에 백기가 떠 있으면 기쁨이 있고, 조각으로 이루어진 흑기는 마땅히 백가지 일이 순조롭게 따르며, 얼굴에 황, 적, 흑, 백색 점을 이루는 것은 싫어하니 주로 의외의 재난이 생기거나 혹 폐업을 하게 된다.

• 十二月 십이월
看丑宮 喜靑黃兼黑 主求謀多利 忌赤重白 主破敗官非.
간축궁 희청황겸흑 주구모다리 기적중백 주파패관비.

12월은 축(丑)궁을 살피고 청. 황기에 흑기를 겸하고 있으면 주로 구하고자 계획하는 것이 매우 이로우나, 적기나 지나친 백기는 싫어하므로 보통 관의 시비가 생겨 깨어지고 패하게 된다.

• **時日** 시왈
春靑宜在三陽取 夏紅喜向印堂求 秋命黃光透土上 冬寒地閣白氣浮.
춘청의재상양취 하홍희향인당구 추령황광투토상 동한지각백기부.

시에서 말하길
봄은 삼양의 청기를 취하 것이 마땅하고,
여름은 홍기가 인당을 향하면 구함이 있어 기쁘며,
가을은 황기가 투영하여 빛나면 토(土)의 기운이 최고로 길하고,
추운 겨울은 지각에 백기가 나타나야 한다.

5장 3부

擇交通天歌 택교총천가

善之善者惡之惡 善惡之人相內決 我今作此'通天歌'便於世人容易學.
선지선자악지악 선악지인상내결 아금작차통천가 편어세인용이학.

선은 선이고, 악은 악이다. 사람의 마음속에는 선악이 서로 막힘이 없이 열려있으니, 내가 지금 만들 '통천가'는 세상 사람들이 쉽게 배우고 편리하게 활용할 수 있도록 하였다.

伏面仉吟頭過脚 損人利已食人血 似此之人莫交往 心藏九曲最難測.
복면침음두과각 손인이이식인혈 사차지인막교왕 심장구곡최난측.

머리를 다리 사이에 얼굴을 묻고 신음하는 것은, 자신은 이미 이익을 취하고 남에게는 손해를 입히고 다른 사람의 피를 먹는 인간이다. 이런 사람들과 어울려서는 안 된다. 마음이 9개의 구불 구굴한 굴곡으로 예측하기 힘들다.

面肉橫生全惡害 不仁不義假往來 五官不正性凶暴 久後終是見官災.
면육횡생전악해 불인불의가왕래 오관부정성흉폭 구후종시견관재.

얼굴이 옆으로 넓게 생겼으면 매우 악하여 해를 끼치므로, 어질지 못하고 의롭지 못하므로 거짓된 왕래다. 오관이 바르지 못하면 성정이 흉폭하여 오랜 왕래 끝에는 관재(官災)를 보게 된다.

如見此人耳後腮 反骨無情六親埋 此種之人眼煞露 性暴凶死中年來.
여견차인이후시 반골무정육친매 차종지인안살로 성폭흉사중년래.

시골 뒤로 귀가 보이는 사람은, 저항적이며 무정하여 육친을 묻으니, 이러한
사람이 눈빛에 살기가 드러나, 성정이 흉폭하여 중년을 넘기지 못하고 죽는다.

脣掀露齦相奴才 若然與謀必定洩 愛談是非何時止 官災多病又家敗.
순흔로은상노재 약연여모필정설 애담시비하시지 관재다병우가패.

입술은 들리고 잇몸이 드러나면 노복의 상으로, 계획도 비밀도 지키지 못
하고 누설하며, 사랑한다는 말도 시비로 끝나고, 관재와 병이 많고 또한 가
정이 패하게 된다.

未見比人惡聲來 知他心中好與壞 '通天一時'難詳辨 '奇書'多讀心門開.
미견차인악성래 지타심중호여괴 통천일시난상변 기서다독심문개.

나는 사람들에게서 나쁜 소리를 들어본 적이 없지만, 사람의 마음속에서
무엇이 좋고 무엇이 나쁜지 알 수 있다. '통천일시'를 자세히 설명하기는 무
척 어려우나, 택교통천가골을 많이 읽으면 마음의 문이 열릴 것이다.

顴橫眼突更非好 凶惡至極段人刀 眉粗胸露無善果 一面冷笑奸計高.
관횡안돌경비호 흉악지극살인도 미조흉로무선과 일면냉소간계고.

관골이 가로로 튀어나오고 눈이 돌출된 사람은 고쳐도 좋아지지 않으며,
흉폭하기가 이를 데 없어 살인도 어렵지 않고, 눈썹이 거칠고 가슴이 튀어
나오면 선한 일을 해도 돌아오는 좋은 댓가가 없으며, 한 쪽으로는 비웃으
며 간사한 계략을 꾸민다.

眼光流露多奸盜 交結長久恐坐牢 五官傾斜眉壓眼 三十左右豈能逃.
안광유로다간도 교결장구공좌뢰 오관경사미압안 삼십좌우기능도.

눈빛이 흐르고 드러나면 매우 간사한 도적이다, 오랫동안 이러한 사람을 사귀면 감옥에 가지 않을까 두려우며, 오관이 삐뚤고 눈썹이 눈을 누르면, 30살 좌우를 어찌 능히 넘길 수 있겠는가.

矮無三尺腟藏刀 一步三計妙且高 三停不正面肉少 假施仁義大色癆.
왜무삼척두장도 일보삼계묘차고 삼정부정면육소 가시인의대색로.

키는 삼척이 안 되게 작으며 배에 칼을 숨기고 있으며, 한 걸음에 3가지 묘책이 나오고 또한 고수다. 얼굴 삼정(얼굴을 상, 중, 하 나눈 것)이 반듯하지 못하고 얼굴에 살이 적으면 베풀고, 인자하고, 의로움이 모두 거짓이며 색정에 중독되어있다.

口如鼠吻心貪狼 反覆無常面候樣 何處人來腮不見 結交此人暗受傷.
구여서문심탐랑 반복무상면후양 하처인래시불견 결교차인암수상

입은 쥐 입술과 같으며 탐하는 마음은 이리와 같고, 얼굴은 원숭이 모양을 하며 말과 행동이 왔다 갔다 일정하지 않으며, 시골이 보이지 않고 어디서 온 사람인 알 수 없으면, 이렇게 어두운 생긴 사람과 관계를 맺고 교류하면 상처를 받게 된다.

面上無肉眼小黃 心性狡獪實非常 若是眉薄皮靑緊 食人肉血作補方.
면상무육안소황 심성교회실비상 약시미박피청긴 식인육혈작보방.
얼굴에 살은 없고 눈은 작으며 황색이며, 심성은 교활하고 비정상 이다. 만약, 눈썹이 엷고 피부에 푸른 것(사마귀)이 굵게 얽었다면 혈육을 먹여 살려야 한다.

眼型三角眉弔喪 少許富貴不爲良 縱然有義心亦鬼 奸巧作事鬼一樣.
안형삼각미조상 소허부귀불위량 종연유의심역귀 간교작사귀일양.

삼각안에 조상미를 가졌다면 작은 부귀는 누릴 수 있으나, 선량하지 못하다. 가령 의로움이 있다 하더라도, 마음은 역시 교활하여, 일을 처리하는데 있어 귀신과 같이 간교하기 이를 데 없다.

常見此鼻輒撮動 狡詐貪婪不能共 虛假剛柔手段好 使爾替死在夢中.
상견차비첩촬동 교사탐람불능공 허가강유수단호 사이체사재몽중.

항상 코가 상투를 싸는 관처럼 벌름거리며 움직이는 사람은 거짓되고 교활하여 탐욕이 넘쳐 무슨 일이든지 함께 하지 못하고, 강하고 부드러움을 거짓되게 허세를 부리는 수단이 좋아, 당신을 꿈에서라도 죽이는 것을 마다하지 않을 것이다.

走路頭仰或輕重 蛇行手足身亂動 生成心性多毒狡 那能對友守信用.
주로두앙혹경중 사행수족신난동 생성심성다독교 나능대우수신용.

길을 걸을 때 고개를 쳐들거나 혹은 가볍게 흔들며, 뱀이 기어가는 것처럼 손, 발, 몸을 어지러이 움직이는 사람은, 태어날 때부터 심성이 매우 독하거나 교활하니, 친구로 대할 때 어찌 신용을 지킬 수 있겠는가.

面色過赤朱雀動 眼紅眉豎殺沖沖 大禍于連何時了 不交此人安始終.
면색과적주작동 안홍미수살충충 대화우연하시료 물교차인안시종.

얼굴색이 지나치게 붉거나 행동이 주작과 같고, 눈은 붉고 눈썹은 서있어 살기가 찌를 듯하면, 큰 화가 끊이지 않는다. 이러한 사람과 사귀면 처음부터 끝까지 편안한 날이 없다.

眼皮連續眨不停 含笑知是心不誠 面無成廓氣色壞 心問口來口問心.

안피연속잡부정　함소지시심불성　변무성곽기색괴　심문구래구문심.

눈꺼풀이 고정되어 있지 않고 계속 깜짝이면서, 웃음을 머금고 있다면 마음이 성실하지 못하고, 얼굴에 성곽이 없고 기색이 허물어져있으면, 마음은 입에게 묻고, 입은 마음에게 묻는다.

鼻有三彎陰司鬼 型似鷹嘴啄心髓 眉尾下垂或上豎 嗟嘆人心毒似蛇.

비유삼만음사귀　형사응취탁심수　미미하수혹상수　차탄인심독사사.

코가 3번 굽어져 있으면 귀신처럼 응달의 일을 맡고, 얼굴 겉모양이 매의 주둥이와 같으면 마음속을 새가 쪼아대 듯하며, 눈썹 끝이 아래로 처져있거나 혹 위로 서 있다면, 마음이 뱀과 같이 독하여 한숨을 쉬게 된다.

若是逢人稱知己 那能患難共到底 見人歡喜心中破 眉頭一皺心石欺.

약시봉인칭지기　나능환난공도저　견인환희심중파　미두일추심석기.

눈썹 머리가 일자 주름이 잡혔다면 돌도 속이는 마음이니, 기쁜 마음으로 만나는 사람일지라도 마음속은 따로 있다. 만약, 이러한 사람을 만나 참다운 친구로 칭한다면, 어찌 환란을 끝까지 함께 하며 이겨낼 수 있겠는가.

耳反眉壓神不靑 假仁假義命無鬢 三陽深暗面肉小 四十二歲卽歸陰.

이반미압신불청　가인가의명무빈　삼양심암면육소　사십이세즉귀음.

귀는 뒤집어지고 눈썹은 눈을 눌러 눈빛이 맑지 못하며, 빈발(명문까지 내려온 머리카락)이 없으면 의명도, 인자함도 거짓이다. 눈 주변이 깊고 어두우며 얼굴에 살이 적다면 42세에 음(陰)으로 돌아가리라.

面色靑藍心奸險 不仁不義立人前. 莫與此人交結好 同事同居防半邊.

면색청람심간험　불인불의입인전　막여차인교결호　동사동거방반변.

얼굴이 남빛으로 푸르다면 마음이 간교하고 험악하니, 어진 사람도 아니고 자신의 뜻을 세우지도 못한 사람이다. 이러한 사람과 사귀면 좋을 것 같지만 결과가 없으니, 함께 일하고 같이 살 때 절반은 지킬 준비를 하여야 한다.

狼行左右顧回首 腰軟慢步伏點頭 眉骨過高凶惡害 陰毒頭尖相毛猴.

랑행좌우고회수　요연만보복점두　미골과고흉악해　음독두첨상모후.

행동이 이리와 같이 머리를 좌우로 두리번거리거나, 머리를 끄덕이고 허리를 흔들며 오만하게 걷거나, 눈썹 뼈가 지나치게 튀어 나오면 성품이 흉악하여 해로우며, 머리가 뾰족하고 원숭이 털 같으면 겉으로 드러나지 않은 악한 상이다.

語對人說眼不看 印殺三十有一關 多疑多奸壽子少 通天擧一要反三.

어대인설안불간　인살삼십유일관　다의다간수자소　통천거일요반삼.

대화를 할 때 눈을 마주보지 않고 말하며, 인당의 살기가 31세에 걸리면, 매우 의심이 많고 간사하고 오래 살아도 자식이 적으니 '통천' 하나를 알기 위해 3번 반복해서 읽어야 한다.

面色過黑陰毒夫 利己損人友作奴 見人冷眼笑一面 送爾生命到豊都.

면색과흑음독부　이기손인우작노　견인냉안소일면　송이생명도풍도.

얼굴 색이 지나치게 검은 사람은 겉으로 드러나지 않는 악한 사람으로, 자신의 이익을 위해서는 다른 사람과 친구에게 손해를 끼치고 종으로 부리며, 한 쪽으로는 냉정한 눈에 미소를 보이고, 번성한 마을에 도착하면 당신의 목숨도 팔아 버릴 사람이다.

如見此人獨自語 奸巧巨猾仁義無 心中不寬常顚倒 心操神衰愁於機.
여견차인독자어 간교거활인의무 심중불관상전도 심조신쇠수어기.

혼자 중얼거리는 사람은, 간교하고 교활하여 인의가 없고, 속 마음이 너그
럽지 못하여 항상 뒤집혀있으며, 마음이 귀신에 잡혀 쇠약하여 중요할 때
속을 태운다.

腹如蝦蟆眼視斜 貪求無壓眉交加 三陽靑暗準肉少 莫測心機陰毒家.
복여하마안시사 탐구무압미교가 삼양청암준육소 막측심기음독가.

배를 붙이고 비스듬히 보는 두꺼비눈과 같고, 눈을 누르는 교가미는 재물
을 탐하며, 눈 주변이 푸른 기운을 띠고 준두가 어둡고 살이 적으면, 나쁜
가정환경에서 비롯된 것이라 그 마음을 헤아리기 힘들다.

面皮靑薄血不華 郎君之面男最怕 心深性猾做人好 一反一復壽如麻.
면피청박혈불화 낭군지면남최파 심심성활주인호 일반일부수여마.

얼굴 살이 푸른빛으로 얇고 혈(血)은 조화를 이루지 못하면, 군자가 제일 두려
워하는 남자의 얼굴로, 사람은 좋은 것 같지만 마음 깊은 곳에서는 교활함이
있으니, 한 번 뒤집고 또 한 번 반복하는 것이 단연 초 마(麻)와 같은 목숨이다.

眼光露神視人斜 追究三代德不佳 作惡作蘗心不改 相從心滅必是他.
안광노신시인사 추구삼대덕불가 작악작얼심불개 상종심멸필시타.

눈빛이 드러나고 옆 눈질하는 사람을 근본을 쫓아 들어가 연구해 보면 삼
대가 덕이 아름답지 못하고, 나쁜 일을 꾸미고 만드는 심성을 고치지 못하
니, 서로를 쫓아 전멸시키는 사람임에 틀림없다.

紅筋貫睛又帶花 笑內藏刀緊又斜 調戲婦女直到老 人格掃地床下爬.
흥근관정우대화 소내장도긴우사 조희부녀직도노 인격소지상하파.

꽃과 같이 차려 입고 붉은 실핏줄이 눈동자를 관통하고, 웃음 속에 칼을 감아 비스듬히 숨기고 있으면, 부녀자들을 희롱하며 놀리다 늙게 되니, 그 인격이 땅을 쓸고 상 밑을 기어 다니는 것과 같다.

舌條尖短人沖斜 上脣反縮齒更差 愛說是非恨不了 虛僞夭折就是他.
설조첨단인충사 상순반축치경차 애설시비한불료 허위요절취시타.

짧고 뾰족한 나뭇가지 같은 혀와 비뚤어진 인충에, 윗입술은 뒤집혀 오그라들고 치아는 어긋나있으면, 옳고 그름을 말하길 좋아하고 원망이 끝이 없으니, 거짓을 진실로 꾸미다 요절한다.

背後任意多詆毀 妒族人長心藏鬼 面色失常性極壞 損人利已無不爲.
배후임의다저훼 투족인장심장귀 면색실상성극괴 손인이이무불위.

등 뒤에서 마음대로 비난, 훼방, 투기하는 것은, 어른이 되어도 마음 속은 귀신과 같고 얼굴 색은 비정상적으로, 자신의 이익을 위해서라면 타인에게 손해되는 일을 마다하지 않는다.

兩目靑腫名蛇眼 水多筋赤地閣尖 面無純色心最殘 提刀殺父毒沖天.
양목청종명사안 수다은적지각첨 면무순색심최잔 제도살부독충천.

두 눈에 푸른 부스럼 있는 뱀 눈에, 붉은 실핏줄에 물기가 많고 지각은 뾰족하며, 얼굴은 순색으로 무표정하고 심성은 매우 잔인하며, 칼을 들고 아버지를 찌르고 하늘을 거역할 독한 놈이다.

識破天機莫亂言 天生人體無十全 '通天'奧妙如神驗 誠參玄理數十年.
식파천기막난언 천생인체무십전 통천 오묘여신험 성참현리수십년.

인간의 몸은 열 가지를 완전하게 갖추지 태어났지 못하였으니, 천기를 간
파하였다고 말 하지 말라. 수십 년 동안 신비의 원리를 성실하게 실천하여
'통천'의 오묘하고 신령스러움을 증험하였다.

주요 한자

掀 치켜들 흔 ▶ 들어 올리다.

齦 깨물 간 ▶ 잇몸 은

洩 샐 설

壞 무너질 괴

胸 가슴 흉

盜 훔칠 도

牢 우리 뢰 ▶ 감옥

矮 키 작을 왜

癆 중독 로

吻 입술 문

獪 교활할 회

緊 굳게 얽을 긴 ▶ 감다

縱然 종연 ▶ 일지라도

輒 문득 첩

婪 탐할 람

眨 눈 깜작일 잡

撮 취할 촬 ▶ 상투를 싸는 작은 관(冠)

鷹 매 응

嘴 부리 취

啄 쫄 탁

鷹嘴啄 ▶ 매의 부리로 쪼다.

皺 주름 추

藍 쪽 람

腰 허리 요

蝦 새우 하, 두꺼비

蟆 두꺼비 마

蝦蟆 ▶ 두꺼비

腹 배 복 ▶ 마음 속

糵 그루터기 얼

戲 놀 희

爬 긁을 파

縮 줄일 축

毀 헐 훼 ▶ 상처를 입히다.

妒 투기할 투

5장 4부

禾倉祿馬變通訣 화창록마변통결

眼大眉寬更宜豊 顴高賓鬚配三農 耳紅垂珠脣齒享 體肥聲宏富貴翁.
안대미관경의풍 관고빈수배삼농 이홍수주순치향 체비성굉부귀옹

눈은 크고 눈썹은 너그럽게 넓어야 한다. 다시 말해 당연히 풍부해야한다. 관골은 높고 빈수(명문에서 귀 밑까지 내려온 수염)는 삼농(머리, 눈썹, 수염)과 어우러지고, 귀의 수주(귓불)는 붉고 입술과 치아는 가지런하며, 몸에는 살이 있고, 목소리가 크면 늙어서도 부귀를 누린다.

眼小有神眉輕淸 賓淡鬚少得三輕 額高鼻起脣微見 精强能幹富貴眞.
안소유신미경청 빈담수소득삼경 액고비기순미견 정강능간부귀진.

눈은 작으면서도 빛나고 눈썹은 가벼우며 맑고, 빈수(명문에서 귀 밑까지 내려온 수염)는 연하고 적으면 삼경을 얻는다.
이마는 높고, 코는 일어나고, 입술은 약간 보이면, 정력이 강하고 일을 감당해내는 재능이 뛰어난 사람으로서 진실로 부귀한 사람이다.

山根斷兮眼須長 眉豎印殺亦無傷 枕骨豊滿準圓起 地閣朝元近君王.
산근단혜안수장 미수인살역무상 침골풍만준원기 지각조원근군왕.

산근이 끊어졌다면 모름지기 눈은 길어야 하고, 눈썹이 서있으면 인당에 살기나 상처가 없어야 하며, 침골은 풍만하고 준두가 둥글게 일어나며 지각이 도우면, 군왕을 가까이 모시는 신하다.

顴鼻豊滿忌枕空 眼露眉壓難昌隆 若再聲低多孤. 苦氣虛神衰運不通.

관비풍만기침공 안로미압난창륭 약재성저다고고 기허신쇠운불통.

관골과 코가 풍만하나 침골이 없는 것을 꺼리고, 눈은 나오고 눈썹이 눈을 누르면 크게 창성하기 어렵다. 만약, 목소리까지 낮으면 고독하고 고생이 많으며, 기가 허하여 신이 쇠하면 운이 통하지 않는다.

耳反色白骨肉堅 天庭地閣顴相連 枕骨豊滿柱陽托 眼內藏神主大權.

이반색백골육견 천정지각관상연 침골풍만주양탁 안내장신주대권.

귀는 뒤집어지고 색은 희고 뼈와 살이 단단하며, 천정과 지각과 관골이 서로 바라보며 이어져 있고, 침골은 풍만하고 주양골은 받쳐주며, 눈빛은 감춰져 있다면 대권의 주인이 된다.

耳低顴弱淚堂空 須要鼻氣透天中 柱陽托氣諸勢聚 性藏參忍一時隆.

이저관약누당공 수요비기투천중 주양탁기제세취 성장참인일시융.

귀는 낮게 있고, 관골은 약하며, 누당은 꺼져 있더라도, 모름지기 중요한 코의 기운이 천중을 통과하여, 밀어주어 모든 기세가 주양골에 모여 있다면, 인내하고 일시에 일어나는 성품을 내면에 감추고 있다.

眉伏五彩眼藏眞 鼻勢兩顴更宜明 縱然天庭不高廣 亦當少年百般成.

미복오채안장진 비세양관경의명 종연천정불고광 역당소년백반성.

눈썹은 엎드려 다섯 가지 고운 색으로 빛나며 눈은 감춰져 빛나고, 코는 힘이 있고 양쪽 관골이 도와주어 재차 밝으니, 천정이 넓고 높지 않아도, 당당한 젊음으로 백 가지 일을 이루어 낼 수 있다.

天庭豊滿又高開 最忌眉惡眼神衰 如再鼻氣不貫頂 萬事難成初年災.

천정풍만우고개　최기미악안신쇠　여재비기불관정　만사난성초년재

천정은 풍만하고 또한 높게 열려 있으며, 눈썹이 못생기고 눈빛이 약한 것을 제일 꺼리며, 또한 코의 기운이 정수리를 통관하지 못하면 초년에 재해를 만나 만사를 이루어 내기가 어렵다.

鼻低面圓微見方 形體恢宏是爲良 眉賓鬚秀三輕奇 眼神內藏財庫鄕.

비저면원미견방　형체회굉시위량　미빈수수삼경기　안신내장재고향.

코는 낮고 얼굴은 둥글면서 약간 모가 나게 보이고, 몸집은 크며 너그럽고 관대하며 선량하고, 눈썹과 빈수(명문에서 귀 밑까지 내려온 수염)가 빼어나며 삼경이 기이하고, 눈빛이 안으로 감춰져 있으면 곳간에 재물이 있다.

形瘦挺直面秀白 木逢微金逆而合 五官淸奇聲音響 大富中年得中得.

형수정직면수백　목봉미금역이합　오관청기성음향　대부중년득중득.

외모는 가늘고 곧으며, 얼굴은 빼어나게 희며, 목(木)형이 약한 금(金)형을 만나면 극(剋)이 역으로 합(合)이 되며, 오관이 깨끗하고 음성이 기이하게 울리면, 크게 재물이 풍성해지고 중년에는 재물이 쌓이고 쌓이게 된다.

口小齒多鼻宜短 天庭忌高眉須寬 耳低色白珠朝口 天柱豊圓亦奇觀.

구소치다비의단　천정기고미수관　이저색백주조구　천주풍원역기관.

입은 작고 이빨은 많으며 당연히 코는 짧고, 천정은 넓고 높이 있는 눈썹을 싫어하며, 귀는 낮고 색은 희며 수주(귓볼)는 입을 보고, 천주가 둥글게 풍만하면 역시 기이한 상(相)이다.

南人面斜鼻忌正 百部兼曲心性靈 濁中見清十不全 大富大貴高堂登.
남인면사비기정 백부겸곡심성령 탁중견청십부전 대부대귀고당등.

남방 사람은 비스듬한 얼굴로 반듯한 코를 싫어하며, 많은 부분에서 마음과 정신이 굽어 있고, 혼돈 속에서 열 가지 결점을 모두 볼 수 있는 능력이 있어 대부 대귀의 높은 자리에 오를 수 있다.

北人土正面四方 鼻須正直聲宜揚. 若是部位傾曲倒 家波人亡波汪汪.
북인토정면사방 비수정직성의양. 약시부위경곡도 가파인망누왕왕.

북방 사람의 얼굴은 땅(土)의 사방이 모가 난 듯 반듯하고, 코는 모름지기 반듯하게 뻗어 있고 음성도 당연히 좋다. 만약, 얼굴 부위가 기울어 굽어지게 생겼다면, 가정이 깨어지고 깊은 물결에 죽는다.

南相恢宏生北形 五官豐隆聲亦淸 爲官必達三品位 大富之家衆人尊.
남상회굉생북형 오관풍륭성역청 위관필달삼품위 대부지가중인존.

남방 사람의 상(相)은 크고 넓은 곳에서 태어나 북(北)방 형으로, 오관은 넉넉하고 두터우며 음성 또한 맑으며, 반드시 품계가 삼품까지 이르고, 많은 사람에게 존경을 받는 부유한 집안이 된다.

北相精小兼秀氣 北生南相富貴基 若再聲音如鐘響 富貴榮華子孫奇.
북상정소겸수기 북생남상부귀기 약재성음여종향 부귀영화자손기.

북방 사람의 상(相)은 다정하고 작으며 아울러 기운이 빼어나며, 북방 사람이 남방 사람의 상(相)으로 태어나면 부귀의 기초를 가졌으며, 만약, 음성이 종소리가 울려 퍼지는 것과 같다면, 자손까지 뛰어나 부귀영화를 누린다.

耳聳玉枕圓而豊 海角上弓四水通 顴起眼秀地閣朝 富貴雙全壽如松.

이용옥침원이풍 해각상궁사수통 관기안수지각조 부귀쌍전수여송.

귀는 솟고 옥침골은 둥글며 풍만하고, 입의 끝부분 해각이 활처럼 생겼다면 사수(눈, 코, 입 귀)가 통하고, 관골이 일어나며 눈이 빼어나고 지각이 도우면, 부귀를 겸하고 수명도 소나무처럼 오랜 산다.

頸粗須要耳門寬 諸陽有氣形體宏 人沖寬潤舌條大 聲音如雷食千鐘.

경조수요이문관 제양유기형체굉 인충관윤설조대 성음여뢰식천종.

목이 크면 모름지기 필요한 것은 귀 구멍도 넓어야 하고, 모든 부위가 양의 기운인 사람은 형체가 커야 한다. 즉, 인충은 넓고 윤택하며, 혀은 커야 하고, 음성이 우레와 같으면 식록이 천 가지에 이른다.

山根斷折眼神昏 早年虛花傷六親 兄弟無緣須自立 眉秀地圓晚有成.

산근단절안신혼 조년허화상육친 형제무연수자립 미수지원만유성.

산근이 끊어지고 눈빛이 혼미하면, 어려서 육친을 잃고 상처를 입은 약한 꽃과 같아, 형제와 인연이 없어 오로지 혼자 일어서 한다. 만약, 눈썹이 빼어나고 지각이 둥글면 만년에 성공한다.

眼深主孤淚堂空 眉淸地圓子孫榮 最怕陽空無玉枕 縱然有子不送終.

안신주고누당공 미청지원자손영 최파양공무옥침 종연유자불송종.

눈은 깊고 누당이 비면 보통 외롭고, 눈썹은 깨끗하고 지각이 둥글면 자손이 번영하며, 옥침골이 없어 양(陽)의 기운이 빈 것을 최고로 두려워해야하는 것은 자손은 있지만 장례를 지내지 못하기 때문이다.

瘦人神足內氣貫 眼見眞光定高官 若是神哀內氣弱 形寒氣冷不人間.

수인신족내기관 안견진광정고관 약시신애내기약 형한기냉불인간.

야윈 사람이 신이 풍족하여 내적기운이 충실하고, 눈은 진실로 바른 빛이 보이면 높은 관직까지 오를 수 있으나 만약, 신이 우울하면 내적기운이 약하여, 몸(形)은 차고 기운이 냉하며 인간적이지 못하다.

形肥堅實四十起 富貴榮華是可期 二十發肥華不遠 氣虛神脫見活屍.

형비견실사십기 부귀영화시가기 이십발비화불원 기허신탈견활시.

몸은 살이 쪄 단단하고 알차면 40세에 일어나니, 부귀영화가 가능해지는 시기다. 20세에 살이 찌면 화(禍)가 멀리 있지 않으니, 기운이 허하고 혼이 나가 살아 있는 시체를 보는 것과 같다.

顴高眉短最爲傷 型至顴骨更非良 眼中神急心性操 官災破敗禍自當.

관고미단최위상 형지관골경비량 안중신급심성조 관재파패화자당.

관골은 높고 눈썹은 짧은 것이 가장 나쁘고, 관골 모양이 재차 좋지 않으며, 눈빛은 급하고 심성이 조급하면, 관재로 깨어지고 패하며 스스로 화를 일으켜 당하게 된다.

眉忌一高又一低 雨眼型狀不相似 若再耳反鼻大曲 貧苦一生富區區.

미기일고우일저 양안형상불상사 약재이반비대곡 빈고일생부구구.

눈썹은 한쪽이 높고 한쪽이 낮은 것이 나쁘면, 양쪽 눈의 모양이 같지 않고 만약, 더하여 귀가 뒤집어지고 코까지 크게 굽었다면, 일생 부자가 되고자 방방곳곳을 다녀도 가난으로 고생한다.

額高須要眉勢上 眉目宜借鼻氣揚 鼻運先察眉心顧 眼照兩顴氣雙雙.
액고수요미세상　미목의차비기양　비운선찰미심고　안조양관기쌍쌍.

이마가 높으면 모름지기 눈썹도 위에서 힘 있게 있는 것이 중요하며, 눈과
눈썹은 당연히 코의 양기를 받아야 하고, 코의 운을 볼 때는 먼저 마음을
돌아보며 눈썹을 살피고, 눈은 양 관골을 비추어 짝을 이루어야 한다.

口大耳長珠垂直 鼻大口小水土伏 眼小眉粗爲忌害 禾倉祿馬必中必
구대이장주수직　비대구소수토복　안소미조위기해　화창록마필중필

입이 크면 귀는 길고 귓불(수주)은 바르게 내려와야 하며, 코가 크고 입이 작
으면 토(土)가 수(水)를 덮는 격으로, 눈은 작고 눈썹이 거친 것은 서로 해하
여 싫어하니 '화창녹마'가 반드시 필요한 가운데 필요하다.

鼻露反吟曲伏吟 反伏二吟禍福眞 若逢眼秀眉五彩 顴氣爲補鼻運新.
비로반음곡복음　반복이음화복진　약봉안수미오채　관기위보비운신.

콧구멍이 보이면 뒤집어져 신음하고, 코가 굽으면 엎드려서 신음한다. 반음과 복
음 2가지 신음은 화(禍)와 복(福)으로, 만약에 빼어난 눈과 다섯 가지 색으로 빛나
는 눈썹을 만나면, 관골의 기운이 코를 도와 운세가 매일 매일 새로워질 것이다.

禾倉綠馬眞傳訣 顴空瞳人下露白 此相心深爲漏氣 三十七八恐見節
화창록마진전결　관공동인하로백　차상심심위루기　삼십칠팔공견절

'화창녹마'가 진실로 전하는 말은, 관골이 없고 눈동자가 하얗게 변하는 이
런 상(相)은 마음은 깊어도 기(氣)는 새어나가게 되어 37, 38세에 죽음을 보
게 될까 두렵다.

眉秀勢上額運通 眼無眞神眉反凶 眉氣註受於鼻上 眼伏眞光顴昌隆.
미수세상액운통 안무진신미반흉 미기주수어비상 안복진광관창륭.

눈썹은 이마 위 빼어난 기세로 운을 통하는데, 눈에 참된 빛이 없으면 눈썹이 반대로 흉하게 된다. 눈썹의 기운에 대해 뜻을 풀어 밝히면 코의 윗부분에서 기운을 받고, 눈의 숨은 참 빛은 관골을 크게 창성하게 한다.

眼藏眞神鼻透頂 眉雖氣寒運亦新 枕骨耳口連貫氣 眉秀中老運上登.
안장진신비투정 미수기한운역신 침골이구연관기 미수중노운상등.

눈은 감추어져 아름답게 빛나고 코는 정수리를 통하면, 눈썹의 기운이 비록 모자라도 운(運)이 새로워지고, 침골이 귀와 입으로 이어져 기(氣)가 통하고, 눈썹이 빼어나면 중, 노년에 운이 좋아지게 된다.

口運須察耳額上 耳年額圓方爲良 印堂山根乃基氣 頭大口方是相當.
구운수찰이액상 이년액원방위량 인당산근내기기 두대구방시상당.

입의 운은 모름지기 귀와 이마의 윗부분을 살펴야 하고, 귀의 유년에는 이마가 둥글고 모가 나야 좋으며, 기운은 인당과 산근에서 비롯되니, 머리는 크면 입도 모가 나야 어울리는 상이다.

주요 한자	宏 클 굉	奇 기이할 기 ▶ 뛰어나다	聳 솟을 용
	兮 어조사 혜	瘦 파리할 수 ▶ 여위다	頸 목 경
	恢 넓을 회	響 울림 향	

【참고문헌】

柳莊相法 유장상법 중화민국 무릉출판사유한공사

麻衣相法 마의상법 중화민국 무릉출판사유한공사

太淸神鑑 태청신감 중화민국 무릉출판사유한공사

月波洞中記 월파동중기 중화민국 무릉출판사유한공사

玉管照神局 옥관조신국 중화민국 무릉출판사유한공사

相理衡眞 상리형진 중화민국 무릉출판사유한공사

빙감氷鑑 중화민국 무릉출판사유한공사